诚信为本
操守为重
坚持准则
不做假账

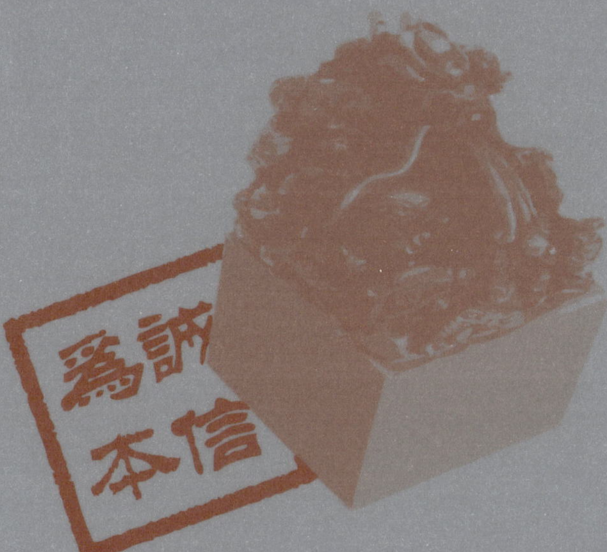

——与学习会计的同学共勉

坚持准则
诚信为本

不做假账
操守为重

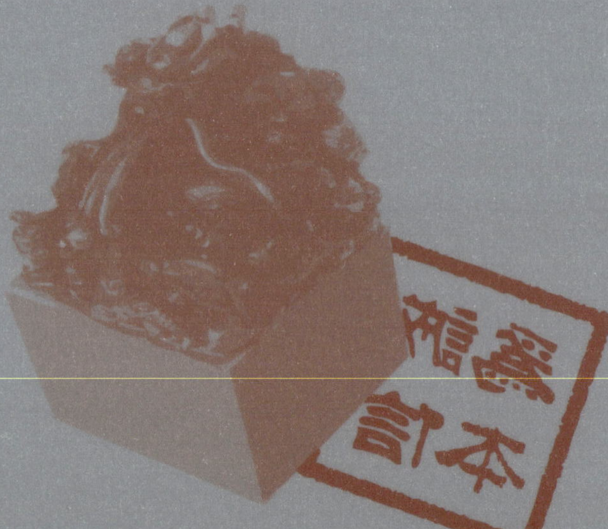

——为国家会计学院题词

"十二五"职业教育国家规划教材
经全国职业教育教材审定委员会审定
高等职业教育财务会计类专业"教学做"一体化系列教材

KUAIJI JICHU

会计基础

高丽萍 梅研 主编
孙晓媛 苏龙 曹志华 副主编

高等教育出版社·北京

内容提要

本书是“十二五”职业教育国家规划教材，也是山东省精品课程配套教材。

本书以会计核算工作流程为主线，打破传统的先知识后操作的内容组织模式，以操作任务为切入点设计教学项目，将基本理论知识融入账务处理各环节的操作中，将知识、操作、考证融为一体。并配有《会计基础习题与模拟实训》一书，以便进行相应同步实训。

本书基于会计核算工作过程的教学理念，以项目引导、任务驱动，选取天齐电子设备有限责任公司会计工作典型工作任务，通过走进会计工作、设置会计科目和账户、运用借贷记账法、填制和审核会计凭证、制造业主要经济业务的核算、登记账簿、财产清查、编制财务报表 8 个项目，贯穿始终，一气呵成，项目九应用账务处理程序综合业务实例，通过东方机械制造有限公司的典型业务，运用三种账务处理程序，达到温习巩固前 8 个项目的作用，并举一反三，使学生融会贯通。整个教学组织以情境教学、角色扮演进行教学设计，形式新颖、活泼，令人耳目一新。

本书可作为高等职业院校、成人高校、民办高校及本科院校举办的二级职业技术学院财会类专业教材，也可供五年制高职院校、中等职业学校学生和社会从业人员使用。

本书建设了课件、微课、动画等丰富的数字化教学资源，并同时配有会计从业资格考试题库，可实现智能组卷、专项练习、真题模考、考点分析等，以帮助学习者提高从业资格考试通过率。具体获取方式请见书后“郑重声明”页的资源服务提示。

图书在版编目（CIP）数据

会计基础 / 高丽萍，梅研主编. -- 北京 : 高等教育出版社，2015.8
ISBN 978-7-04-042799-8

Ⅰ. ①会… Ⅱ. ①高… ②梅… Ⅲ. ①会计学－高等职业教育－教材 Ⅳ. ①F230

中国版本图书馆CIP数据核字(2015)第106121号

策划编辑 武君红　责任编辑 梁 木　封面设计 王 琰　版式设计 赵 阳
责任校对 刘丽娴　责任印制 朱学忠

出版发行 高等教育出版社
社　　址 北京市西城区德外大街4号
邮政编码 100120
印　　刷 高教社（天津）印务有限公司
开　　本 787mm× 1092mm 1/16
印　　张 22
字　　数 400千字
购书热线 010-58581118
咨询电话 400-810-0598
网　　址 http://www.hep.edu.cn
　　　　 http://www.hep.com.cn
网上订购 http://www.landraco.com
　　　　 http://www.landraco.com.cn
版　　次 2015 年 8 月第 1 版
印　　次 2015 年 8 月第 1 次印刷
定　　价 41.80 元

物 料 号 42799-00

出版说明

教材是教学过程的重要载体，加强教材建设是深化职业教育教学改革的有效途径，推进人才培养模式改革的重要条件，也是推动中高职协调发展的基础性工程，对促进现代职业教育体系建设，切实提高职业教育人才培养质量具有十分重要的作用。

为了认真贯彻《教育部关于“十二五”职业教育教材建设的若干意见》（教职成〔2012〕9 号），2012 年 12 月，教育部职业教育与成人教育司启动了“十二五”职业教育国家规划教材（高等职业教育部分）的选题立项工作。作为全国最大的职业教育教材出版基地，我社按照“统筹规划，优化结构，锤炼精品，鼓励创新”的原则，完成了立项选题的论证遴选与申报工作。在教育部职业教育与成人教育司随后组织的选题评审中，由我社申报的 1 338 种选题被确定为“十二五”职业教育国家规划教材立项选题。现在，这批选题相继完成了编写工作，并由全国职业教育教材审定委员会审定通过后，陆续出版。

这批规划教材中，部分为修订版，其前身多为普通高等教育“十一五”国家级规划教材（高职高专）或普通高等教育“十五”国家级规划教材（高职高专），在高等职业教育教学改革进程中不断吐故纳新，在长期的教学实践中接受检验并修改完善，是“锤炼精品”的基础与传承创新的硕果；部分为新编教材，反映了近年来高职院校教学内容与课程体系改革的成果，并对接新的职业标准和新的产业需求，反映新知识、新技术、新工艺和新方法，具有鲜明的时代特色和职教特色。无论是修订版，还是新编版，我社都将发挥自身在数字化教学资源建设方面的优势，为规划教材开发配备数字化教学资源，实现教材的一体化服务。

这批规划教材立项之时，也是国家职业教育专业教学资源库建设项目及国家精品资源共享课建设项目深入开展之际，而专业、课程、教材之间的紧密联系，无疑为融通教改项目、整合优质资源、打造精品力作奠定了基础。我社作为国家专业教学资源库平台建设和资源运营机构及国家精品开放课程项目组织实施单位，将建设成果以系列教材的形式成功申报立项，并在审定通过后陆续推出。这两个系列的规划教材，具有作者队伍强大、教改基础深厚、示范效应显著、配套资源丰富、纸质教材与在线资源一体化设计的鲜明特点，将是职业教育信息化条件下，扩展教学手段和范围，推动教学方式方法变革的重要媒介与典型代表。

教学改革无止境，精品教材永追求。我社将在今后一到两年内，集中优势力量，全力以赴，出版好、推广好这批规划教材，力促优质教材进校园、精品资源进课堂，从而更好地服务于高等职业教育教学改革，更好地服务于现代职教体系建设，更好地服务于青年成才。

高等教育出版社
二〇一四年七月

高等职业教育财务会计类专业
“教学做”一体化系列教材编写委员会

前 言

随着高等职业教育的迅速发展，项目导向、任务驱动、基于工作过程系统化的课程开发理念普遍得到高职教育界的认同。“会计基础”既是财经类各专业的专业基础课程、会计专业的入门课程，也是会计从业资格考试课程之一，有必要从培养学生的专业能力、方法能力、社会能力、学习能力出发，以服务专业、服务后续课程、服务应用、服务市场为宗旨，按照理实一体化的教学模式，根据会计核算工作流程搭建项目化教学的课程结构，编排课程内容。在此基础上，编者总结多年的会计工作经验和教学经验，编写了本教材。作为“十二五”职业教育国家规划教材和山东省精品课程配套教材，本教材具有如下特色与创新：

1. 创新教学内容编排。本教材基于项目引导、任务驱动，基于会计核算工作过程系统化的教学设计理念，共设计了 9 个项目，其中前 8 个项目以天齐电子设备有限责任公司为背景，通过走进会计工作、设置会计科目和账户、运用借贷记账法、填制和审核会计凭证、制造业主要经济业务的核算、登记账簿、财产清查、编制财务报表将整个会计工作过程贯穿始终，一气呵成，展现了企业会计工作的全貌；项目九应用账务处理程序综合业务实例，通过东方机械制造有限公司的典型会计业务，分别运用三种账务处理程序进行实例讲解，既温习巩固了前 8 个项目的工作内容，又可以使学生系统地掌握会计工作过程，达到举一反三、融会贯通之目的。

2. 创新教学项目设计，按照“项目背景—项目分析—项目分解—项目实施—项目总结—学习评价”来设计每个教学项目，形成一个完整的工作循环。其中“项目实施”按照具体工作任务来设计，每个任务按照“任务布置—知识学习—任务实施—任务拓展”来设计，形成一个完整的工作过程，力求做到与会计工作实际相一致。

3. 创新教学组织安排。按照理论实践一体化的教学思想，进行整个教学组织，改变单纯的课内理论知识讲授方式，从走进会计工作开始，通过认识企业、走向会计岗位、明确会计工作的内涵，让学生感性地认识企业和会计职业，培养学生的学习兴趣，并通过真实会计角色的扮演与体验，培养学生的观察、协作、自主学习、独立思考能力。将知识学习融入工作任务，在完成工作任务的同时去学习知识，真正做到

“做中学，学中做”。

4. 创新教学内容组织。依据易学、实用、够用的原则，融知识、技能、考证三位于一体，以会计人员必备的知识、技能和会计从业资格考试为标准选取教学内容，具有很强的针对性。在编写的过程中，注重生活实例与知识点的链接，将职业素养教育渗透其中，培养学生诚实守信、善于沟通、团结合作的职业素养和品质，为职业发展奠定良好的基础。

5. 创新学习评价方式。本教材力图改变过去只通过试卷判分的评价方式，更注重学生在完成学习实践任务过程中的评价。在每个项目完成后，给出了明确详细的评价标准，从而体现出对学生专业技能和综合素质的培养，并体现过程性评价与终结性评价相结合的特点，评价更加公允。

6. 创新教材资源呈现方式。本教材在资源建设上，基于 MOOC（慕课）理念，建有大量的微课、动画、图表等数字资源，并在教材边白处增加了辅学资源标注，从而将教材内容和教学资源有机整合起来。同时，本教材还配有《会计基础习题与模拟实训》一书，以便进行相应同步练习与实训。另外，为更好地促进课证融合，本书同时配有会计从业资格考试题库，可实现智能组卷、专项练习、真题模考、考点分析等，以帮助学生提高从业资格考试通过率。

本教材教学总学时为 120 学时，课时分配建议见下表：

序号	项目名称	讲授学时	实训学时
1	项目一　走进会计工作	8	
2	项目二　设置会计科目和账户	12	
3	项目三　运用借贷记账法	8	
4	项目四　填制和审核会计凭证	8	
5	项目五　制造业主要经济业务的核算	22	
6	项目六　登记账簿	8	
7	项目七　财产清查	6	
8	项目八　编制财务报表	6	
9	项目九　应用账务处理程序综合业务实例	12	
	会计基础综合模拟实训		30
合　计		90	30

本教材由淄博职业学院会计专业教学团队（省级教学团队）与校企合作单位（山东鲁信税务师事务所、中材高新材料股份有限公司等）的一线会计工作者组成的团队共同开发完成。由高丽萍、梅研担任主编，孙晓媛、苏龙、曹志华担任副主编，参与本教材编写的有淄博职业学院高丽萍、梅研、曹志华、孙晓媛、张桂春、王谦、杨艳俊、张钦成、赵玮，长江职业技术学院苏龙，以及山东鲁信税务师事务所、中材高新材料股份有限公司有关财务人员。

由于编者水平有限，加之时间仓促，书中不足之处在所难免，恳请广大读者批评指正。

编 者

二〇一五年四月

目录

01 项目一 走进会计工作

【职业能力目标】

- 了解企业的概念、分类、企业组织架构；
- 掌握制造业的资金循环过程；
- 理解会计的概念和基本职能；
- 理解会计的一般对象；
- 明确会计的目标和基本假设；
- 掌握会计核算的方法体系。

【项目背景】

日常生活中，我们见过很多企业，如产品制造企业、商品流通企业、餐饮服务企业、房地产开发企业……任何企业都必须依法经营，右图所示的这本营业执照，是天齐电子设备有限责任公司的。该公司主要生产两种电子设备产品——A型设备、B型设备，所用的原材料有甲、乙、丙、丁四种材料。公司设有基本生产车间、销售门市部、供应科、仓库保管科、财务科等行政管理部门。公司法人代表：赵宏伟；纳税人识别号：370101000786666。开户银行：中国工商银行历城支行，账号：36030300583638033089。

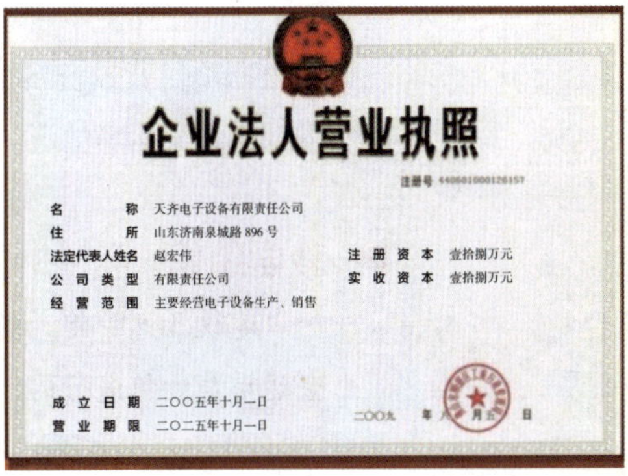

企业法人营业执照

名称　天齐电子设备有限责任公司
住所　山东济南泉城路896号
法定代表人姓名　赵宏伟　　注册资本　壹拾捌万元
公司类型　有限责任公司　　实收资本　壹拾捌万元
经营范围　主要经营电子设备生产、销售
成立日期　二〇〇五年十月一日
营业期限　二〇二五年十月一日

▶ 导问

什么是企业？企业的内部机构是如何设置的？企业的财务部门是怎么设置的？会计岗位有哪些？各会计岗位工作职责是什么？会计工作的对象是什么？

【项目分析】

企业是指从事生产、流通、服务等经济活动，以生产或服务满足社会需要，实行自主经营、独立核算、依法设立的营利性经济组织。可以按照不同的属性对企业进行多种不同的划分。产品制造企业为从事生产经营活动，企业内部需要设置相应的组织机构，其中财务部门是组织会计工作的内部机构，会计人员是从事会计工作的人员。那么什么是企业？企业的内部组织架构是什么？财务部门及会计人员的工作职责是什么？会计工作的内涵是什么？走进会计工作这一项目将帮助我们解开这些谜团。

【项目分解】

走进会计工作这一项目可分解为如下主要任务：

任务1　认识企业

任务2　走向会计岗位

任务3　明确会计工作的内涵

【项目实施】

任务1　认识企业

任务布置

请根据项目背景资料了解天齐电子设备有限责任公司的情况，进一步了解企业类型、内部组织架构等情况。

教学组织

建议5人一组，通过查阅资料了解企业类型、内部组织架构及不同企业的资金运动是如何进行的，分组汇报查阅结果。或通过实地参观企业，熟悉企业概况。

知识学习

一、企业的概念与类型

视频：走进企业

企业是指从事生产、流通、服务等经济活动，以生产或服务满足社会需要，实行自主经营、独立核算、依法设立的营利性的经济组织。企业的类型主要有以下几种。

（一）按照财产的组织形式和所承担的法律责任划分

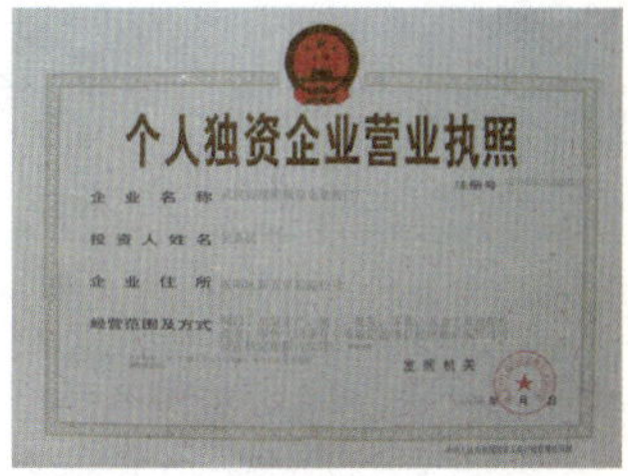

1. 独资企业

独资企业，是指个人出资经营、归个人所有和控制、由个人承担经营风险和享有全部经营收益的企业。以独资经营方式经营的独资企业负有无限的经济责任，破产时债权人可以扣留业主的个人财产。

2. 合伙企业

合伙企业，是指自然人、法人和其他组织依照《中华人民共和国合伙企业法》在中国境内设立的，由两个或两个以上的自然人通过订立合伙协议，共同出资经营、共负盈亏、共担风险的企业组织形式。我国合伙企业组织形式仅限于私营企业。合伙企业一般无法人资格，不缴纳所得税。其包括普通合伙企业和有限合伙企业。合伙企业可以由部分合伙人经营，其他合伙人仅出资并共负盈亏，也可以由所有合伙人共同经营。

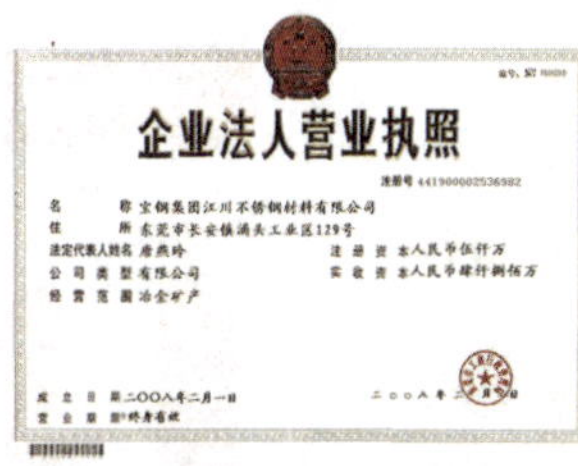

3. 公司制企业

公司，是指一般以营利为目的，从事商业经营活动或某些目的而成立的组织。根据现行《中华人民共和国公司法》，其两种主要形式为有限责任公司和股份有限公司。两类公司均为法人，投资者可受到有限责任保护。

（二）按行业分类标准划分

1. 制造企业

制造企业是指对制造资源（物料、能源、设备、工具、资金、技术、信息和人力等），按照市场要求，通过制造过程，转化为可供人们使用和利用的大型工具、工业品与生活消费产品的行业。

2. 商品流通企业

商品流通企业是通过低价购进商品、高价出售商品的方式实现商品进销差价，以此弥补企业的各项费用和支出，获得利润的企业。

3. 服务企业

服务企业指生产和销售服务产品的生产部门和企业的集合。服务产品与其他产业产品相比，具有非实物性、不可储存性和生产与消费同时性等特征。

二、企业的组织架构

企业组织架构，是指企业的流程运转、部门设置及职能规划等最基本的结构依据，常见的组织架构形式包括中央集权制、分权制、直线式以及矩阵式等。下列是常见的一种公司制企业的组织架构，如图 1-1 所示。

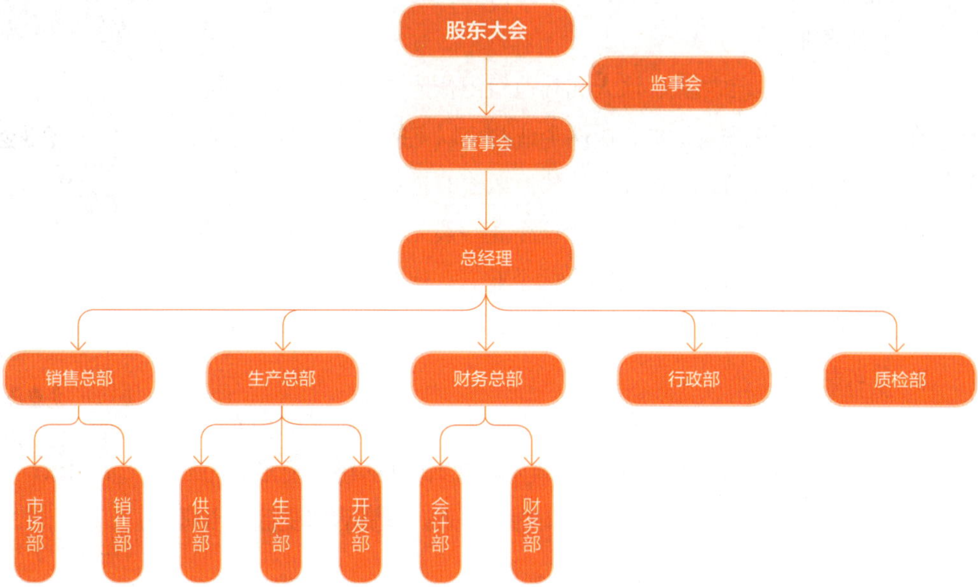

图 1-1　公司制企业组织架构图

三、企业基本业务流程

（一）制造业基本业务流程

一般来讲，制造业企业生产经营的基本活动包括采购过程、生产过程、销售过程三大核心过程，这也是制造业区别于其他行业的显著特点。

1. 采购过程

采购过程是指企业对生产经营活动中所消耗材料和其他各种资源的购买活动。本质是对生产物料的供给保障。在采购过程中，企业进行材料的采购和储备，进行与原材料和产品相关的物料的接收、存储和分配的活动。

2. 生产过程

生产过程是指企业将原材料等投入转化为企业产品的各种活动，包括产品的加工、包装、设备维护、检测等。这一活动的本质是投入向产出的转化。

3. 销售过程

销售过程是指企业对买方进行引导，吸引买方购买产品的各种活动，包括广告、促销、客户管理、销售渠道选择、销售队伍管理等。这一活动的本质是产品价值的实现。

（二）商品流通业基本业务流程

商品流通企业是从事商品流通的经营者，通过购销活动，组织商品流通，满足市场需要。商品流通企业的经营过程分为购进和销售两个过程。

任务实施

步骤 1：熟悉天齐电子设备有限责任公司的基本情况。

从公司的营业执照可以了解企业的基本情况：

名称：天齐电子设备有限责任公司

住所：山东济南泉城路 896 号

法定代表人：赵宏伟

公司类型：有限责任公司

经营范围：主要经营电子设备生产、销售

注册资本：壹拾捌万元

实收资本：壹拾捌万元

成立日期：二○○五年十月一日

步骤 2：熟悉天齐电子设备有限责任公司的内部组织架构。

公司设有基本生产车间、销售门市部、供应科、仓库保管科、财务科等行政管理部门。

任务拓展

选择一家真实的商品流通企业、餐饮服务企业或房地产开发企业等，通过实地参观或网上查询，熟悉其基本情况和企业的内部组织架构。

任务 2　走向会计岗位

任务布置

请分析天齐电子设备有限责任公司的内部机构设置，熟悉各岗位工作职责。根据所了解的信息，完成个人职业生涯规划。

教学组织

建议5人一组，通过分析分享所了解信息与所学知识，完成个人会计职业生涯规划。

知识学习

一、企业会计机构的设置

会计机构是单位内部所设置的、专门办理会计事项的机构。会计机构和会计人员是会计工作的主要承担者。

企业应当根据会计业务的需要设置会计机构，或者在有关机构中设置会计人员并指定会计主管人员；不具备设置条件的，应当委托经批准设立从事会计代理记账业务的中介机构代理记账。国有的和国有资产占控股地位或者主导地位的大、中型企业必须设置总会计师。总会计师的任职资格、任免程序、职责权限由国务院规定。

二、企业内部会计工作岗位

企业会计工作岗位一般可分为：会计机构负责人或者会计主管人员、出纳、财产物资核算、工资核算、成本费用核算、财务成果核算、资金核算、往来结算、总账报表、稽核、档案管理等。开展会计电算化和管理会计的单位，可以根据需要设置相应工作岗位，也可以与其他工作岗位相结合。

会计工作岗位，可以一人一岗，一人多岗或一岗多人。确定会计工作岗位，必须坚持内部牵制原则。例如出纳人员不得兼任稽核，会计档案保管和收入、支出、费用、债权债务账目的登记工作。

企业应根据工作需要，配备相应的会计人员，建立会计人员岗位责任制，明确每个会计人员的工作岗位和职责范围。企业工作要从实际出发，坚持高效率、高质量，做到事事有人管，人人有专责，办事有要求，工作有检查，保证会计工作有序进行。各岗位的会计人员在明确分工的前提下，要从整体出发，发扬团队精神，紧密配合，共同作好会计工作。

三、会计人员及其专业技术职务

（一）会计人员上岗

会计人员，是在企业从事会计工作的人员，其应当具备必要的专业知识和专业技能，熟悉国家有关法律、法规、规章和国家统一会计制度，遵守职业道德。从事会计工作的人员必须取得会计从业资格证书。担任单位会计机构负责人（会计主管人员）的，除取得会计从业资格证书外，还应当具备会计师以上专业技术职称资格或者从事会计工作三年以上经历。

【注意】

会计从业资格证书，简称会计证，是具有一定会计专业知识和技能的人员从事会计工作的资格证书，是从事会计工作必备的基本要求和前提条件，是进入会计岗位的“准入证”，是会计工作的“上岗证”，不分等级。会计从业资格考试实行全国统一大纲，无纸化考试，考试内容为“会计基础”“财经法规与会计职业道德”“初级会计电算化（或者珠算）三科，三科必须同时考过方可有效。

（二）会计人员的专业技术职务

会计人员是企业的专业技术人员，会计人员的专业技术职务一般有会计员、助理会计师、会计师、高级会计师。目前，我国会计专业技术人员的专业技术职务实行考试与评聘相结合。全国会计专业资格考试合格者，由各单位根据会计工作需要，在规定的限额和批准的编制内设置相应职务。

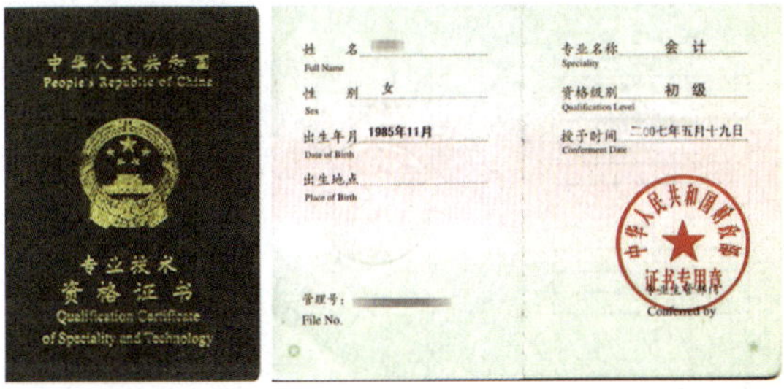

除这些会计专业人员以外，还有各车间、部门的兼职的核算人员，如果从参与会计工作的人员角度统计，他们也应视为会计人员。

【注意】

会计专业技术资格考试，也称会计职称考试，是由财政部、人力资源和社会保障部共同组织的全国统一考试，共分初级会计师、中级会计师和高级会计师职称三个级别。考试实行全国统一考试制度，每年考试一次，由全国统一组织、统一大纲、统一试题、统一合格标准。会计专业技术初级、中级资格考试合格者，即由各省、自治区、直辖市、新疆生产建设兵团人事（职改）部门颁发人事部统一印制，人事部、财政部印的会计专业技术资格证书。证书全国范围有效。

（三）总会计师

总会计师，是单位行政领导成员，协助单位主要行政领导人工作，直接对单位主要行政领导人负责。按照规定，大、中型企业，事业单位，业务主管部门应当根据法律和国家有关规定设置总会计师。总会计师由具有会计师以上专业技术资格的人员担任。总会计师行使《总会计师条例》规定的职责、权限。其任命（聘任）、免职（解聘）依照《总会计师条例》和有关法律的规定办理。

大中型企业和大单位都设有总会计师，由于受外资企业的影响，很多企业直接将总会计师改称为“财务总监（CFO）”。[①]

（四）注册会计师

想一想：

会计从业资格证书、会计专业技术资格证书、注册会计师执业资格证书有什么不同？

总会计师与注册会计师有什么不同？

注册会计师（简称 CPA，英文全称 Certified Public Accountant），是指取得注册会计师证书并在会计师事务所执业的人员，是从事社会审计、中介审计、独立审计的专业人士。注册会计师应具备规定的学历和一定的会计实际工作经验，经全国统一考试合格，由财政部批准注册后方能执业。

【知识窗】

会计行业四大职业规划方向

一、企业会计

企业会计一般分为四个方面：财务会计、成本和管理会计、财务管理、内部审计。

（1）财务会计。工作内容：登记会计凭证、账簿，编制对外公布的财务报表。工作岗位：记账员、会计员、主办会计（主管会计）、会计主管、分部会计主管、总会计师。

（2）管理会计。工作内容：成本、费用的计算，预算的制定和执行，部门业绩的考核等。工作岗位：车间记账员、成本会计、预算编制员、预算监督主管、资本预算会计等。

（3）财务管理。工作内容：企业经营资金的筹措，资金运用分析和决策，企业并购和资本运作。工作岗位：现金出纳和银行出纳、财务分析员、信用分析经理、风险控制经理、财务部主管、税务会计主管、财务总监（首席财务官）。

（4）内部审计。工作内容：监督企业资金运用状况，制定和监督内部控制系统，评估企业资本。工作岗位：内部审计员、审计项目经理、分部审计专员、审计部经理、内部审计总监（首席审计官）。

① 注意：从严格的意义上讲，总会计师与财务总监是有一定区别的。

二、金融机构会计

金融机构主要包括银行、证券行业和其他金融机构。

（1）银行。工作岗位：银行会计和财务部门会计人员、信贷部门人员、内部稽核部门人员、财务分析人员、理财顾问等。

（2）证券行业和其他金融机构，如证券交易所、证券公司、保险公司、基金管理公司、信托投资公司等。工作岗位：财务部门会计人员、内部稽核部门人员、保险精算师、证券市场分析人员等。

三、行政事业单位会计

主要是指预算会计，适用于各级政府部门以及行政单位和各类非营利组织。如：学校、医院、福利慈善机构等。

四、会计师事务所会计

（1）工作内容：鉴证服务、税务代理、资产评估、会计服务、管理咨询等。

（2）工作岗位：审计项目助理、审计员、项目经理、部门经理、合伙人。

任务实施

步骤 1：根据天齐电子设备有限责任公司的实际业务状况，需要设置财务科，由于企业规模不大，可以设置会计主管 1 人，复核员 1 人，出纳员 1 人，记账员 1 人，制单员 1 人，并结合会计工作实际确定每人的岗位职责。

步骤 2：根据个人的情况，每人完成个人职业生涯规划书 1 份，并在班内展示。

任务拓展

根据所学知识，分析企业中各部门之间的关系。

任务 3　明确会计工作的内涵

任务布置

请以天齐电子设备有限责任公司内部会计人员的身份，熟悉会计的特征、会计的对象与目标、会计的职能与方法、会计基本假设。进一步明确会计人员工作职责的内涵。

教学组织

建议 5 人一组，通过角色扮演，分别扮演天齐电子设备有限责任公司会计主管、复核员、出纳员、记账员、制单员；进一步明确会计工作的内涵。

知识学习

一、会计的概念与特征

会计是以货币为主要计量单位，运用专门的方法，核算和监督一个单位[①]经济活动的一种经济管理工作。会计具有以下特征。

（一）会计是一种经济管理活动

会计是社会生产发展到一定阶段的产物，是适应生产发展和管理需要而产生的，尤其是随着商品经济的发展和市场竞争的出现要求通过管理对经济活动进行严格的控制和监督。同时，会计的内容和形式也在不断地完善和变化，由单纯的记账、算账，主要办理账务业务，对外报送会计报表，发展为参与事前经营预测、决策，对经济活动进行事中控制、监督，开展事后分析、检查。无论是过去、现在或将来，会计都是人们对经济进行管理的活动。

（二）会计是一个经济信息系统

会计将一个公司分散的经营活动转化成一组客观的数据，提供有关公司的业绩、问题，以及企业资金、劳动、所有权、收入、成本、利润、债权、债务等信息。向有关方面提供有关信息咨询服务，任何人都可以通过会计提供的信息了解企业的基本情况，并作为其决策的依据。可见，会计是以提供财务信息为主的经济信息系统，是企业经营的“记分牌”，因而会计又被人称为“企业语言”。

（三）会计以货币作为主要计量单位

对经济活动的计量主要有实物计量、劳动计量和货币计量三种。实物计量单位存在较大的差异，不具有综合反映的功能。劳动计量单位存在着复杂性，难以广泛利用。在商品经济条件下，任何经济活动都同时表现为价值的运用，会计只有采用货币计量，才能对经济活动的各个方面进行综合、全面、系统的核算与监督，以取得反映经济活动情况的全面的会计信息资料。在会计核算中，实物计量和劳动计量仅仅作为货币计量的辅助记录。这是会计核算区别于统计核算和业务核算的特点。

---

① 注意：单位是国家机关、社会团体、公司、企业、事业单位和其他组织的统称。本书仅以企业作为会计单位。

（四）会计具有核算和监督的职能

会计的职能是指会计在经济管理中所具有的职责、功能，即人们在经济管理中可以用会计干什么。会计的基本职能是核算和监督，同时还具有预测、决策、分析等拓展职能。

（五）会计采用一系列的专门方法

为了正确反映会计主体的经济活动，会计在长期的发展过程中形成了一系列科学实用的专门方法。这些方法相互联系、相互配合，构成一个完整的核算和监督经济活动的过程及其结果的方法体系。

会计是现代企业的一项重要的管理工作。企业的会计工作要通过一系列会计程序，对企业的经济活动进行核算和监督，反映企业的财务状况、经营成果和现金流量，反映企业管理层受托责任的履行情况，为会计信息使用者提供决策有用的信息，并积极参与经营管理决策，提高企业的经济效益，促进市场经济的健康有序发展。

【知识窗】

我国会计的产生与发展

会计是适应社会生产实践和经济管理的客观需要产生的，并随着社会生产的发展而发展。会计在我国的产生和发展经历了很长的历史时期。

一、古代会计阶段

在原始社会，人们为了把生产耗费和劳动成果记录下来，采用“结绳记事”和“契刻记数”来记录。这时的“账簿”是打过结的绳或经过契刻的木头，记录的会计活动仅仅是把收支数量和日期记录下来，作为计算、分配、安排劳动时间的依据，极其原始。记录的数据仅仅是正整数，被称为是会计的雏形。会计只是“生产职能的附带部分”，不是一项独立的工作。随着社会生产的发展，生产规模的日益扩大、复杂，会计逐渐从生产职能中分离出来，成为特殊的、专门委托的当事人的独立的职能。

在我国西周奴隶社会有“司书”“司会”等官吏专门从事会计工作。“司书”是记账的，“司会”是进行会计监督的。进行月计岁会，零星算之为计，综合算之为会，出现“会计”一词。

在奴隶社会和封建社会，官厅政府的收付会计逐步建立和完善起来。官厅会计便成为我国古代会计的中心，主要计量、记录、计算和考核朝廷的财物赋税收支，这是古代会计的显著特点。

唐宋时期生产力发展，逐步形成了一套记账、算账的古代会计结算法，即“四柱结算法”，亦称“四柱清册”。所谓“四柱”是指旧管（相当于“上期结存”）、新收（相当于“本期收入”）、开除（相当于“本期支出”）、实在（相当于“本期结存”）四个部分。

明末清初，以四柱为基础的“龙门账”用以计算盈亏。把全部账目分为“进”（相当于各项收入）、“缴”（相当各项支出）、“存”（相当于各项资产）、“该”（相当于资本、各项负债）四大类，运用“进－缴＝存－该”的平衡公式计算盈亏，分别编制“进缴表”和“存该表”。在两表中计算求出的盈亏数应当相等，称为“合龙门”，以此勾稽全部账目的正误。

清朝“天地合账”，在这种方法下，账簿采用垂直书写，直行分为上下两格，上格记收，称为“天”，下格记付，称为“地”，上下两格所登记的数额必须相等，即所谓“天地合”。

“四柱结算法”“龙门账”和“天地合账”充分显示了我国历史上各个时期传统中式簿记的特点。

二、近代会计阶段

会计从实物计量到货币综合反映，经历了一个较长的过渡时期。19世纪中叶以后，以借贷复式记账法为主要内容的“英式会计”和“美式会计”传入我国。这对改革中式簿记，推行近代会计，促进我国会计的发展起到了一定的作用。

三、现代会计阶段

1952年，“管理会计”这一术语在世界会计学会上获得正式通过，会计分化为财务会计和管理会计两个分支。中华人民共和国成立之后，国家在财政部设置了主管全国会计事务的会计司。实行高度集中的计划经济体制，引进了与此相适应的苏联计划经济会计模式，对原有会计制度与方法进行改造与革新。

1985年1月，全国人大常委会通过了《中华人民共和国会计法》，1993年12月、1999年10月先后两次进行修订，会计法是我国会计工作的根本大法。1992年，财政部发布了《企业会计准则》和《企业财务通则》，实现了会计核算制度和财务管理模式的重大转变。适应社会主义市场经济的发展，2006年2月15日，财政部发布了新企业会计准则体系，自2007年1月1日起在上市公司范围内实施，并鼓励其他企业执行，这标志着适应我国市场经济发展要求、与国际惯例趋同的企业会计准则体系正式建立。

2011年10月18日，财政部发布了《小企业会计准则》，要求符合条件的小企业自2013年1月1日起执行，并鼓励提前执行；2012年12月，财政部修订发布了《事业单位会计准则》，自2013年1月1日起在各级各类事业单位施行。目前，我国已形成了由《企业会计准则》、《小企业会计准则》和《事业单位会计准则》共同组成的严密和完整的会计准则体系。

由此可见，会计是社会经济发展到一定阶段的产物，是适应社会生产力的发展和经济管理需要而产生和发展的。“经济愈发展，会计愈重要”。经济的发展，企业规模的扩大，越来越依赖会计信息，促进了会计理论、方法和技术的进步；会计方法、技术的发展又推动了社会经济的进一步发展。

二、会计的对象与目标

（一）会计的对象

动 画：会计对象

会计的对象，是指会计所要反映和监督的内容，具体是指社会再生产过程中能以货币表现的经济活动，即资金运动或价值运动。在我国，不同类型的企业、事业单位经营活动的方式虽然不同，但其所有财产物资都是以货币形式表现出来的，并在生产经营和收支活动中不断发生变化，这些可以用货币表现的经济活动，就构成了会计的对象。

1. 产品制造企业的会计对象

产品制造企业的主要经营活动是生产、销售工业产品，为社会提供产品或劳务，为投资者和企业创造利润。产品制造企业的资金运动可分为资金投入、资金周转、资金退出三个环节。产品制造企业生产经营活动包括资金的投入、周转和退出引起的企业财产物资和资源的增减变化，各项生产费用的支出和产品成本的形成，各项收入的取得和利润的分配等经济活动。

（1）筹资过程。企业通过投资者投入和举债筹集资金，用以建造厂房、机器设备，购买各种材料物资，支付费用等，开展经营活动实现资金周转。

（2）供应过程。供应过程是生产的准备阶段，在这一过程中进行材料的采购和储备，货币资金转化为储备资金。材料从仓库领用后投入生产，转入生产阶段。

（3）生产过程。生产过程是物化劳动和活劳动的消耗过程，又是产品使用价值和价值的形成过程。在这一过程中，通过材料的消耗、生产工人工资和其他各种费用的支付等，储备资金转化为生产资金，随着产品加工和完成、验收入库，生产资金又转化成货币资金。

（4）销售过程。产品销售出去的同时收回货款，成品资金又转化成货币资金。

（5）利润的形成与分配过程。一般情况下，收回的货币资金大于投入的货币资金，形成企业的净收入，企业对其净收入进行分配时，一部分资金就退出循环。

因此产品制造企业资金运动的形式是“货币资金—储备资金—生产资金—成品资金—货币资金”连续不断地循环和周转，这些构成了产品制造企业会计的对象。

产品制造企业的资金运动具体见图 1-2。

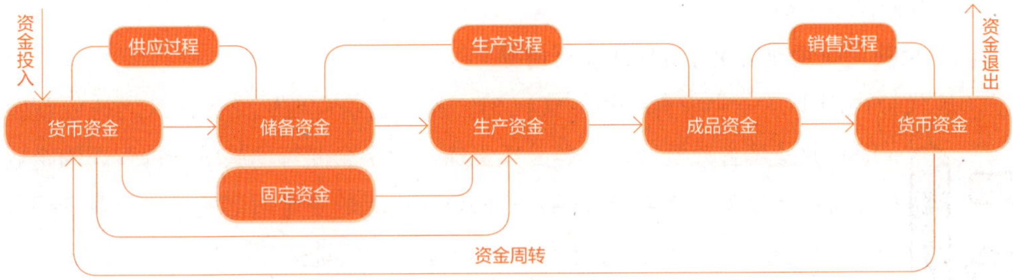

图 1-2　产品制造企业的资金运动

2. 商品流通企业的会计对象

商品流通企业是从事商品流通的经营者，通过购销活动，组织商品流通，满足市场需要。商品流通企业的经营过程分为购进和销售两个过程。在购进过程中，随着商品采购活动的进行，货币资金转化为商品资金；在销售阶段，商品资金又转化为货币资金。因此商品流通企业资金运动以“货币资金—商品资金—货币资金”的形式连续不断地循环和周转。同时，在商品流通企业的经营活动中，也同样会发生资金的投入、退出。在商品经营活动中资金的取得、周转和退出所引起的财产和资源的增减变动、费用开支、收入的分配等经济活动，构成了商品流通企业会计的对象。

商品流通企业的资金运动见图 1-3。

想一想：行政事业单位会计的对象是什么？

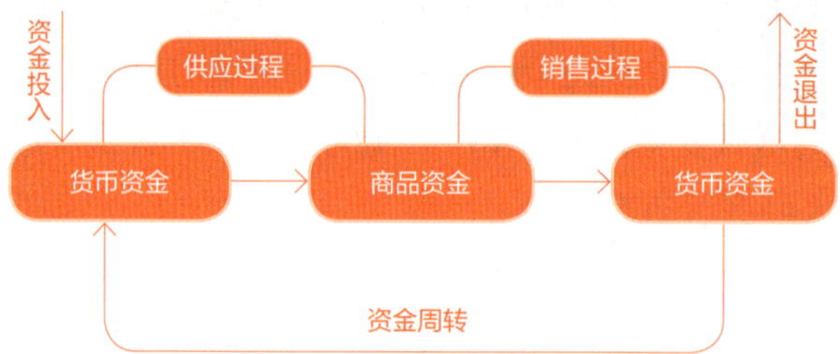

图 1-3 商品流通企业资金运动

（二）会计的目标

会计的目标又称会计的目的，是要求会计工作完成任务或达到标准，即向财务会计报告使用者提供与企业财务状况、经营成果和现金流量等有关的信息，反映企业管理层受托责任的履行情况，为会计信息使用者决策提供有用的信息。

1. 为会计信息使用者提供会计信息

会计信息使用者包括企业外部信息使用者和企业内部信息使用者。其中外部信息使用者主要有政府的宏观经济管理部门、企业的投资人和潜在的投资人、企业债权人和潜在债权人、社会公众等，外部信息使用者不能直接参与企业的生产经营活动，他们只能通过企业财务会计报告来获取会计信息。企业管理者可以通过会计信息调整经营决策，同时展示和评估自己作为受托管理者的经营业绩。企业内部信息使用者主要有企业管理人员、企业员工及工会组织等，也需要借助会计信息提升企业的内部经营管理，加强民主理财。

2. 反映企业管理层受托责任的履行情况

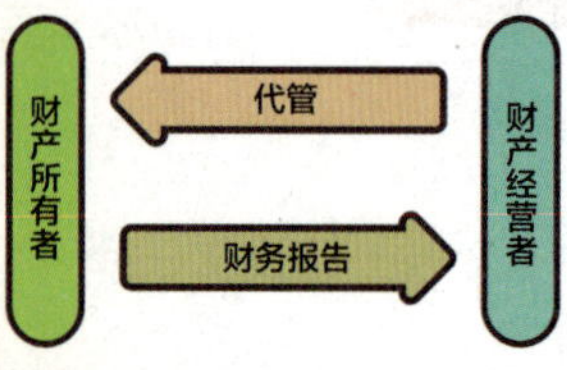

现代公司制下，企业所有权和经营权相分离，企业管理层受委托人之托经营管理企业及其各项资产，负有受托责任。由于企业管理层所经营管理的企业各项资产均为投资者投入或者向债权人借入的资金所形成的，企业管理层（财产经营者）有责任妥善保管并合理、有效地运用这些资产。因此，会计应反映企业管理层受托责任的履行情况。

三、会计的职能与方法

（一）会计的职能

会计的职能是指会计在经济管理中所具有的职责、功能，即人们在经济管理中可以用会计干什么。会计的基本职能包括会计核算和监督；拓展职能包括预测经济前景、参与经济决策、评价经营业绩等。

1. 会计核算职能

会计核算职能，又称会计反映职能，是指会计以货币为主要计量单位，对会计主体的经济活动进行确认、计量和报告。反映企业已经发生或完成的经济活动，为经营管理提供完整的、系统的以财务信息为主的经济信息。会计核算职能具有以下几个特点：① 会计核算以货币为主要计量单位，从数量上核算各单位的经济活动情况；② 会计核算主要核算已经发生或已经完成的经济活动；③ 会计核算包括会计确认、计量和报告。

【注意】

企业应当办理会计手续，实施会计核算的事项有：① 款项和有价证券的收付；② 财物的收发、增减和使用；③ 债权债务的发生和结算；④ 资本、基金的增减；⑤ 收入、支出、费用、成本的计算；⑥ 财务成果的计算和处理；⑦ 需要办理会计手续、进行会计核算的其他事项。

2. 会计监督职能

会计监督职能，又称会计控制职能，是指对特定主体经济活动和相关会计核算的真实性、合法性和合理性进行的监督检查。会计监督是一个过程，它分为事前监督、事中监督和事后监督。会计监督职能具有以下几个特点：① 会计监督是对经济活动全过程的监督。② 会计主要利用货币计价进行监督，也要进行实物监督。③ 会计监督是单位内部的监督，是外部监督不可替代的。

【注意】

会计核算和监督职能是相辅相成、辩证统一的。会计核算是基础，没有会计核算提供可靠、完整的会计资料，会计监督就没有客观依据，也就无法进行会计监督。同时，会计核算又必须以会计监督为保证。没有科学、严格的会计监督，会计核算就失去了存在的意义。

（二）会计核算方法

会计核算方法是指对会计对象进行连续、系统、全面、综合的确认、计量和报告所采用的方法。

（1）填制和审核会计凭证。会计凭证是交易或事项的书面证明，是登记账簿的依据。会计核算要以会计凭证作为记账的依据。填制和审核会计凭证是为了审查经济业务是否合理合法，保证会计记录完整、真实和可靠而采用的一种专门方法。

（2）设置会计科目和账户。设置账户是对会计核算对象的具体内容进行分类核算和监督的一种专门方法。企业必须根据规定的会计科目开设账户，分别登记各项经济业务，以便取得经营管理所需要的各种核算指标，并随时加以分析、检查和监督。

（3）复式记账。复式记账是对每一项经济业务，用相等的金额，同时通过两个或两个以上相互对应的账户进行全面登记的一种专门方法。任何一项经济活动都会引起资金的增减变动或财务收支的变动，采用复式记账，将每项经济业务至少在两个账户中相互对应地、平衡地登记，就可以全面地、相互联系地反映资金增减变化和财务收支变化情况，并掌握经济业务的来龙去脉。

（4）登记会计账簿。登记会计账簿，简称记账、过账，是指根据审核无误的会计凭证，在账簿上连续地、系统地、完整地记录交易或事项的一种专门方法。

（5）成本计算。成本计算是按一定的成本对象，对生产、经营过程中所发生的成本、费用进行归类，以确定各对象的总成本和单位成本的一种专门方法。

（6）财产清查。财产清查是对各项财产物资进行实物盘点、账面核对以及对各项往来款项进行查询、核对，以查明各种财产物资和资金实有数的一种专门方法。

（7）编制财务会计报告。编制财务会计报告是定期总括地反映财务状况、经营成果、现金流量以及费用成本等情况的一种专门方法。 财务会计报告主要是以账簿记录为依据，经过加工整理而产生的一套完整的指标体系的书面文件。

（三）会计循环

会计循环，是指按照一定的步骤反复运行的会计程序。从会计工作流程看，会计循环由会计确认、计量和报告等环节组成，从会计核算的具体内容来看，会计循环由填制和审核会计凭证、设置会计科目和账户、复式记账、登记会计账簿、成本计算、财产清查、编制财务会计报告等组成。填制和审核会计凭证是会计核算的起点。会计循环如图 1-4 所示。

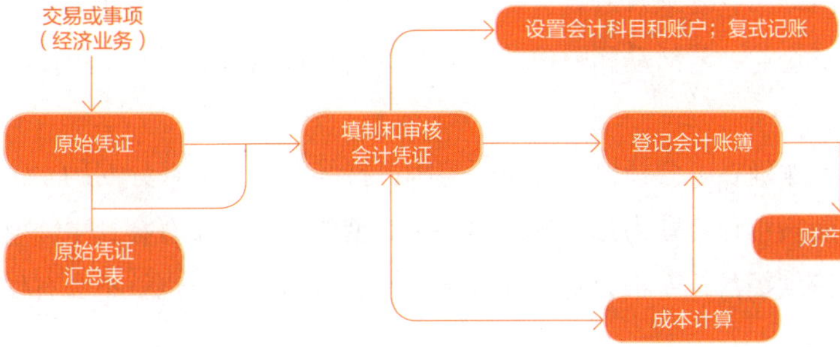

图 1-4　会计循环

四、会计基本假设

会计基本假设，又称会计核算的基本前提，是企业会计确认、计量和报告的前提，是对会计核算所处时间、空间、环境等所作的合理设定，包括：会计主体假设、持续经营假设、会计分期假设、货币计量假设。

（一）会计主体

会计主体又称会计实体、会计个体，是指企业会计确认、计量和报告的空间范围，即会计核算和监督的特定单位或组织。会计主体应是一个独立经营、自负盈亏、责权利相结合的经济单位。

会计主体可以是独立法人，也可以是非法人；可以是一个企业，也可以是企业内部的某一单位或企业中的一个特定部分（如企业分公司），还可以是由几个企业组成的企业集团。

会计主体不一定是法律主体，但法律主体一定是会计主体。

想一想：
会计主体与法律主体有什么区别?

（二）持续经营

持续经营，是指在预见的将来，企业将会按照当前的规模和状态继续经营下去，不会停业，也不会大规模削减业务。在可以预见的将来，企业不会进行清算、解散和倒闭。会计核算上的一系列会计处理方法都建立在持续经营的基础上。它要求会计人员以会计主体持续、正常的经营活动为前提，在此前提下选择会计程序及会计处理方法，进行会计核算。

小提示：
我国企业的会计期间分为年度和中期，其中中期又分为半年度、季度和月度。

（三）会计分期

会计分期，是指企业将持续不断的经营活动划分为一个个连续的、长短相同的会计期间，据以结算盈亏、编制财务报表，从而及时向有关方面反映企业的财务状况、经营成果和现金流量情况。这种划分是人为划分，而并非经济活动本身是分段的。

（四）货币计量

货币计量，是指企业在会计核算时确认、计量和报告时以货币作为主要计量单位，

> **小提示：**
> 一般应以人民币作为记账本位币，业务收支以外币为主的企业，也可以采用某种外币作为记账本位币，但向国家有关方面报送财务报表时，必须折算为人民币反映。

反映会计主体的经济活动。它要求对所有会计核算的对象采用同一种货币作为统一的尺度来予以计量，并把企业经营活动和财务状况的数据转化成按统一货币单位反映的会计信息。

由此可见，会计主体确立了会计核算的空间范围，持续经营与会计分期确立了会计核算的时间长度，而货币计量则为会计核算提供了必要的手段。没有会计主体就不会有持续经营；没有持续经营，就不会有会计分期；没有货币计量，也就不会有现代会计的产生与发展。

【知识窗】

我国会计准则体系

一、会计准则的构成

会计准则是反映经济活动、确认产权关系、规范收益分配的会计技术标准，是生成和提供会计信息的重要依据，也是政府调控经济活动、规范经济秩序和开展国际经济交往等的重要手段。会计准则具有严密和完整的体系。我国已经颁布的会计准则有《企业会计准则》《小企业会计准则》和《事业单位会计准则》。

二、企业会计准则

我国企业会计准则体系包括基本准则、具体准则、应用准则指南和公告等。2006年2月15日，财政部发布了《企业会计准则》，自2007年1月1日起在上市公司范围内实行，并鼓励其他企业执行。2014年，财政部又陆续对企业会计准则进行了新增或修订。

三、小企业会计准则

2011年10月18日，财政部发布了《小企业会计准则》，要求符合条件的小企业自2013年1月1日起执行，并鼓励提前执行。《小企业会计准则》一般适用于在我国境内设立、经济规模较小的企业。

四、事业单位会计准则

2012年12月6日，财政部修订发布了《事业单位会计准则》，自2013年1月1日起在各级各类事业单位施行，该准则对我国事业单位的会计工作予以了规范。

任务实施

各小组学习讨论会计的特征、会计的对象与目标、会计的职能与方法、会计基本假设，进一步明确会计人员工作的内涵。

提示：会计具有五大特征，会计对象可以表述为用货币表现的经济活动。会计目标有两个，一是为会计信息使用者提供会计信息；二是反映企业管理层受托责任的履行情况。会计具有核算和监督两大基本职能。会计运用七大专门方法，即填制和审核会计凭证、设置会计科目和账户、复式记账、登记会计账簿、成本计算、财产清查、编制财务会计报告。会计有四大假设，即会计主体假设、持续经营假设、会计分期假设、货币计量假设。

任务拓展

请查阅资料，看看会计信息的使用者有哪些？

项目总结

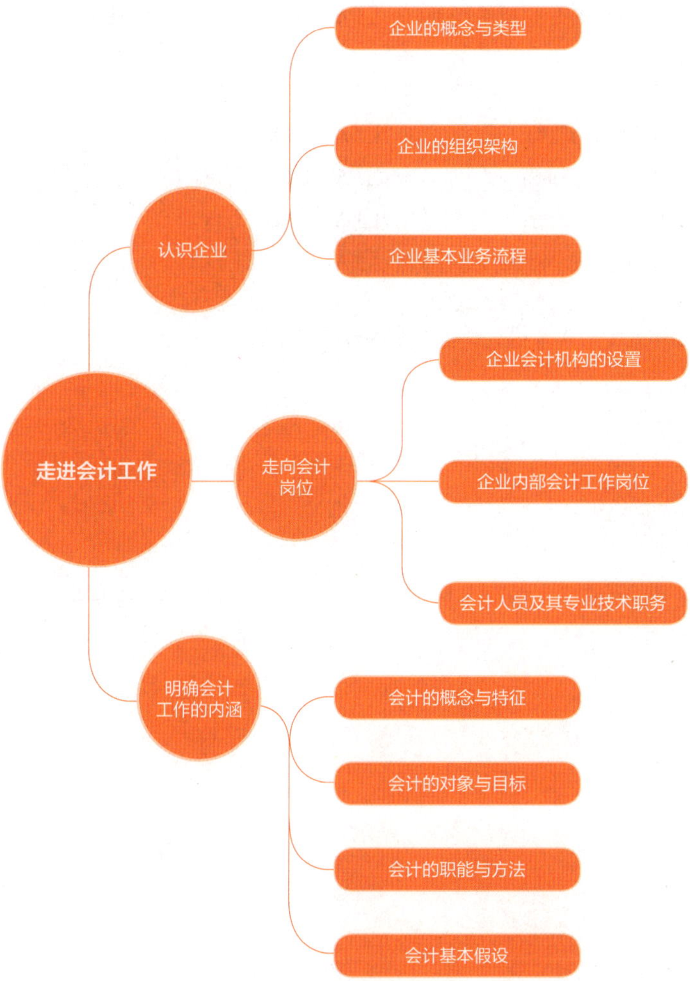

学习评价

▲专业能力测评表

业务能力	评价指标	自测结果	要求
认识企业	1. 企业的概念与类型 2. 企业的组织架构 3. 企业基本业务流程	□A　□B　□C □A　□B　□C □A　□B　□C	能区分不同企业类型，熟悉企业内部的基本组织架构，掌握制造业的业务流程
走向会计岗位	1. 企业会计机构的设置 2. 企业内部会计工作岗位 3. 会计人员及其专业技术职务	□A　□B　□C □A　□B　□C □A　□B　□C	熟悉企业内部会计机构设置要求，掌握企业内部会计工作岗位，能根据会计职业要求做好个人职业生涯规划
明确会计工作的内涵	1. 会计的概念与特征 2. 会计的对象与目标 3. 会计的职能与方法 4. 会计基本假设	□A　□B　□C □A　□B　□C □A　□B　□C □A　□B　□C	熟悉会计的概念与特征，掌握会计的对象与目标、会计的职能与方法、会计基本假设的内涵，为后续学习奠定基础
说明	（在□中打√，A 掌握，B 基本掌握，C 未掌握）		
教师评语：			
成绩		教师签字	

02

项目二

设置会计科目和账户

【职业能力目标】

- 掌握会计要素的概念、分类；
- 掌握会计等式及其含义；
- 掌握经济业务的类型及其对会计等式的影响；
- 掌握会计科目的概念、分类；
- 掌握账户的概念、基本结构及设置方法；
- 理解会计科目与账户的关系；
- 能够根据简单的经济业务设置账户。

【项目背景】

天齐电子设备有限责任公司是一家电子设备制造企业，注册资本 18 万元，由神华公司和大力公司各出资 50% 投资兴建，生产 A 型设备、B 型设备，主要使用甲材料、乙材料、丙材料、丁材料等作为原材料。20×× 年 8 月，公司可以用货币表现的事项基本情况见表 2–1。

表 2–1　公司事项基本情况

序号	项目	会计要素	会计科目
1	存放在工商银行的存款 80 000 元		
2	库存的甲、乙、丙、丁材料 12 000 元		
3	库存待售的 A 型设备、B 型设备 8 000 元		
4	神华公司和大力公司投入的资本金 180 000 元		
5	购买甲材料未支付的货款 70 000 元		
6	车间正在加工中的 A 型设备 10 000 元		
7	向建设银行借入的借款 100 000 元，期限 3 个月		

续表

序号	项目	会计要素	会计科目
8	购买丁材料应付未付的货款 10 000 元		
9	运输用的汽车 50 000 元		
10	生产用的厂房 150 000 元		
11	生产用机器设备 50 000 元		

导问

会计是“商业交往的共同语言”，有其特殊的语言表示方式，会计要素、会计科目、会计账户是会计语言最基本的要素，那么对于天齐电子设备有限责任公司上述项目，如何用会计语言来表示？

【项目分析】

企业发生的经济业务多种多样，会计需要核算和监督的内容包罗万象，要对其进行全面、连续、系统、综合的核算和监督，就必须按照经济业务的内容、特点和管理要求，分别设置账户，进行分门别类的登记，以便提供管理上所需要的各种会计信息。完成本项目需要明确经济业务归属的会计要素，进而明确涉及的会计科目，根据会计科目在账簿中开设账户。

【项目分解】

设置会计科目和账户这一项目可分解为如下主要任务：

任务 1　划分会计要素

任务 2　建立会计等式

任务 3　设置会计科目

任务 4　设置会计账户

【项目实施】

任务 1　划分会计要素

任务布置

请根据项目背景资料对天齐电子设备有限责任公司列举的事项划分会计要素，按不同类别金额加总，并查看结果。

▶ 教学组织

建议 5 人一组，扮演天齐电子设备有限责任公司会计的角色，根据知识学习要点，讨论分析会计事项归属的会计要素。也可以通过参观企业了解企业的各项经营要素，用会计要素表示。

知识学习

会计要素，也称为财务报表要素，是对会计对象进行的基本分类，是会计核算对象的具体化，也是对资金运动第二层次的划分。

会计的对象是用货币表现的资金运动，而企业的资金运动是错综复杂的，会计核算的过程是一个确认、计量、记录和报告经济业务的过程。为了全面、系统、综合地反映错综复杂的经济活动情况，以取得经营管理所需的数据资料，应对经济业务的内容进行科学的分类，这些基本分类在会计上都有特定的含义和特征，为会计分类核算提供了基础，也为财务报表构筑了框架，因而会计要素也可以称为财务报表要素。会计要素是对会计对象的基本分类，是构成会计内容的主要因素，也是设置账户和编制财务报表的基本依据。

依据《企业会计准则》，企业的会计对象共划分为资产、负债、所有者权益、收入、费用和利润六大会计要素。其中资产、负债和所有者权益三项会计要素是资金运动的静态表现，反映企业的财务状况，是资产负债表的基本要素；收入、费用和利润三项会计要素是资金运动的动态表现，反映企业的经营成果，是利润表的基本要素。通过这六大会计要素，就可以从静态和动态两个方面来描述企业的经济活动。

一、资产

视 频：资产要素

资产，是指过去的交易或事项形成的、由企业拥有或者控制的、预期会给企业带来经济利益的资源，包括各种财产、债权和其他权利。资产具有以下三个特征。

（1）资产是由过去的交易或者事项形成的。过去的交易或者事项，是指企业在过去的一个时期中购买和销售商品、生产产品、建造某项设备等业务活动，以及其他相关的交易或事项。只有过去的交易或事项才能产生资产，预期在未来发生的交易或者事项可能产生的结果不能作为资产确认。例如，企业 10 月份与购货方签订的购销合同，计划在 12 月份购买一批机器设备，则企业不能将该批设备确认为 10 月份的资产，而应该在 12 月份购买后确认为企业的资产。

（2）资产必须为企业拥有或者控制的资源。经营租入其他企业的物品，由于不具有所有权，不能确认为企业的资产；而租出的物品，虽已不在本企业，但本企业具有所有权，能够控制，仍作为本企业的资产。

（3）资产预期会给企业带来经济利益。资产能够直接或间接给企业带来经济利益，如果预期不能给企业带来经济利益则不能确认为企业的资产。例如，企业报废的汽车，已经无法用于经营过程，不能给企业带来经济利益，不应再作为企业的资产。

符合资产定义的资源，在同时满足以下条件时，确认为资产：① 与该资源有关的经济利益很可能流入企业；② 该资源的成本或者价值能够可靠地计量。

企业的资产按变现或耗用时间的长短，可分为流动资产和非流动资产。

（1）流动资产，是指在一年或者超过一年的一个营业周期内变现或者耗用的资产，如库存现金、银行存款、交易性金融资产、应收票据、应收账款、预付账款、原材料、库存商品等。

（2）非流动资产，是指流动资产以外的资产，即不准备在一年或者超过一年的一个营业周期内变现或者耗用的资产，如长期股权投资、固定资产、无形资产、其他长期资产等。

资产分类如图 2-1 所示。

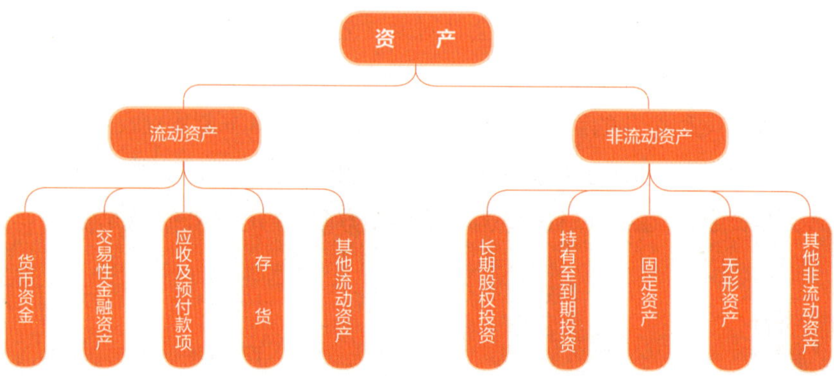

图 2-1　资产分类

二、负债

负债，是指企业过去的交易或者事项形成的，预期会导致经济利益流出企业的现时义务。负债具有如下特征：

（1）负债是由过去的交易或事项形成的。

（2）负债是现时的义务。现时义务是指企业在现行条件下已承担的义务。例如，借款的利息一般半年支付一次，但每月都要将应付的利息作为一项负债确认。未来发生的交易或者事项形成的义务，不属于现时义务，不应当确认为负债。

（3）清偿负债预期会导致经济利益流出企业。

符合负债定义的义务，在同时满足以下条件时，确认为负债：① 与该义务有关的经济利益很可能流出企业；② 未来流出的经济利益的金额能够可靠地计量。

企业的负债按其偿付期可以分为流动负债和非流动负债。

（1）流动负债，是指在一年或者超过一年的一个营业周期内偿还的债务，如短期借款、应付票据、应付账款、预收账款、应付职工薪酬、应交税费、应付股利、应付利息、其他应付款等。

（2）非流动负债，是指偿还期在一年或者超过一年的一个营业周期以上的债务，如长期借款、应付债券、长期应付款、专项应付款等。

负债分类如图 2-2 所示。

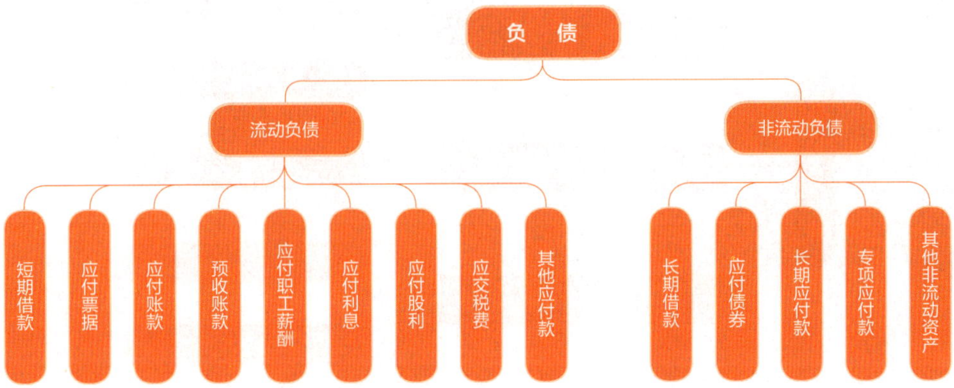

图 2-2　负债分类

三、所有者权益

所有者权益，是指企业资产扣除负债后由所有者享有的剩余权益。公司的所有者权益又称为股东权益。所有者权益是所有者对企业资产的剩余索取权，是企业资产中扣除债权人权益后应由所有者享有的部分，即企业全部资产减去全部负债后的余额。其特征如下：

（1）在一般情况下（减资、清算或分派现金股利除外），无须归还给所有者。

（2）在企业清算时，企业应以其全部的资产首先用于偿还债务，然后才能将偿还之余的资产在所有者之间进行分配。所以，所有者权益是对企业资产的次于债权人权益后的剩余权益。

（3）所有者权益是所有者参与利润分配的依据。

所有者权益的确认和计量，主要取决于资产、负债、收入、费用等其他会计要素

想一想： 负债与所有者权益有什么区别?

的确认和计量。

所有者权益按其来源，主要分为所有者投入的资本、直接计入所有者权益的利得和损失、留存收益等。

（1）所有者投入的资本，是指所有者投入企业的资本部分。它既包括构成企业注册资本或者股本部分的金额，又包括投入资本超过注册资本或者股本部分的金额，即资本溢价或者股本溢价（资本公积）。

（2）直接计入所有者权益的利得和损失，是指不应计入当期损益，会导致所有者权益发生增减变动的，与所有者投入资本或者向所有者分配利润无关的利得或者损失。

（3）留存收益，是企业历年实现的净利润留存于企业的部分，主要包括计提的盈余公积和未分配利润。

所有者权益分类如图 2-3 所示。

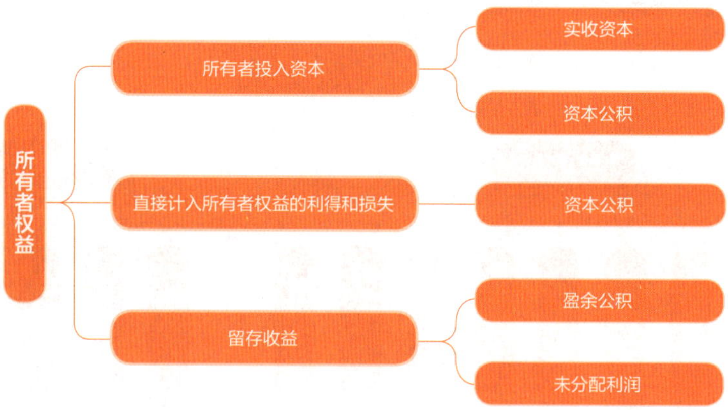

图 2-3 所有者权益分类

四、收入

收入，是指企业在日常活动中形成的、会导致所有者权益增加的、与所有者投入资本无关的经济利益的总流入。收入具有如下特征：

（1）收入从企业的日常经营活动中产生，而不是从偶发的交易或事项中产生。日常活动是指企业为完成其经营目标所从事的经营性活动以及与之相关的活动，明确界定日常活动是为了将收入与利得相区分，因为企业非日常活动所形成的经济利益的流入不能确认为收入，而应当计入利得。

（2）收入可能表现为资产的增加，或负债的减少，或二者兼而有之。

（3）收入能导致企业所有者权益的增加。收入只包括本企业经济利益的流入，而不包括为第三方或客户代收的款项。

符合收入定义并同时符合下列条件时才能确认为收入：① 经济利益很可能流入企业从而导致企业资产增加或者负债减少；② 经济利益的流入额能够可靠计量。

收入按从事日常活动的性质不同，可分为销售商品收入、提供劳务收入和让渡资产使用权收入等。

（1）销售商品收入，是指企业通过销售商品实现的收入，如制造业产品销售、商品流通企业商品销售等。

（2）提供劳务收入，是指企业通过提供劳务实现的收入，如企业通过提供旅游等劳务所实现的收入。

（3）让渡资产使用权收入，是指企业通过让渡资产使用权实现的收入，如企业转让无形资产的使用权形成的使用费收入。

收入按企业经营业务主次不同分类，可以分为主营业务收入和其他业务收入。

（1）主营业务收入，是指企业为完成其经营目标所从事的经常性的主要业务活动实现的收入。如制造业销售商品、提供工业性劳务等取得的收入，商品流通企业销售商品所取得的收入等。

（2）其他业务收入，是指企业为完成其经营目标所从事的与经常性活动相关的活动实现的收入，如制造业对外销售材料的收入等。收入分类如图 2-4 所示。

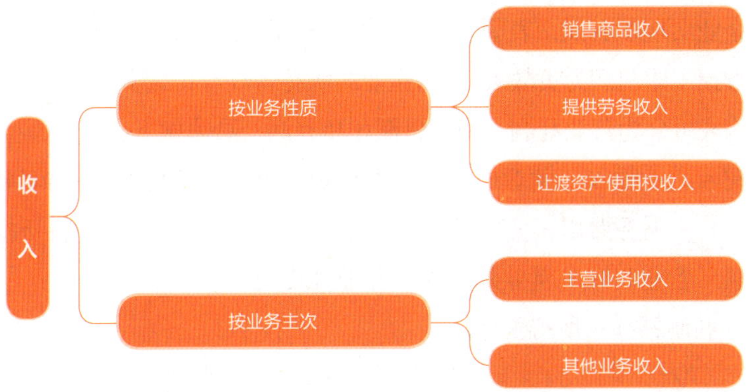

图 2-4　收入分类

五、费用

费用，是指企业在日常活动中发生的、会导致所有者权益减少的、与向所有者分配利润无关的经济利益的总流出。

将费用界定为日常活动所形成的，是为了将其与损失相区分，因为企业非日常活动所形成的经济利益的流出不能确认为费用，而应当计入损失。

费用按照用途，可分为计入产品成本的生产费用和计入当期损益的期间费用。其中生产费用分为直接费用和间接费用；期间费用分为管理费用、销售费用、财务费用。

费用分类如图 2-5 所示。

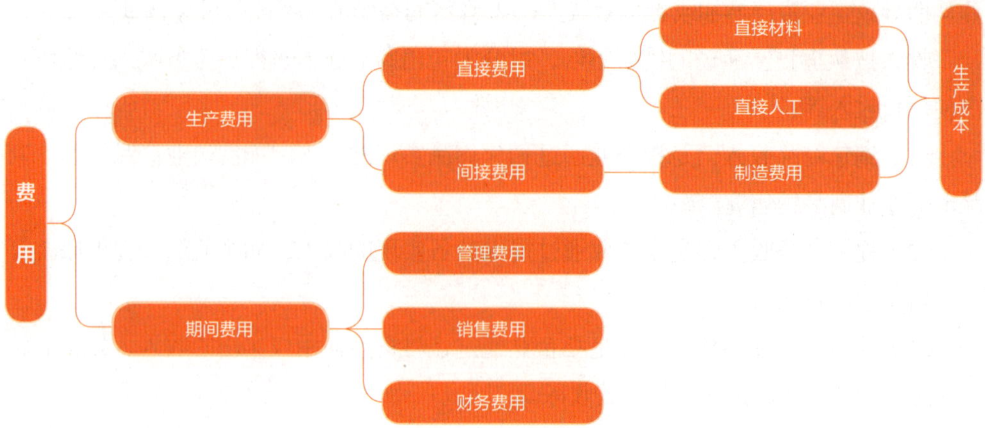

图 2-5　费用分类

六、利润

利润，是指企业在一定会计期间的经营成果。利润包括收入减去费用后的净额、直接计入当期利润的利得和损失等。

利润的确认和计量主要取决于收入和费用以及利得和损失的确认和计量，通常情况下，如果企业实现了利润，表明企业的所有者权益将增加，业绩得到了提升；反之，如果发生了亏损（即利润为负数），表明企业的所有者权益将减少，业绩下滑。

利润按构成可分为营业利润、利润总额和净利润。具体如下：

营业利润 = 营业收入 − 营业成本 − 营业税金及附加 − 管理费用 − 销售费用 − 财务费用 − 资产减值损失 ± 公允价值变动损益 ± 投资损益

利润总额 = 营业利润 + 营业外收入 − 营业外支出

净利润 = 利润总额 − 所得税费用

任务实施

通过分析，天齐电子设备有限责任公司会计要素划分情况见表 2-2 所示。

表 2-2　会计要素划分情况表　　单位：元

序号	项目	会计要素		
		资产	负债	所有者权益
1	存放在工商银行的存款	80 000		
2	库存的甲材料、乙材料、丙材料、丁材料	12 000		

续表

序号	项目	会计要素		
		资产	负债	所有者权益
3	库存待售的 A 型设备、B 型设备	8 000		
4	神华公司和大力公司投入的资本金			180 000
5	购买甲材料未支付的货款		70 000	
6	车间正在加工中的 A 型设备	10 000		
7	向建设银行借入的借款，期限 3 个月		100 000	
8	购买丁材料应付未付的货款		10 000	
9	运输用的汽车	50 000		
10	生产用的厂房	150 000		
11	生产用机器设备	50 000		
合　计		360 000	180 000	180 000

任务拓展

某企业 20×× 年 8 月 31 日资产、负债和所有者权益的有关项目如下：

（1）由出纳员保管的现金 3 000 元。

（2）存放在银行的款项 250 000 元。

（3）应收某企业的销售货款 7 000 元。

（4）库存的生产用原材料 60 000 元。

（5）库存的完工产品 15 000 元。

（6）厂房机器设备共计 150 000 元。

（7）从银行取得的短期借款 120 000 元。

（8）应付给某供货单位的材料款 100 000 元。

（9）从银行取得的长期借款 200 000 元。

（10）投资人投入的资本 150 000 元。

（11）盈余形成的公积金 20 000 元。

（12）正在加工中的在产品 105 000 元。

分析各项目应归属的会计要素类别，即资产、负债或所有者权益类，并将金额填入表 2-3 中。

表 2-3 会计要素划分情况表 单位：元

序号	项目	会计要素		
		资产	负债	所有者权益
1	存放在出纳员处的现金			
2	存放在银行的存款			
3	应收某企业销售贷款			
4	库存原材料			
5	库存完工产品			
6	厂房机器设备			
7	向银行借入短期借款			
8	购买材料应付未付的货款			
9	向银行借入长期借款			
10	投入资本			
11	盈余形成公积金			
12	正在加工的在产品			
合 计				

任务 2 建立会计等式

任务布置

天齐电子设备有限责任公司会计要素划分后，资产、负债及所有者权益状况表见表 2-4 所示。

表 2-4 资产、负债及所有者权益状况表 单位：元

资产	金额	负债及所有者权益	金额
银行存款	80 000	短期借款	100 000
存 货	30 000	应付账款	80 000
固定资产	250 000	实收资本	180 000
合 计	360 000	合 计	360 000

20×× 年 9 月份公司发生了下列经济业务：

（1）7 日，接受国家投入设备一台，价值 100 000 元。

（2）10 日，以银行存款偿还短期借款 40 000 元。

（3）18 日，以银行存款购买原材料 2 000 元。

（4）20 日，开出商业承兑汇票一张 50 000 元，抵付应付账款。

▶ 教学组织

建议 5 人一组，扮演天齐电子设备有限责任公司会计的角色，根据所学知识要点，讨论分析经济业务归属的会计要素。分析这些经济业务发生后对企业资产、负债及所有者权益有什么影响。

知识学习

一、会计等式

会计基本等式，又称会计平衡公式，是指会计要素间在总额上必然相等的一种关系式，是企业财务状况的表达式。

企业从事经营活动，必须拥有一定数量的经济资源作为从事经济活动的物质基础。资源的所有者，用现款或者实物等投入企业供其运营，形成以企业名义所持有的各种资产，如房屋建筑物、机器设备、材料、货币资金等，但所有者的投入不是无偿的，而是对所提供的资产存在相应的要求权（会计上称为权益），有多少资产，就有多少权益，二者相互依存，没有无权益的资产，也没有无资产的权益，而且在客观上必然存在着相等的关系。资产总是与这些资产归属的权利（权益）相对应。即从数量上看，有一定数额的资产必然有一定数额的权益；反之，有一定数额的权益，也必然有一定数额的资产。从本质上看，资产和权益是同一事物的两个方面，资产表明企业拥有多少经济资源和拥有什么样的经济资源，权益则体现由不同渠道取得这些经济资源时所形成的经济关系，两者是相等的。也就是说，资产与权益在任何一个时点上都必然保持恒等的关系，这种恒等关系用公式表示，即：

动画：会计等式

资产 = 权益

（1）如果企业的全部资产都由投资者投入，则有：

资产 = 投资人权益（所有者权益）

例如小张投资 30 万元建立了 A 公司，此时，A 公司的全部资产为 30 万元，小张对 A 公司拥有 30 万元的要求权（即所有权），用会计等式表示为：

A 公司资产（30 万元）= 所有者权益（30 万元）

（2）如果企业的资产由投资人投入和债权人提供，则有：

资产 = 债权人权益 + 投资人权益

即：　　资产 = 负债 + 所有者权益　　（静态，反映财务状况等式）

如上述A公司开业后，为扩大经营，从工商银行借入资金10万元，期限为1年，此时，A公司的资产变成了40万元。相应的债权人（工商银行）的权益也增加了10万元。此时，公司的总权益是由30万元的所有者权益和10万元的债权人权益形成的。因此，上述等式变为：

资产（40万元）= 债权人权益（10万元）+ 投资人权益（30万元）

= 负债（10万元）+ 所有者权益（30万元）

以上等式能直接反映出资金运动三个静态要素之间的内在联系和企业在某一时点的财务状况，因而资产、负债和所有者权益构成资产负债表的三大基本要素。由于该等式是会计等式中最通用和最一般的形式，所以通常也称为会计基本等式。

（3）企业在生产经营过程中不断地取得收入，在取得收入的同时还会发生各种各样的费用。两者相抵即为利润。

收入 − 费用 = 利润　　（动态，反映经营成果等式）

若：收入＞费用，形成企业的利润，所有者权益增加；

若：收入＜费用，形成企业的亏损，所有者权益减少。

某一会计期间，会计等式表现为：

资产 = 负债 + 所有者权益 + 利润

即：　资产 = 负债 + 所有者权益 +（收入 − 费用）　　（扩展式）

或：　资产 + 费用 = 负债 + 所有者权益 + 收入

利润和亏损都可归入企业资产和所有者权益的变化，不会影响会计等式的平衡。故：

资产 = 负债 + 所有者权益

【注意】

会计等式是设置账户、复式记账、编制资产负债表的理论依据。会计等式中的平衡关系可以用一张简略的资产负债表来反映。例如，从表2-4可以看出，天齐电子设备有限责任公司20××年9月1日的资产总额为360 000元，负债及所有者权益总额为360 000元，资产与权益相等。

二、经济业务对会计等式的影响

企业在生产经营过程中，每天都会发生各种经济业务，从而引起各会计要素的增减变动，会涉及资产、负债和所有者权益的变化，但并不影响资产与权益的恒等关系。

（一）对“资产和权益”等式的影响

1. 交易或事项的发生，引起资产和权益同时增加

【例 2-1】7 日，接受国家投入设备一台，价值 100 000 元。

这项交易或事项的发生，使企业的资产（机器设备）增加了 100 000 元，同时也使权益（实收资本）增加了 100 000 元，资产和权益等额增加，不改变资产和权益之间的平衡关系。

2. 交易或事项的发生，引起资产和权益同时减少

【例 2-2】10 日，以银行存款偿还短期借款 40 000 元。

这项交易或事项的发生，使企业的资产（银行存款）减少了 40 000 元，同时也使负债（短期借款）减少了 40 000 元，资产和权益等额减少，不改变资产和权益之间的平衡关系。

3. 交易或事项的发生，引起资产内部一增一减

【例 2-3】18 日，以银行存款购买原材料 2 000 元。

这项交易或事项的发生，使企业的资产（原材料）增加了 2 000 元，同时使另一项资产（银行存款）减少了 2 000 元，增减金额相等，企业的资产总额不变，权益总额也不变，不改变资产和权益之间的平衡关系。

4. 交易或事项的发生，引起权益内部一增一减

【例 2-4】20 日，开出商业承兑汇票一张 50 000 元，抵付应付账款。

这项交易或事项的发生，使企业的负债（应付票据）增加了 50 000 元，同时使另一项负债（应付账款）减少了 50 000 元，增减金额相等，企业权益总额不变，资产总额也不变，不改变资产和权益的平衡关系。

由此可见，企业发生的经济业务尽管纷繁复杂，但归纳起来不外乎以上四种类型：资产和权益同时增加；资产和权益同时减少；资产内部一增一减；权益内部一增一减。如图 2-6 所示。但无论经济业务发生怎样的变化都不会破坏资产和权益的平衡关系。资产和权益永远是相等的。即：

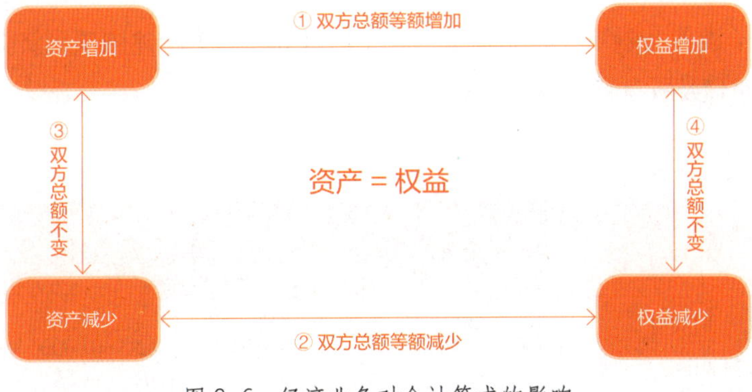

图 2-6　经济业务对会计等式的影响

（二）对“资产＝负债＋所有者权益”等式的影响

当把权益分为负债和所有者权益时，经济业务的发生对会计等式的影响可以进一步扩展为九种类型，见表 2-5 所示。

表 2-5 企业经济业务类型

经济业务		资产	负债	所有者权益
资产和权益同时增加	①	增加	增加	
	②	增加		增加
资产和权益同时减少	③	减少	减少	
	④	减少		减少
资产内部一增一减	⑤	增加、减少		
权益内部一增一减	⑥		增加、减少	
	⑦			增加、减少
	⑧		增加	减少
	⑨		减少	增加

由此可见，企业发生的四种类型的经济业务可以进一步分为九种情况：资产和负债同时增加；资产和所有者权益同时增加；资产和负债同时减少；资产和所有者权益同时减少；资产内部一增一减；负债内部一增一减，所有者权益内部一增一减；负债增加，所有者权益减少；负债减少，所有者权益增加。每一项经济业务的发生，都必然引起会计等式的一方或双方有关项目相互联系的等量的变化，即当涉及会计等式的一方时，有关项目的数额发生相反方向的等额变动；而当涉及会计平衡公式的两方时，有关项目的数额必然会发生相同方向的等额变动，但无论经济业务发生怎样的变化都不会破坏资产和权益的平衡关系。

任务实施

天齐电子设备有限责任公司在【例 2-1】~【例 2-4】所述四项经济业务发生后，整个资产、负债及所有者权益情况见表 2-6。

表 2-6 资产、负债及所有者权益变化表 单位：元

资产				负债及所有者权益			
项目	原金额	增减	变化后金额	项目	原金额	增减	变化后金额
银行存款	80 000	② −40 000 ③ −2 000	38 000	短期借款	100 000	② −40 000	60 000

续表

资产				负债及所有者权益			
项目	原金额	增减	变化后金额	项目	原金额	增减	变化后金额
存　货	30 000	③ +2 000	320 000	应付票据		④ +50 000	50 000
				应付账款	80 000	④ −50 000	30 000
固定资产	250 000	① +100 000	350 000	实收资本	180 000	① +100 000	280 000
合　计	360 000		420 000	合　计	360 000		420 000

任务拓展

天齐电子设备有限责任公司 20×× 年 8 月份发生下列经济业务：

（1）用银行存款购买材料 1 000 元。

（2）用银行存款归还短期借款 20 000 元。

（3）收到投资人甲投入的设备 60 000 元。

（4）从某单位购进一批材料，货款未付 7 000 元。

（5）将盈余公积转作实收资本 80 000 元。

（6）用应付票据抵付应付账款 14 000 元。

（7）企业投资人乙代企业归还短期借款，并将其转为投入资本 30 000 元。

（8）用盈余公积转增资本 40 000 元。

（9）拟将企业实现的利润分配给投资者 54 000 元。

（10）退还投资人投资 30 000 元。

请分析上列各项经济业务的类型，填入表 2−7。

表 2−7　经济业务类型表

类型	经济业务序号
1. 一项资产增加，另一项资产减少	
2. 一项负债增加，另一项负债减少	
3. 一项所有者权益增加，另一项所有者权益减少	
4. 一项负债增加，一项所有者权益减少	
5. 一项负债减少，一项所有者权益增加	
6. 一项资产增加，一项负债增加	
7. 一项资产增加，一项所有者权益增加	
8. 一项资产减少，一项负债减少	
9. 一项资产减少，一项所有者权益减少	

任务3　设置会计科目

任务布置

请根据背景资料为天齐电子设备有限责任公司设置相应的会计科目。

教学组织

建议5人一组，以天齐电子设备有限责任公司财务科会计的角色，根据所学知识要点，讨论分析企业应设置哪些会计科目。

知识学习

一、会计科目的概念

会计科目，是指为满足会计确认、计量、报告的要求，根据企业内部会计管理和外部信息需要，对会计要素具体内容进行分类的项目，是对资金运动第三层次的划分。

会计要素是会计对象的具体化，但作为会计数据的归类标准，会计要素仍然过于笼统、概括，不能详细地提供管理所需资料。如资产要素反映了企业的经济资源，但这些经济资源又具有各种具体形式，如有的资源以现金形式存在，而另一些资源则表现为原材料和设备等，不同形式的资源对管理的意义是不同的，会计核算必须为管理提供具体的资源形式和金额。为了全面、系统、详细地对各项会计要素具体内容及其增减变动情况进行核算和监督，就需要在会计要素的基础上进行进一步分类，即设置相应的会计科目。

通过设置会计科目，可以分类反映不同的经济业务，将复杂的经济信息变成有规律、易识别的经济信息，并为其转换为会计信息准备条件，提供一系列具体、分类的指标。因此，设置会计科目是核算和监督的重要工具，是设置账户的依据，是规范会计核算和加强会计监督的重要手段。

二、会计科目的分类

（一）按其归属的会计要素分类

企业的经济活动是通过资产、负债、所有者权益、收入、费用、利润六大会计要素的增减变化体现出来的。企业会计科目按其所归属的会计要素不同，通常可以分为资产类、负债类、所有者权益类、成本类、损益类五大类。

1. 资产类科目

按流动性，资产类科目分为反映流动资产的科目和反映非流动资产的科目。反映流动资产的科目有“库存现金”“银行存款”“原材料”“应收账款”“库存商品”等；反映非流动资产的科目有“长期股权投资”“固定资产”“无形资产”“长期待摊费用”等。

2. 负债类科目

按偿还期限，负债类科目分为反映流动负债的科目和反映非流动负债的科目。反映流动负债的科目有“短期借款”“应付账款”“应付职工薪酬”“应交税费”等；反映非流动负债的科目有“长期借款”“应付债券”“长期应付款”等。

3. 所有者权益类科目

按形成和性质，所有者权益类科目分为反映资本的科目和反映留存收益的科目。反映资本的科目有“实收资本（或股本）”“资本公积”等；反映留存收益的科目有“盈余公积”“本年利润”“利润分配”等。

小提示：本年利润属于利润会计要素，但由于企业实现利润会增加所有者权益，因而归为所有者权益类科目。

4. 成本类科目

按内容和性质不同，成本类科目分为反映制造成本的科目和反映劳务成本的科目。反映制造成本的科目有“生产成本”“制造费用”等；反映劳务成本的科目有“劳务成本”等。

小提示：成本类属于资产要素，成本是企业生产产品、提供劳务所耗费的价值体现，为单独计算产品成本、劳务成本，因而设置成本类科目。

5. 损益类科目

按损益的不同，损益类科目分为反映收入的科目和反映费用的科目。反映收入的科目有“主营业务收入”“其他业务收入”“投资收益”“营业外收入”等；反映费用的科目有“主营业务成本”“其他业务成本”“销售费用”“管理费用”“财务费用”等。损益类科目分别属于收入和费用要素。

会计科目按照经济内容进行分类，遵循了会计要素的基本特征，它将各项会计要素的增减变化分门别类地进行归集，清晰反映了企业的财务状况和经营成果。

想一想：会计科目分类与会计要素分类之间有哪些不同？

我国会计科目是由财政部统一制定的，现行常用会计科目见表 2-8 所示。

表 2-8　常用会计科目表

编号	科目名称	编号	科目名称
一、资产类			
1001	库存现金	1122	应收账款
1002	银行存款	1123	预付账款
1012	其他货币资金	1131	应收股利
1101	交易性金融资产	1132	应收利息
1121	应收票据	1221	其他应收款

续表

编号	科目名称	编号	科目名称
1231	坏账准备	2501	长期借款
1401	材料采购	2502	应付债券
1402	在途物资	2701	长期应付款
1403	原材料	三、共同类[①]	
1404	材料成本差异	3101	衍生工具
1405	库存商品	3201	套期工具
1408	委托加工物资	3202	被套期项目
1411	周转材料	四、所有者权益类	
1471	存货跌价准备	4001	实收资本
1511	长期股权投资	4002	资本公积
1512	长期股权投资减值准备	4101	盈余公积
1531	长期应收款	4103	本年利润
1601	固定资产	4104	利润分配
1602	累计折旧	五、成本类	
1603	固定资产减值准备	5001	生产成本
1604	在建工程	5101	制造费用
1605	工程物资	5201	劳务成本
1606	固定资产清理	5301	研发支出
1701	无形资产	六、损益类	
1702	累计摊销	6001	主营业务收入
1703	无形资产减值准备	6051	其他业务收入
1801	长期待摊费用	6101	公允价值变动损益
1901	待处理财产损溢	6111	投资收益
二、负债类		6301	营业外收入
2001	短期借款	6401	主营业务成本
2201	应付票据	6402	其他业务成本
2202	应付账款	6403	营业税金及附加
2203	预收账款	6601	销售费用
2211	应付职工薪酬	6602	管理费用
2221	应交税费	6603	财务费用
2232	应付股利	6701	资产减值损失
2231	应付利息	6711	营业外支出
2241	其他应付款	6801	所得税费用

① 注：共同类账户主要针对金融企业。

【注意】

一级会计科目的编号一般采用 4 位纯数字表示，其中：第 1 位数字表示会计科目的类别，1 表示资产类，2 表示负债类，3 表示共同类，4 表示所有者权益类，5 表示成本类，6 表示损益类；第 2 位数字可以划分大类下面的小类；剩余两位数字为流水号。在第 1 位数字主要类别之下，业务性质相同的会计科目都以同样的号码为第 2 位数字，在相同业务性质的会计科目下，再以第 3 位依次排列各个会计科目。其中第 2 位小类的排列顺序为：资产类下面的小类按照变现能力大小排序；负债类下面的小类按照流动性大小排序；所有者权益类下面的小类按照转化为资本的能力大小排序。同时，为便于会计科目的增减，一般情况下，编码要考虑到未来的扩展性，在编码间，留有一定的间隔。

（二）按提供信息的详细程度及其统驭关系分类

会计科目按提供信息的详细程度及其统驭关系，可以分为总分类科目和明细分类科目。

1. 总分类科目

总分类科目又称一级科目或总账科目，是对会计要素的具体内容进行总括分类、提供总括信息的会计科目。它反映各种交易或者事项的概况，是进行总分类核算的依据。如，“库存现金”“银行存款”“应付账款”等。

2. 明细分类科目

明细分类科目又称明细科目，是对总分类科目作进一步分类、提供更详细和更具体会计信息的科目。对于明细科目较多的总分类科目，可以在总分类科目与明细科目之间设置二级科目或多级科目，如设置二级明细科目、三级明细科目等。二级明细科目是对总分类科目作进一步分类的科目，三级明细科目是对二级明细科目作进一步分类的科目，每往下设置一级都是对上一级科目的进一步分类。

总分类科目对其所属明细分类科目具有统驭和控制作用，明细分类科目反映各种交易或者事项的详细、具体核算指标，是对其总分类核算科目的补充和具体说明。如“原材料”总分类科目可以设置“原料及主要材料”“辅助材料”“燃料”等明细科目，这些明细科目详细说明“原材料”总分类科目。同时，为了更加详细地说明原料及主要材料的情况，还可以再按材料品种设置三级科目“Ⅰ号钢材”“Ⅱ号钢材”。见表 2-9。

表 2-9　会计科目分类示例

总分类科目（一级科目）	明细分类科目	
	二级科目（子目）	三级科目（细目）
原材料	原料及主要材料	Ⅰ号钢材
		Ⅱ号钢材

续表

<table>
<tr><th rowspan="2">总分类科目（一级科目）</th><th colspan="2">明细分类科目</th></tr>
<tr><th>二级科目（子目）</th><th>三级科目（细目）</th></tr>
<tr><td rowspan="4">原材料</td><td rowspan="2">辅助材料</td><td>油漆</td></tr>
<tr><td>润滑油</td></tr>
<tr><td rowspan="2">燃料</td><td>汽油</td></tr>
<tr><td>焦炭</td></tr>
</table>

三、设置会计科目的原则

会计科目可以反映会计要素的构成及其变化情况，是为投资者、债权人、企业经营管理者等提供会计信息的重要手段，在会计科目设置过程中应努力做到科学、合理、适用。因此，会计科目在设置过程中应遵循下列原则。

（一）合法性原则

合法性原则，是指所设置的会计科目应当符合国家统一的会计制度的规定。在我国，总分类科目原则上由财政部统一制定，主要是为了保证会计信息可比性。对于国家统一会计制度规定的会计科目，企业可以根据自身的生产经营特点，在不影响会计核算要求，以及对外提供统一的财务会计报告的前提下，自行增设、减少或合并某些会计科目。

（二）相关性原则

相关性原则，是指所设置的会计科目应为提供有关各方所需要的会计信息服务，满足对外报告和对内管理的要求。企业的会计核算，既要为政府职能部门对国民经济进行宏观经济管理提供会计信息服务，又要为投资者、债权人了解企业单位经营和财务状况，以进行投资、融资决策提供会计信息服务，还要为企业单位经济预测、决策和管理提供会计信息服务。企业单位提供的会计信息，应能够反映企业单位的财务状况、经营成果和现金流量，以满足会计信息使用者的需要。因此，会计科目的设置，要便于为有关各方提供所需的会计信息服务，要兼顾对外报告和企业内部管理的需要。

（三）实用性原则

实用性原则，是指设置的会计科目应当符合单位自身的特点，满足单位实际需要。企业的组织形式、所处行业、经营内容及业务种类等不同，在会计科目的设置上亦应有所区别。在合法性的基础上，企业应根据自身特点，设置符合企业需要的会计科目。

（四）清晰性原则

清晰性原则，是指会计科目作为对会计要素分类核算的项目，要求简单明确，字义相符，通俗易懂。同时，企业对每个会计科目所反映的经济内容也必须做到界限明确，既要避免不同会计科目所反映的内容重叠的现象，又要防止全部会计科目未能涵盖企业某些经济内容的现象。

《中华人民共和国会计法》规定，总分类科目由国家统一会计制度统一规定，各单位可以根据自身特点自行增设、删减或合并某些会计科目，以保证会计科目的要求。明细分类科目除国家统一会计制度规定设置外，各单位可以根据单位实际自行设置。

任务实施

步骤 1：20××年 8 月份天齐电子设备有限责任公司所用到的会计科目如表 2-10 所示。

表 2-10　会计科目表

序号	项目	会计科目	类别
1	存放在工商银行的存款 80 000 元	银行存款	资产
2	库存的甲、乙、丙、丁材料 12 000 元	原材料	资产
3	库存待售的 A 型设备、B 型设备 8 000 元	库存商品	资产
4	神华公司和大力公司投入的资本金 180 000 元	实收资本	所有者权益
5	购买甲材料未支付的货款 70 000 元	应付账款	负债
6	车间正在加工中的 A 型设备 10 000 元	生产成本	成本
7	向建设银行借入的借款 100 000 元，期限 3 个月	短期借款	负债
8	购买丁材料应付未付的货款 10 000 元	应付账款	负债
9	运输用的汽车 50 000 元	固定资产	资产
10	生产用的厂房 150 000 元	固定资产	资产
11	生产用机器设备 50 000 元	固定资产	资产

步骤 2：公司 20××年 9 月发生的经济业务涉及的会计科目见表 2-11 所示。

表 2-11　经济业务所涉及会计科目表

序号	项目	涉及会计科目
1	7 日，接受国家投入设备一台，价值 100 000 元	固定资产　实收资本
2	10 日，以银行存款偿还短期借款 40 000 元	银行存款　短期借款
3	18 日，以银行存款购买原材料 2 000 元	原材料　银行存款
4	20 日，开出商业承兑汇票一张 50 000 元，抵付应付账款	应付账款　应付票据

任务拓展

天齐电子设备有限责任公司 20×× 年 × 月份发生下列经济业务：

（1）用银行存款购买材料 1 000 元。

（2）用银行存款归还短期借款 20 000 元。

（3）收到投资人甲投入的设备 60 000 元。

（4）从某单位购进一批材料，货款未付 7 000 元。

（5）将盈余公积转作实收资本 80 000 元。

（6）用应付票据抵付应付账款 14 000 元。

（7）企业投资人乙代企业归还短期借款，并将其转为投入资本 30 000 元。

（8）用盈余公积转增资本 40 000 元。

（9）拟将企业实现的利润分配给投资者 54 000 元。

（10）退还投资人投资 30 000 元。

请分析上列各项经济业务的类型，填入表 2-12。

表 2-12　经济业务类型

类型	涉及会计科目
（1）用银行存款购买材料 1 000 元	
（2）用银行存款归还短期借款 20 000 元	
（3）收到投资人甲投入的设备 60 000 元	
（4）从某单位购进一批材料，货款未付 7 000 元	
（5）将盈余公积转作实收资本 80 000 元	
（6）用应付票据抵付应付账款 14 000 元	
（7）企业投资人乙代企业归还短期借款，并将其转为投入资本 30 000 元	
（8）用盈余公积转增资本 40 000 元	
（9）拟将企业实现的利润分配给投资者 54 000 元	
（10）退还投资人投资 30 000 元	

任务 4　设置会计账户

任务布置

请为天齐电子设备有限责任公司设置相应的总分类账户和明细分类账户。

教学组织

建议 5 人一组，以天齐电子设备有限责任公司财务科会计的角色，根据所学知识要点，讨论分析公司应设置的会计账户。

知识学习

一、账户基本知识

（一）账户的概念

账户是根据会计科目设置的，具有一定格式和结构，用于分类反映会计要素增减变动及其结果的一种工具。设置账户是会计核算的一种专门方法。

会计科目仅仅是对会计要素的具体内容进行分类的项目，它不能反映交易或者事项的发生所引起的会计要素各项目的增减变动及其结果，核算指标的具体数据资料，只有通过账户记录才能取得。因此，通过设置账户，可以将同类经济业务集中在同一个账户反映，以便对交易或者事项进行系统、连续地记录，以提供有关会计信息。

（二）账户的分类

账户是根据会计科目开设的，所以账户的分类和会计科目的分类相对应。账户可以按归属的会计要素分类，也可以按提供信息的详细程度分类。

（三）账户的基本结构

账户的结构是指账户用来记录交易或者事项的账户时所必备的具体格式。由于交易或者事项引起的会计要素具体内容的变动，从数量上不外乎增加和减少两种情况，因此，账户的基本结构应包括增加和减少两部分，相应分为左右两个方向，一方登记增加，一方登记减少。至于哪一方登记增加，哪一方登记减少，则取决于记录的交易或者事项，以及账户的性质。

登记本期增加的金额称为本期增加发生额；登记本期减少的金额称为本期减少发生额；增减相抵后的差额，称为余额。余额按照表示时间的不同，分为期初余额和期末余额。期初余额、本期增加发生额、本期减少发生额、期末余额称为账户四要素，其基本关系是：

期末余额 = 期初余额 + 本期增加发生额 − 本期减少发生额

账户的结构还应该包括以下内容：

（1）账户的名称（即会计科目）；

（2）日期（登记经济业务的日期）；

（3）凭证种类和号数（说明账户记录的依据）；

（4）摘要（经济业务内容的概述）；

（5）增加和减少的金额及余额。

具体见表 2-13 账户的结构。

表 2-13　总分类账

总　　账

会计科目＿＿＿＿＿＿

年		凭证		摘要	对方科目	借方											贷方											借或贷	余额											核对
月	日	种类	号数			亿	千	百	十	万	千	百	十	元	角	分	亿	千	百	十	万	千	百	十	元	角	分		亿	千	百	十	万	千	百	十	元	角	分	

为了教学方便，通常采用简化格式的“T”形账户或“丁”字账户。“T”形账户或“丁”字账户省略了有关栏次，只保留了左右两方，余额写在下面，如下所示：

左方	账户名称	右方

既然账户分为左右两方，我们可以设定左方登记增加数，也可以设定右方登记增加数。如果左方登记增加数，右方就登记减少数；反之，如果左方登记减少数，右方就登记增加数；账户期初、期末余额都在登记增加数的一方。因此，账户的结构就有以下两种结构形式，如下所示：

左方	账户名称		右方
期初余额	×××		
增加额	×××	减少额	×××
本期增加发生额	×××	本期减少发生额	×××
期末余额	×××		

左方	账户名称		右方
		期初余额	×××
减少额	×××	增加额	×××
本期减少发生额	×××	本期增加发生额	×××
		期末余额	×××

（四）账户和会计科目的联系与区别

1. 账户和会计科目的联系

（1）会计科目是设置账户的依据，是账户的名称；账户是会计科目的具体运用，没有会计科目，账户便失去了设置的依据，没有账户就无法发挥会计科目的作用。

（2）两者所反映的经济内容是相同的。

2. 账户和会计科目的区别

（1）会计科目是对会计要素的具体内容进行分类核算的项目名称；账户则是用于分类反映会计要素增减变动及其结果的一种工具。

（2）会计科目无结构，不能连续、系统、全面地反映经济业务的详细情况；账户则有一定的格式和结构，能连续、系统、全面地反映经济业务的详细情况。

想一想： 会计账户与会计科目有什么不同?

二、设置总分类账户

为了全面、总括地反映经济活动和财务收支情况，并为编制财务报表提供资料，各单位都要设置总分类账并按照会计科目的编号顺序设立账户，并根据往年记录适当估计本年度内各种经济业务发生的笔数，为每个账户预留若干账页。

把总分类科目按照其编码顺序依次写在总分类账户账簿账页上，使总分类科目与账页结合起来形成记录总分类指标的总分类账户。如将“原材料”会计科目写在总分类账簿账页上，则该账页就成为专门反映原材料增减变动情况的“原材料”账户。

三、设置明细分类账户

把各明细分类科目写在相应格式的明细分类账簿的账页上，使明细分类科目与账页结合起来形成用来记录详细指标的明细分类账户。明细分类账户应根据各单位的实际情况，按照总分类科目的二级科目、三级科目分类开设。

明细分类账户需要记录详细的数据资料，不仅需要记录金额，有的还需要记录数量、单价等信息，如原材料、库存商品等各种财产物资的明细分类账户。因此明细分类账户的账页格式比较多，比较常用的有三栏式、数量金额式、多栏式和横线登记式。开设明细分类账户时需要根据账户的核算内容，确定应采用的账页格式。

四、明细分类账户与总分类账户的关系

明细分类账户是对总分类账户作进一步分类、提供更详细和更具体会计信息的账户。

总分类账户和明细分类账户所反映的经济内容相同，只是记录的经济业务内容的详细程度不同。总分类账户记录的是总括的会计信息，而其所属的明细分类账户提供的是详细、具体的核算信息。因此，总分类账户对明细分类账户具有统驭控制作用，明细分类账户对总分类账户起着补充说明的作用，双方可以进行账目的核对。

任务实施

步骤 1：根据涉及的总分类会计科目，开设总分类账户（同会计科目）。

步骤 2：分析经济业务涉及的明细分类科目，见表 2-14 所示。

表 2-14　会计账户设置表

总分类账户	明细分类账户
原材料	甲材料
	乙材料
	丙材料
	丁材料
库存商品	A 型设备
	B 型设备
固定资产	运输汽车
	厂房
	机器设备

开设的总分类账户以原材料为例，如表 2-15 所示。

表 2-15　原材料总分类账

总　　账

会计科目 原材料

年		凭证		摘要	借方											贷方											借或贷	余额											核对
月	日	种类	号数		亿	千	百	十	万	千	百	十	元	角	分	亿	千	百	十	万	千	百	十	元	角	分		亿	千	百	十	万	千	百	十	元	角	分	

开设的明细分类账户以原材料为例，分设甲材料、乙材料、丙材料、丁材料明细分类账户。其中，甲材料、乙材料明细分类账户如表 2-16、表 2-17 所示。

表 2-16　原材料明细分类账

编号	
名称	甲材料
材质	
规格	

原材料　明细账

储备天数 ______　最高存量 ______　最低存量 ______　计划价格 ______　计量单位 ______　总页 ______　分页 ______

年		凭证号数	摘要	借方			贷方			核对号	余额		
月	日			数量	单价	金额 亿千百十万千百十元角分	数量	单价	金额 亿千百十万千百十元角分		数量	单价	金额 亿千百十万千百十元角分

表 2-17　原材料明细分类账

编号	
名称	乙材料
材质	
规格	

原材料　明细账

储备天数 ______　最高存量 ______　最低存量 ______　计划价格 ______　计量单位 ______　总页 ______　分页 ______

年		凭证号数	摘要	借方			贷方			核对号	余额		
月	日			数量	单价	金额 亿千百十万千百十元角分	数量	单价	金额 亿千百十万千百十元角分		数量	单价	金额 亿千百十万千百十元角分

任务拓展

请用“T”形账户为天齐电子设备有限责任公司分别设置“固定资产”和“原材料”总分类账户及明细分类账户。

项目总结

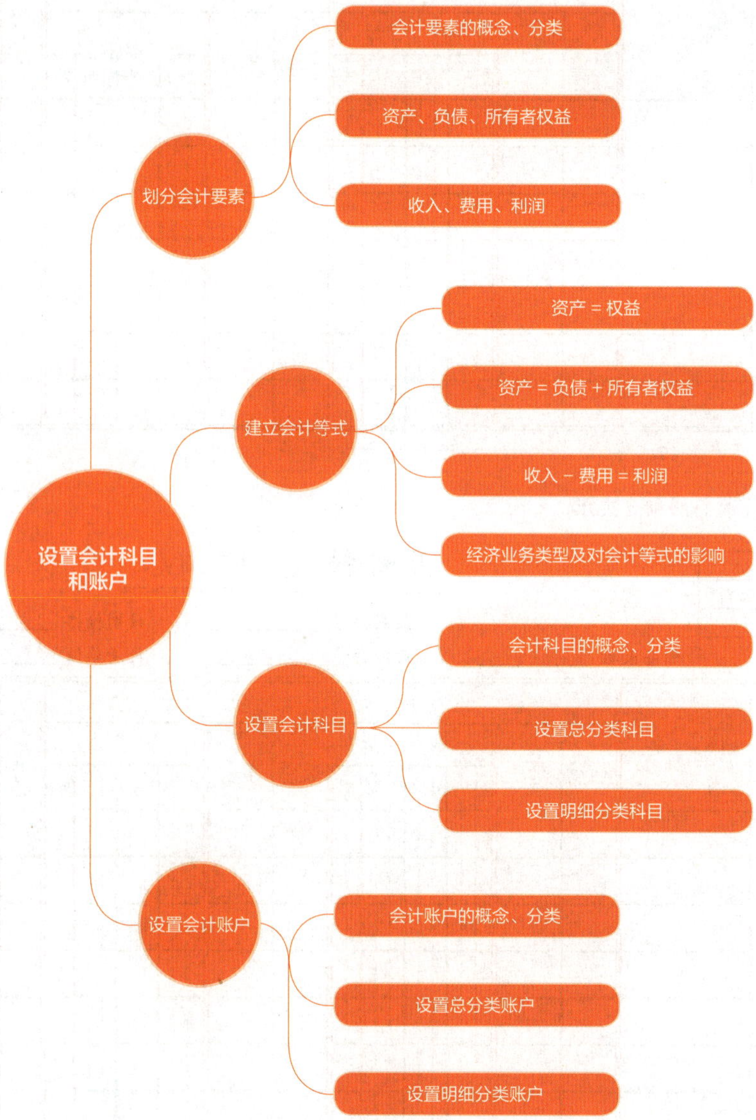

学习评价

▲专业能力测评表

业务能力	评价指标	自测结果	要求
划分会计要素	1. 会计要素的概念和分类 2. 资产要素及其分类 3. 负债要素及其分类 4. 所有者权益要素及其分类 5. 收入要素及其分类 6. 费用要素及其分类 7. 利润要素及其分类	□A □B □C □A □B □C □A □B □C □A □B □C □A □B □C □A □B □C □A □B □C	能熟练地掌握六大会计要素及其分类，并能根据经济业务内容准确判断应归属的会计要素
建立会计等式	1. 会计等式及其含义 2. 经济业务的类型及其对会计等式的影响	□A □B □C □A □B □C	能熟练地掌握财务状况等式、经营成果等式。熟悉经济业务的类型及其对会计等式的影响
设置会计科目	1. 会计科目的概念、种类 2. 常用会计科目	□A □B □C □A □B □C	能熟练地掌握会计科目的种类及常用会计科目。能根据企业情况设置会计科目
设置会计账户	1. 账户的概念、分类、基本结构 2. 设置总分类账户的方法 3. 设置明细分类账户的方法 4. 明细分类账户与总分类账户的关系	□A □B □C □A □B □C □A □B □C □A □B □C	能熟练地掌握会计账户的分类、结构，能根据企业情况设置总分类账户和明细分类账户
说明	（在□中打√，A 掌握，B 基本掌握，C 未掌握）		
教师评语：			
成绩		教师签字	

03 项目三 运用借贷记账法

【职业能力目标】

- 熟悉借贷记账法的原理；
- 掌握借贷记账法下的账户设置及结构；
- 能运用借贷记账法熟练地编制会计分录；
- 能根据会计分录登记“T”形账户；
- 能正确编制试算平衡表。

【项目背景】

天齐电子设备有限责任公司20××年10月初全部账户余额如表3-1所示。

表3-1 资产、负债及所有者权益状况表　　单位：元

资产	金额	负债及所有者权益	金额
库存现金	1 000	短期借款	70 000
银行存款	130 000	应付账款	41 000
固定资产	560 000	实收资本	420 000
		盈余公积	160 000
合　计	691 000	合　计	691 000

10月份发生的全部经济业务如下：

【业务3-1】1日，企业接受投资者投入设备一台，价值30 000元。

【业务3-2】3日，企业用银行存款偿还短期借款50 000元。

【业务3-3】9日，从银行提取现金2 000元备用。

【业务3-4】16日，经批准公司将盈余公积60 000元转增资本。

【业务3-5】21日，企业接收投资者投入货币资金30 000元，投入设

备一台，价值 50 000 元。

【业务 3-6】27 日，企业购入运输汽车一辆，价值 150 000 元，企业以银行存款支付 100 000 元，其余暂欠。

导问

上述经济业务的发生会引起企业哪些会计科目的增减变化?

这些变化如何用会计的专业语言表示呢?

【项目分析】

企业发生的经济业务纷繁复杂，要将这些业务记录到账户中去，形成会计信息，就需要运用会计记账方法，记账方法有单式和复式两种，复式记账法能够反映经济业务的来龙去脉，根据记账符号的不同又分为借贷记账法、增减记账法、收付记账法，目前国际通行的记账方法是借贷记账法。

【项目分解】

运用借贷记账法这一项目可分解为如下主要任务:

任务 1　编制会计分录

任务 2　进行试算平衡

【项目实施】

任务 1　编制会计分录

任务布置

请逐笔分析天齐电子设备有限责任公司发生的 6 笔经济业务引起的会计要素增减变化，运用借贷记账法的知识，确定其应记入的账户名称、方向及金额，编制会计分录。

教学组织

建议 5 人一组，通过协作，分析天齐电子设备有限责任公司 10 月份发生的 6 笔经济业务引起的会计要素增减变化，编制会计分录。

知识学习

一、记账方法概述

记账方法是根据一定的原理、记账符号、记账规则，采用一定的计量单位，利用文字和数字记录经济业务活动的一种专门方法。记账方法有单式和复式两种。

单式记账法是对发生的每一笔经济业务只在一个账户中登记的方法，通常只登记现金和银行存款的收付以及应收、应付款的结算。

复式记账法则是对每一笔经济业务都要以相等的金额同时在两个或两个以上相互联系的账户中进行登记的一种方法。

例如，企业从银行存款中提取现金 500 元这笔业务，一方面引起银行存款的减少，另一方面引起现金等额的增加，按照复式记账方法，这两方面的变化要同时反映出来，一方面在“银行存款”账户中记录减少 500 元，另一方面在“库存现金”账户中记录增加 500 元。再如，企业收回销货款 20 000 元时，引起银行存款增加及应收销货款减少 20 000 元，按照复式记账要求，需记“银行存款”账户增加 20 000 元，同时记“应收账款”账户减少 20 000 元。

由此看出，企业发生任何一笔经济业务都会引起两个或两个以上账户发生等额的增减变化，因此为了全面、系统地反映和监督经济活动过程，需要按照复式记账要求，在两个或两个以上相互联系的账户中以同等数额进行登记。这样，一笔经济业务的来龙去脉就非常清楚地反映出来了。

二、复式记账法的原理

动 画：借贷记账法

复式记账法的理论依据是会计要素之间客观存在的恒等关系，即“资产 = 负债 + 所有者权益”。虽然会计主体发生的经济业务是复杂多样的，但总体来讲有以下四种类型：资产和权益同时增加；资产和权益同时减少；资产内部一增一减；权益内部一增一减。每一项经济业务的发生，都会引起资产和权益两个或者两个以上的项目发生增减变动，但任何一项经济业务的发生所引起的会计要素的变化均表现为同一资金运动的两个方面，对每一笔经济业务都以相等的金额，同时在两个或者两个以上相互联系的账户中进行登记，就不会破坏资产与权益的恒等关系。

复式记账是一种比较科学、完善的记账方法，通过复式记账可以全面地、互相联系地反映各项经济业务的全貌；对记录的结果可以进行试算平衡，以便检查账户记录是否正确。

复式记账法有借贷记账法、增减记账法、收付记账法，其中借贷记账法是目前国际通用的记账方法。我国的《企业会计准则——基本准则》规定，中国境内企业应当采用借贷记账法记账。

【知识窗】

借贷记账法的起源与发展

借贷记账法最早起源于13世纪的意大利，1494年意大利数学家卢卡·巴其阿勒（也翻译为卢卡·帕乔利）出版了《算术、几何、比及比例概要》一书，从理论上对借贷记账法进行了总结和阐述，卢卡·巴其阿勒因此被称为“近代会计之父”。借贷记账法由意大利传播到欧洲，19世纪初传入我国。

“借”“贷”的含义最初是从借贷资本家的角度来解释的，借贷资本家对吸收的存款称为“贷”，表示“欠人”；对于放出的贷款称为“借”，表示“人欠”，用“借”和“贷”来表示债权和债务的变化。随着商品货币经济的发展，经济活动的内容越来越复杂，记账对象也日益扩大到财产物资和经营损益等各个方面的内容。这样“借”“贷”二字就逐渐失去了最初的含义，演变成为专门的记账符号。到15世纪，借贷记账法逐渐完善，首先在德、法两国传播，以后又传入俄、英、美、日等国，并得到不断地完善和发展。19世纪初，借贷记账法由日本传入中国。

三、借贷记账法

借贷记账法，是指以“借”和“贷”作为记账符号的一种复式记账法，即将发生的经济交易与事项所引起的会计要素的增减变动以相等的金额，同时在相互关联的两个或两个以上的账户中进行相互联系、相互制约的记录。它的主要特点体现在以下方面。

（一）记账符号

采用借贷记账法，对所设立的账户都要确定记账方向，以分别记录经济业务的增减变动情况，记账符号就是表示记账方向的记号。借贷记账法以“借”（Debit，缩写为 Dr.）、“贷”（Credit，缩写为 Cr.）作为记账符号，借贷仅是纯粹的记账符号，失去了“借”“贷”原来的汉字意义。“借”和“贷”是会计的专门术语，并已经成为通用的国际商业语言。

“借”“贷”二字都能表示增加和减少两个方面。如果借方表示经济业务的增加，则贷方必定表示经济业务的减少；反之，如果借方表示经济业务的减少，贷方必定表示经济业务的增加。至于哪一方登记增加，哪一方登记减少，要取决于具体账户的性质和结构。

（二）账户结构

借贷记账法下，账户左方、右方固定表示为“借方”和“贷方”。至于借方登记增加，还是贷方登记增加，要取决于具体账户的性质和结构。

1. 资产类账户

资产类账户，是用来记录反映各项资产增减变动的账户，其借方登记增加额，贷方登记减少额。在一定会计期间内，资产类账户借方登记的增加数额合计称为借方发生额，贷方登记的减少数额合计称为贷方发生额，期末将借、贷方发生额相比较，其差额称为期末余额，期末余额一般在借方。本期的借方期末余额转入下期，成为下期的借方期初余额。

资产类账户期末余额计算公式表示如下：

借方期末余额 = 借方期初余额 + 借方本期发生额 − 贷方本期发生额

以“原材料”总分类账为例。购入原材料时记入“原材料”账户借方，发出（车间等部门领用）原材料时记入“原材料”账户贷方，期末库存的原材料即“原材料”账户的借方余额。如表 3-2 所示。

表 3-2　原材料总分类账

总　　账

会计科目 原材料

20××年 月	日	凭证 种类	号数	摘要	借方（亿千百十万千百十元角分）	贷方（亿千百十万千百十元角分）	借或贷	余额（亿千百十万千百十元角分）	核对
12	1			期初余额			借	80000	
	3	银付	1	购买材料入库	200000		借	280000	
	12	转	2	车间领用		180000	借	100000	
	14	银付	5	购买材料入库	300000		借	400000	
	21	转	8	车间领用		250000	借	150000	
	31			本月合计	500000	430000	借	150000	

借方期末余额 = 800 + 5 000 − 4 300 = 1 500（元）

资产类账户结构用“T”形账户表示如下：

借方	账户名称		贷方
期初余额	×××		
增加额	×××	减少额	×××
本期增加发生额	×××	本期减少发生额	×××
期末余额	×××		

2. 负债类、所有者权益类账户

负债和所有者权益类账户，是用来记录反映各项负债和所有者权益增减变动的账户，两类账户结构是相同的，其借方登记减少额，贷方登记增加额，余额一般在贷方。

负债和所有者权益类账户期末余额计算公式表示如下：

贷方期末余额 = 贷方期初余额 + 贷方本期发生额 − 借方本期发生额

以负债类账户中“应付账款”总分类账为例说明负债类账户的结构。购入原材料或者接受劳务未付款时，即发生增加应付账款，应记入“应付账款”账户的贷方，以银行存款支付应付账款时，应付账款减少，记入“应付账款”账户的借方，期末贷方余额即为尚未支付的应付账款。如表 3–3 所示。

表 3–3 应付账款总分类账

总 账

会计科目 应付账款

20XX年 月	日	凭证 种类	凭证 号数	摘要	借方（亿千百十万千百十元角分）	贷方（亿千百十万千百十元角分）	借或贷	余额（亿千百十万千百十元角分）	核对
12	1			期初余额			贷	500000	
	5	转	1	购买材料未付款		300000	贷	800000	
	12	银付	2	支付货款	600000		贷	200000	
	18	转	5	购买材料未付款		1000000	贷	1200000	
	25	银付	8	偿还货款	1000000		贷	200000	
	31			本月合计	1600000	1300000	贷	200000	

贷方期末余额 = 5 000 + 13 000 − 16 000 = 2 000（元）

同理，所有者权益类账户的结构如表 3–4 所示。

表 3–4 实收资本总分类账

总 账

会计科目 实收资本

20XX年 月	日	凭证 种类	凭证 号数	摘要	借方（亿千百十万千百十元角分）	贷方（亿千百十万千百十元角分）	借或贷	余额（亿千百十万千百十元角分）	核对
12	1			期初余额			贷	500000000	
	10	银收	1	投资者投入资本		30000000	贷	530000000	
	31			本月合计		30000000	贷	530000000	

负债及所有者权益类账户结构用“T”形账户表示如下：

借方		账户名称	贷方
		期初余额	×××
减少额	×××	增加额	×××
本期减少发生额	×××	本期增加发生额	×××
		期末余额	×××

3. 成本类账户

企业在生产过程中会发生各项费用，形成产品成本，当产品完成后，即转化为产成品，形成一项资产。所以成本类账户结构与资产类账户结构相同，即成本增加时记入借方，成本减少（转出）记入贷方，借方期末余额表示期末在产品。如果期末产品全部完工，则没有在产品，期末余额为零。其期末余额计算公式与资产类账户相同。

成本类账户结构用“T”形账户表示如下：

借方		账户名称	贷方
期初余额	×××		
增加额	×××	减少额	×××
本期增加发生额	×××	本期减少发生额	×××
期末余额	×××		

4. 损益类账户

损益类账户包括收入类和费用类账户。企业收入除主营业务收入外，还有其他业务收入、营业外收入等，收入的取得将引起所有者权益的增加，因此其账户结构类似所有者权益类账户，贷方登记收入增加，借方登记收入减少或转销额。如表 3-5 所示。

表 3-5　主营业务收入总分类账

总　账

会计科目 主营业务收入

20XX年 月	日	凭证 种类	凭证 号数	摘要	借方	贷方	借或贷	余额	核对
12	7	银收	10	销售A型设备		1200000	贷	1200000	
	21	转	12	销售B型设备		3000000	贷	4200000	
	29	转	19	销售A型设备		5000000	贷	9200000	
	31			结转	9200000		平	0	
	31			本月合计	9200000	9200000	平	0	

收入类账户结构用“T”形账户表示如下：

借方		账户名称 贷方	
减少或转销额	×××	增加额	×××
本期减少发生额	×××	本期增加发生额	×××

费用是在企业生产经营过程中发生的各种人、财、物等耗费，费用实质上导致销售收入的减少，也使所有者权益减少，因为所有者权益减少时记入借方，所以费用发生时也计入借方，费用减少或转销计入贷方。由于收入、费用类账户月末都要转入财务成果账户，以确定当期损益（利润或亏损），所以该类账户月末无余额。如表 3-6 所示。

表 3-6 管理费用总分类账

总 账

会计科目 管理费用

20××年 月	日	凭证 种类	凭证 号数	摘要	借方（亿千百十万千百十元角分）	贷方（亿千百十万千百十元角分）	借或贷	余额（亿千百十万千百十元角分）	核对
12	5	银付	10	支付电费	300000		借	300000	
	13	转	17	支付管理人员工资	800000		借	1100000	
	20	转	19	支付办公费	400000		借	1500000	
	28	转	20	提取折旧费	300000		借	1800000	
	30	转	29	结转		1800000	平	0	
	31			本月合计	1800000	1800000	平	0	

费用类账户结构用“T”形账户表示如下：

借方		账户名称 贷方	
增加额	×××	减少或转销额	×××
本期增加发生额	×××	本期减少发生额	×××

综上所述，各类账户结构表明：资产、成本、费用类账户结构相同，增加额记借方，减少额记贷方；负债、所有者权益、收入类账户结构相同，增加额记贷方，减少额记借方。

借方	贷方
资产增加	资产减少
负债减少	负债增加
所有者权益减少	所有者权益增加
成本增加	成本减少
收入减少	收入增加
费用增加	费用减少

【注意】

由于“借”“贷”记账符号对会计等式两边的会计要素规定了增减相反的含义，因此，可以设置既具有资产性质，又具有负债性质的双重性质的账户。比如，“应收账款”和“预收账款”可以合并为一个账户，“应付账款”和“预付账款”也可以合并为一个账户。双重性质账户的性质不是固定的，应根据账户余额的方向来判断。如果余额在借方就是资产类账户，如果余额在贷方就是权益类账户。具有双重性质的账户只是少数，绝大多数账户的性质仍是固定的。

（三）记账规则

借贷记账法的记账规则是指在账户中记录经济业务时应该遵循的规则。

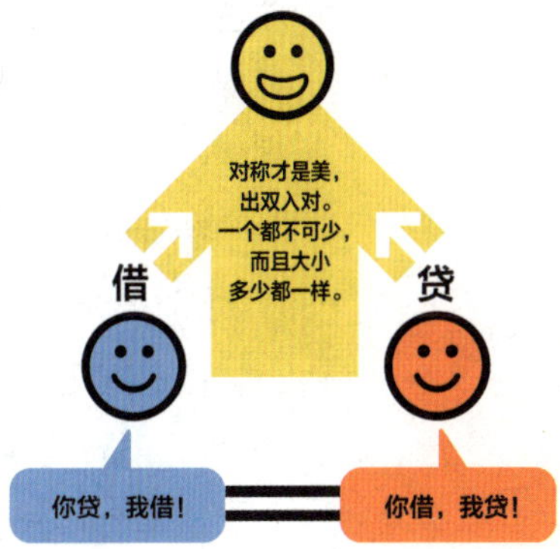

由于企业经济业务无论怎样变化，资金运动的类型不外乎四种：资产和权益同增，资产增加记借方，权益增加记贷方；资产和权益同减，资产减少记贷方，权益减少记借方；资产内部一增一减，资产增加记借方，资产减少记贷方；权益内部一增一减，权益增加记贷方，权益减少记借方。由此可见，借贷记账法的记账规则是“有借必有贷，借贷必相等”。企业经济业务类型与借贷记账法记账规则见图 3-1 所示。

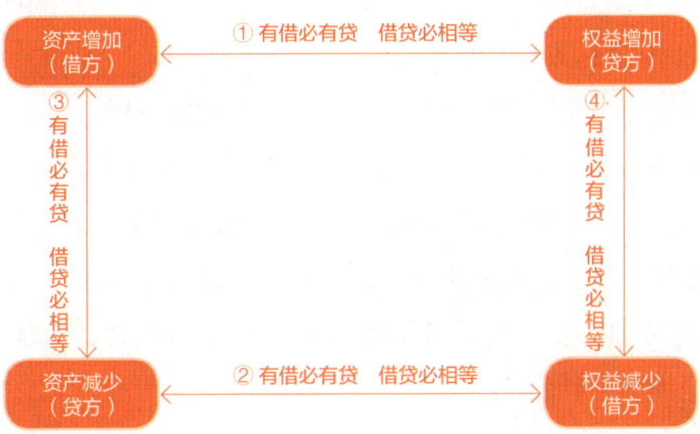

图 3-1　企业经济业务类型与借贷记账法记账规则

（四）会计分录

1. 账户的对应关系和对应账户

账户的对应关系，又称借贷关系，是指在借贷记账法下，每笔经济业务发生后，所形成的借贷方账户之间的相互联系、相互依存的对应关系。相互间存在对应关系的账户，称为对应账户。例如，从银行提取现金。这笔业务涉及“库存现金”账户的增加（借方）和“银行存款”账户的减少（贷方），则“库存现金”账户与“银行存款”账户之间就形成了应借、应贷的对应关系，这两个账户互为对应账户。

再比如，企业购入运输汽车一辆，价值 150 000 元，企业以银行存款支付 100 000 元，其余暂欠。这笔业务涉及“固定资产”账户增加（借方）150 000 元，“银行存款”账户减少（贷方）100 000 元，“应付账款”账户增加（贷方）50 000 元。则“固定资产”账户与“银行存款”账户、“应付账款”账户之间就形成了应借、应贷的对应关系，“固定资产”账户与“银行存款”账户和“应付账款”账户互为对应账户。但“银行存款”账户和“应付账款”账户之间则不存在对应关系。

2. 会计分录

会计分录，简称分录，是指对每项经济交易或者事项标明其应借、应贷账户，记账方向和金额的一种记录形式。进行交易或事项登记入账前，还应先对每项交易或事项进行分析，确定其应记入的账户名称、应借应贷的记账方向及其金额，并以此验证并保证账簿记录的正确性与完整性。一笔会计分录主要包括三个要素：账户（及其所属明细账户）名称、记账符号、记账金额。

会计分录的书写格式，一般是先借后贷，左右错开；上借下贷，借贷平衡。如：

【业务 3-1】可以编制会计分录如下：

借：固定资产　　30 000

　　贷：实收资本　　30 000

该笔会计分录借贷方分别为一个账户，即一借一贷，称为简单会计分录。

【业务 3-5】借：银行存款　　30 000

　　　　　　　固定资产　　50 000

　　　　　　　贷：实收资本　　80 000

该笔会计分录借方两个账户，贷方一个账户，即两借一贷。

这种一借多贷或多借一贷的会计分录，称为复合会计分录。借贷记账法下，为了保持账户的对应关系，一般不允许出现多借多贷的会计分录。只有在一笔经济交易或事项客观存在复杂关系时，才需要编制多借多贷的复合会计分录。

在一笔经济业务中，复合会计分录可以拆成几笔简单会计分录。如【业务 3-5】可以拆成以下两笔简单会计分录：

借：银行存款　　30 000

贷：实收资本 30 000

借：固定资产 50 000

贷：实收资本 50 000

任务实施

步骤 1：根据借贷记账法的账户设置，确定经济业务引起的会计要素的借贷变化。

【业务 3-1】1 日，企业接受投资者投入设备一台，价值 30 000 元。

该项经济业务一方面使资产类账户“固定资产”增加了 30 000 元，应记入“固定资产”账户的借方；另一方面使所有者权益类账户“实收资本”增加了 30 000 元，应记入“实收资本”账户的贷方。有借有贷，借贷金额相等。

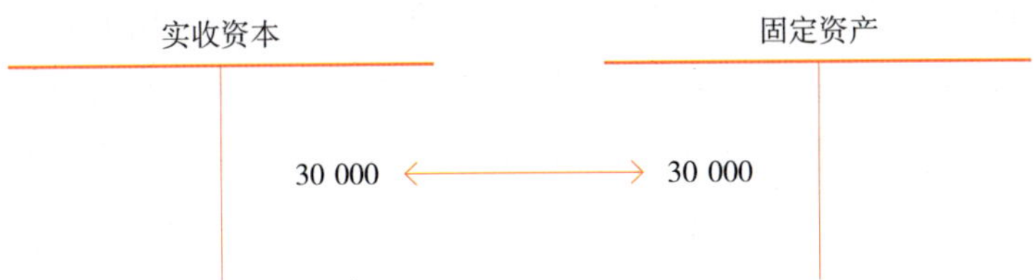

【业务 3-2】3 日，企业用银行存款偿还短期借款 50 000 元。

该项经济业务一方面使资产类账户“银行存款”减少了 50 000 元，应记入“银行存款”账户的贷方；另一方面使负债类账户“短期借款”减少了 50 000 元，应记入“短期借款”账户的贷方。有借有贷，借贷金额相等。

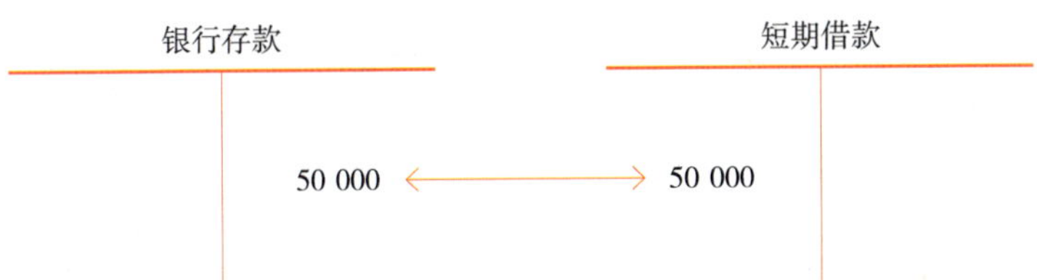

【业务 3-3】9 日，从银行提取现金 2 000 元备用。

该项经济业务一方面使资产类账户“库存现金”增加了 2 000 元，应记入“库存现金”账户的借方；另一方面使资产类账户“银行存款”减少了 2 000 元，应记入“银行存款”账户的贷方。有借有贷，借贷金额相等。

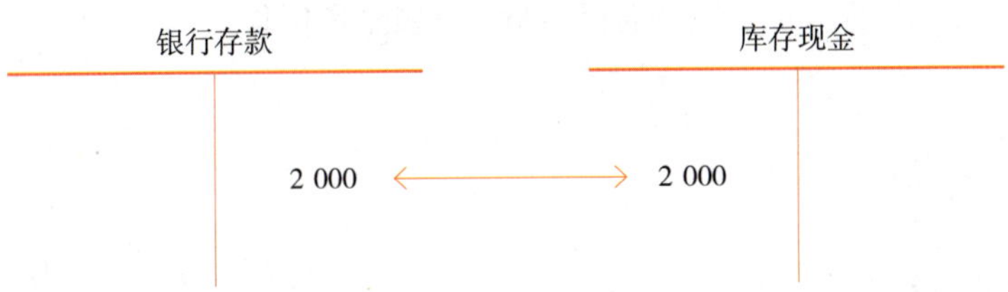

【业务 3-4】16 日，经批准公司将盈余公积 60 000 元转增资本。

该项经济业务一方面使所有者权益类账户“实收资本”增加了 60 000 元，应记入“实收资本”账户的贷方；另一方面使所有者权益类账户“盈余公积”减少了 60 000 元，应记入“盈余公积”账户的借方。有借有贷，借贷金额相等。

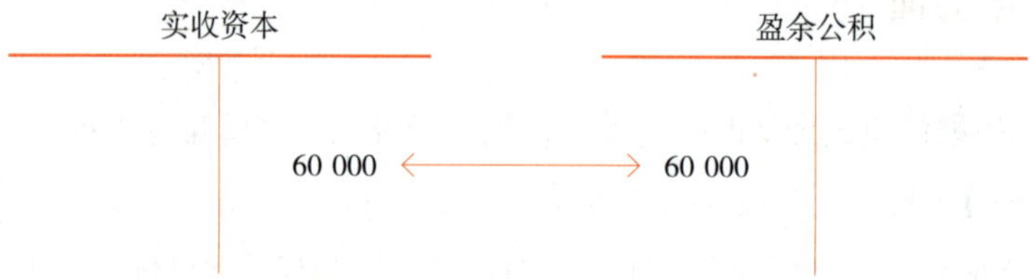

【业务 3-5】21 日，企业接收投资者投入货币资金 30 000 元，投入设备一台，价值 50 000 元。

该项经济业务一方面使资产类账户“银行存款”增加了 30 000 元，“固定资产”增加了 50 000 元，应分别记入“银行存款”和“固定资产”账户的借方；另一方面使所有者权益类账户“实收资本”增加了 80 000 元，应记入“实收资本”账户的贷方。有借有贷，借贷金额相等。

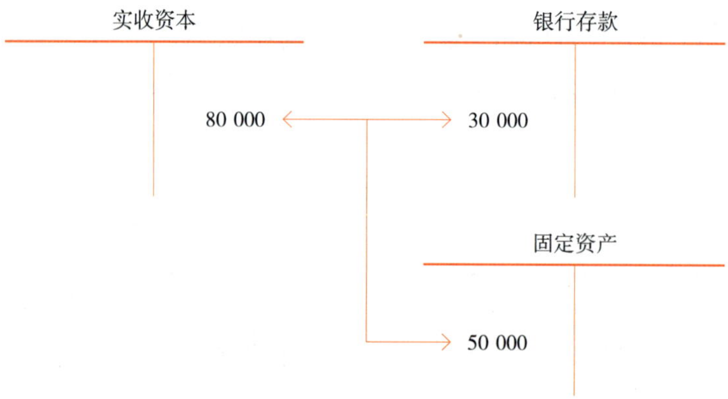

【业务 3-6】27 日，企业购入运输汽车一辆，价值 150 000 元，企业以银行存款支付 100 000 元，其余暂欠。

该项经济业务一方面使资产类账户“固定资产”增加了 150 000 元，应记入“固定资产”账户的借方；另一方面使资产类账户“银行存款”减少了 100 000 元，应记入“银行存款”账户的贷方，货款暂欠，使负债类账户“应付账款”增加了 50 000 元，应记入“应付账款”账户的贷方。有借有贷，借贷金额相等。

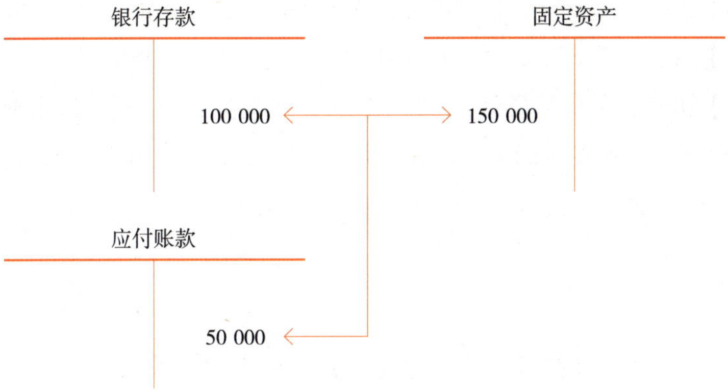

步骤 2：编制会计分录。

【业务 3-1】借：固定资产　30 000
　　贷：实收资本　30 000

【业务 3-2】借：短期借款　50 000
　　贷：银行存款　50 000

【业务 3-3】借：库存现金　2 000
　　贷：银行存款　2 000

【业务 3-4】借：盈余公积　60 000
　　贷：实收资本　60 000

【业务 3-5】借：银行存款　30 000
　　固定资产　50 000
　　贷：实收资本　80 000

【业务 3-6】借：固定资产　150 000
　　贷：银行存款　100 000
　　　　应付账款　50 000

任务拓展

某企业 20×× 年 10 月份发生的经济业务如下：

【业务 1】1 日，向银行借入三个月短期借款 80 000 元。

【业务 2】5 日，接受投资者投入现金 5 000 元，投入货运卡车一辆，价值 120 000 元。

【业务 3】5 日，将现金 5 000 元存入银行。

【业务 4】10 日，采购员张明预借差旅费备用金 3 000 元，以现金支付。

【业务 5】16 日，以银行存款偿还前欠甲单位货款 4 000 元。

【业务 6】20 日，收回汇通公司前欠货款 45 000 元，存入银行。

【业务 7】25 日，生产车间领用原材料 15 000 元，投入产品生产。

【业务 8】28 日，采购员张明出差归来，报销差旅费 2 860 元，交回现金 140 元。

请逐笔分析该企业发生的 8 笔经济业务引起的会计要素增减变化，运用借贷记账法，确定其应记入的账户名称、方向及金额，编制会计分录。

任务 2 进行试算平衡

任务布置

请根据天齐电子设备有限责任公司账户期初余额开设“T”形账户，并根据任务 1 所编制的会计分录，逐笔登记“T”形账户，结计发生额和期末余额，完成试算平衡表的编制。

教学组织

建议 5 人一组，从设置“T”形账户开始，根据编制的会计分录，登记“T”形账户，完成编制试算平衡表工作。每人或每组发放“T”形账户表 1 张（7 个账户）、试算平衡表 1 张。

知识学习

试算平衡，是指在某一时日（如会计期末），依据会计等式和借贷记账规则为理论基础，根据资产与权益之间的平衡关系，按照记账规则的要求，通过对所有账户记录的汇总和计算，来检查各类账户的记录是否正确的一种方法。

为了保证本期会计处理的正确性，在借贷记账法下，试算平衡包括本期发生额试算平衡和余额试算平衡。

一、发生额试算平衡

发生额试算平衡，是指将一定时期内全部账户的本期借方发生额和本期贷方发生额分别加总后，利用“有借必有贷，借贷必相等”的记账规则来检验本期发生额记录正确性的一种试算平衡方法。

发生额试算平衡的基本原理是：在借贷记账法下，每一笔交易或事项均以相等的金额记入两个或两个以上的账户的借方和贷方，因此，对每一笔交易或事项而言，计入借方和贷方的金额必然相等。一定时期内所有交易或事项全部记入账户后，所有账户的本期借方发生额和本期贷方发生额必然相等。其试算平衡公式如下：

全部账户本期借方发生额合计 = 全部账户本期贷方发生额合计

二、余额试算平衡

余额试算平衡，是指在会计期末全部账户的借方期末余额合计数应当等于全部账户的贷方期末余额合计数，分别加总后，利用“资产 = 负债 + 所有者权益”的平衡原理来检验会计记录正确性的一种试算平衡方法。

余额试算平衡的基本原理是：在借贷记账法下，资产账户的期末余额在借方，负债和所有者权益账户的期末余额在贷方，由于存在“资产 = 负债 + 所有者权益”的平衡关系，所以全部账户的借方期末余额合计数应当等于全部账户的贷方期末余额合计数。余额平衡法主要是通过各种账户余额来检查、推断账务处理的正确性。余额分为期初余额和期末余额，因此，其试算平衡公式如下：

全部账户的借方期初余额合计 = 全部账户的贷方期初余额合计

全部账户的借方期末余额合计 = 全部账户的贷方期末余额合计

在实务中，试算平衡是通过编制“试算平衡表”来进行的。其格式如表 3–7 所示。

表 3–7　试算平衡表

账户名称	期初余额		本期发生额		期末余额	
	借方	贷方	借方	贷方	借方	贷方

【注意】

通过编制试算平衡表可以对一定时期内，企业会计账户记录的正确性进行检验。如果试算不平衡，说明账户的记录肯定有错，必须立即检查，进行更正。如果试算平衡，说明账户的记录基本正确，但不一定完全正确。这是因为有些错误并不影响借贷双方的平衡，如某项交易或事项重复记录或借贷方同时漏记，借贷方在有关账户中被重记、漏记或记错账户等错误，并不能通过试算平衡来发现。尽管如此，试算平衡仍是检查账户记录是否正确的一种有效方法。

任务实施

步骤 1：根据编制的会计分录逐笔登记“T”形账户。

借方		库存现金			贷方
期初余额		1 000			
增加额	3-3	2 000	减少额		
本期发生额		2 000	本期发生额		
期末余额		3 000			

借方		银行存款			贷方
期初余额		130 000			
增加额	3-5	30 000	减少额	3-2	50 000
				3-3	2 000
				3-6	100 000
本期发生额		30 000	本期发生额		152 000
期末余额		8 000			

借方		固定资产			贷方
期初余额		560 000			
增加额	3-1	30 000	减少额		
	3-5	50 000			
	3-6	150 000			
本期发生额		230 000	本期发生额		
期末余额		790 000			

借方		短期借款			贷方
			期初余额		70 000
减少额	3-2	50 000	增加额		
本期发生额		50 000	本期发生额		
			期末余额		20 000

借方		应付账款			贷方
			期初余额		41 000
减少额			增加额	3-6	50 000
本期发生额			本期发生额		50 000
			期末余额		91 000

借方		实收资本			贷方
			期初余额		420 000
减少额			增加额	3-1	30 000
				3-4	60 000
				3-5	80 000
本期发生额			本期发生额		170 000
			期末余额		590 000

借方		盈余公积			贷方
			期初余额		160 000
减少额	3-4	60 000	增加额		
本期发生额		60 000	本期发生额		
			期末余额		100 000

步骤 2：根据账户记录，编制试算平衡表，如表 3-8 所示。

表 3-8　试算平衡表　　单位：元

账户名称	期初余额		本期发生额		期末余额	
	借方	贷方	借方	贷方	借方	贷方
库存现金	1 000		2 000		3 000	
银行存款	130 000		30 000	152 000	8 000	
固定资产	560 000		230 000		790 000	
短期借款		70 000	50 000			20 000
应付账款		41 000		50 000		91 000
实收资本		420 000		170 000		590 000
盈余公积		160 000	60 000			100 000
合　计	691 000	691 000	372 000	372 000	801 000	801 000

任务拓展

1. 某企业 20×× 年 10 月份各账户期初余额如表 3-9 所示。

表 3-9　账户期初余额表　　单位：元

资产类账户	金额	负债及所有者权益类账户	金额
库存现金	5 000	短期借款	120 000
银行存款	145 000	应付账款	140 000
应收账款	52 000	实收资本	540 000
生产成本	98 000		
固定资产	500 000		
合　计	800 000	合　计	800 000

2. 该企业 10 月份发生的经济业务如任务 1 “任务拓展” 所示。

请根据表 3-9 所示账户期初余额开设 “T” 形账户，并根据任务 1 “任务拓展” 所编制的会计分录，逐笔登记 “T” 形账户，结计发生额和期末余额，完成 “试算平衡表” 的编制。

项目总结

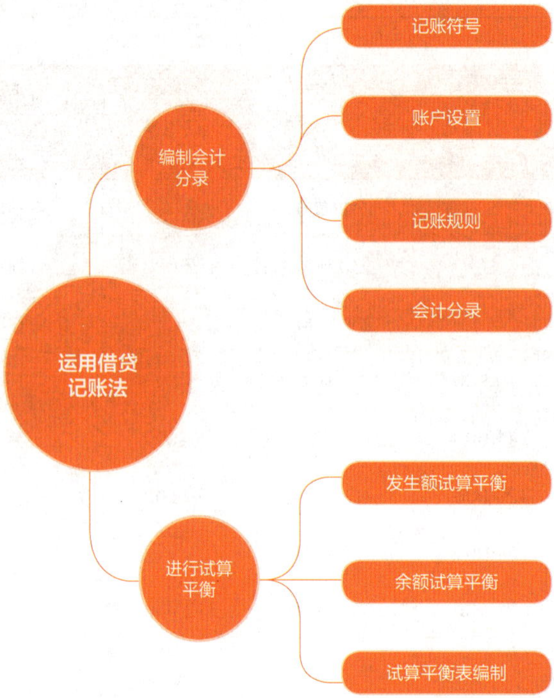

学习评价

▲专业能力测评表

业务能力	评价指标	自测结果	要求
编制会计分录	1. 借贷记账法的原理	□A　□B　□C	能明确借贷记账法的原理，掌握借贷记账法的账户设置及结构，掌握记账规则，能正确编制会计分录
	2. 借贷记账法的记账符号	□A　□B　□C	
	3. 借贷记账法的账户设置	□A　□B　□C	
	4. 借贷记账法的记账规则	□A　□B　□C	
	5. 借贷记账法的会计分录	□A　□B　□C	
进行试算平衡	1. 发生额试算平衡	□A　□B　□C	能明确试算平衡的原理，能熟练地编制试算平衡表
	2. 余额试算平衡	□A　□B　□C	
	3. 试算平衡表的编制	□A　□B　□C	
说明	（在□中打√，A 掌握，B 基本掌握，C 未掌握）		
教师评语：			
成绩		教师签字	

04 项目四 填制和审核会计凭证

【职业能力目标】

- 能根据不同的原始凭证识别不同的经济业务；
- 能正确地填制和审核原始凭证；
- 能正确地填制和审核记账凭证；
- 能正确地传递和保管会计凭证。

【项目背景】

一、公司概况

天齐电子设备有限责任公司是一家生产制造企业。生产A型设备、B型设备两种产品。设有基本生产车间、销售门市部、供应科、仓库保管科、财务科等行政管理部门。其他相关信息如表4-1所示：

表4-1 公司概况

公司名称	天齐电子设备有限责任公司
公司账号	36030300583638033089
开户银行	中国工商银行历城支行
电话	0531-2827368
公司地址	山东济南泉城路896号
法人代表	赵宏伟
企业财务科（5人）	会计主管：章玉芬；复核员：王惠玲；出纳员：徐玲玲；记账员：赵蔚然；制单员：秦卫国

二、业务情况

2014年10月，天齐电子设备有限责任公司发生下列部分经济业务：

【业务 4-1】接受投资。原始凭证见表 4-2、表 4-3 所示。

表 4-2　投资协议书

投资协议书（摘录）

投出单位：张欣欣

投入单位：天齐电子设备有限责任公司

……

第四，张欣欣向天齐电子设备有限责任公司投资人民币20 000元整。

……

表 4-3　现金收款收据

现 金 收 款 收 据

2014年10月3日　　　　№ 12002471

收款单位	天齐电子设备有限责任公司	交款单位	张欣欣	金额								
				百	十	万	千	百	十	元	角	分
金额（大写）	人民币贰万元整				¥	2	0	0	0	0	0	0
事由	张欣欣投资款　现金收讫			备注：								

第三联　记账联

会计主管：章玉芬　　复核：王惠玲　　出纳：徐玲玲　　制证：秦卫国

【业务 4-2】将投资款存入银行。原始凭证见表 4-4 所示。

表 4-4　现金交款单

现 金 交 款 单

2014年10月3日　　　　№ 12002471

收款单位	单位	天齐电子设备有限责任公司	款项来源	投资款								
	账号	36030300583638033089	交款单位									
金额（大写）	人民币贰万元整			百	十	万	千	百	十	元	角	分
					¥	2	0	0	0	0	0	0

面额	张数	十	万	千	百	十	元	角	分	面额	千	百	十	元	角	分
一百元	200		2	0	0	0	0	0	0	五角						
五十元										二角						
二十元										一角						
十元										五分						
五元										二分						
二元										一分						
一元																

上列存款已划入单位存款

（收款银行盖章）

中国工商银行股份有限公司历城支行　2014.10.3　业务核算(1)

复核：　　经办：

年　　月　　日

【业务 4-3】生产产品领用材料。原始凭证见表 4-5。

表 4-5　领料单

领料单

字第　1101　号

领料部门：基本生产车间　　用途：A型设备　　2014 年 10 月 10 日

品名	规格型号	单位	数量		单价	金额
			请领	实领		
甲材料		千克	1 000	1 000	6.00	6 000.00
乙材料		千克	800	800	9.00	7 200.00
物料号码	备注：					

第三联　记账联

领料部门负责人：孙淑英　　领料人：王娜娜　　会计：赵蔚然　　发料人：李余田

【业务 4-4】预借差旅费。原始凭证见表 4-6 所示。

表 4-6　借款单

借款单

2014 年 10 月 11 日

借款单位：采购科		
借款理由：出差借款		
借款数额：人民币（大写）陆仟元整　　¥6 000.00元　　现金付讫		
本单位负责人意见：同意　　赵宏伟　　借款人：马林丽		
会计主管核批：章玉芬	付款方式：现金	出纳：徐玲玲

【业务 4-5】报销差旅费，余款交回现金。原始凭证见表 4-7 所示。

表 4-7 差旅费报销单

差旅费报销单

2014 年 10 月 19 日　　　　附件 8 张

姓名	马林丽	出差地点	广州		出差事由	参加订货会		日期	10 月 12 日起 10 月 18 日止
乘火车费	自 站至 站		自 站至 站		金额		说明： 原借款6 000元，抵扣后收回现金80元。 现金收讫		
乘汽车费	自 站至 站		自 站至 站		金额				
乘飞机费	自济南站至广州站		自广州站至济南站		金额	2 800.00			
行李运费	千克	每千克 元			金额				
出差补助费	7 天	定额	120.00		金额	840.00			
旅馆费	6 天	定额	300.00		金额	1 800.00			
其他						480.00			
合计金额	小写	¥5 920.00					单位负责人	赵宏伟	
	大写	伍仟玖佰贰拾元整						2014 年 10 月 19 日	

会计主管：章玉芬　　出纳：徐玲玲　　报销人：马林丽

【业务 4-6】购入材料，款项暂欠。原始凭证见表 4-8 所示。

表 4-8 增值税专用发票

山东增值税专用发票

（全国统一发票监制章 山东 国家税务总局监制）发票联

No 2005784

开票日期：2014年10月20日

购买方	名　　称：天齐电子设备有限责任公司 纳税人识别号：370101000786666 地 址、电 话：山东济南泉城路896号 0531-2827368 开户行及账号：中国工商银行历城支行 36030300583638033089					密码区	7<4327<4327<4327<432099672 07/+094+0996720709967207/+ 50/*8 7<4327<4327 加密版本 6<7<4322<432<4320026>0/51* 047<437<432432	
货物或应税劳务、服务名称	规格型号	单位	数量	单价	金额	税率	税额	
甲材料		千克	2 000	6.00	12 000.00	17%	2 040.00	
合　计			2 000	6.00	¥12 000.00		¥2 040.00	
价税合计（大写）	⊗ 壹万肆仟零肆拾元整					（小写）¥14 040.00		
销售方	名　　称：新海股份有限公司 纳税人识别号：370306378915878 地 址、电 话：山东日照东港路38号 0633-5879998 开户行及账号：中国工商银行海滨支行 36030300583638888					备注	新海股份有限公司 370306378915878 发票专用章	

收款人：李会连　　复核：溪江月　　开票人：王平平　　销售方：

第三联：发票联 购买方记账凭证

【业务 4-7】上述材料运到验收入库。原始凭证见表 4-9 所示。

表 4-9　收料单

收 料 单

发票号码：2005784

供应单位：新海股份有限公司　　　　收料单编号：93634

材料类别：原料及主要材料　　2014 年 10 月 22 日　　收料仓库：材料库

编号	名称	规格	单位	数量		实际成本					备注
				应收	实收	买价		运杂费	其他	合计	
						单价	金额				
	甲材料		千克	2 000	2 000	6.00	12 000.00			12 000.00	
合计							12 000.00			12 000.00	

第一联　记账联

主管：章玉芬　　检验员：郑　宏　　保管员：孙　林　　会计：赵蔚然

【业务 4-8】支付购料款。原始凭证见表 4-10 所示。

表 4-10　转账支票

中国工商银行
转账支票存根
08098645
00486654

附加信息

出票日期　2014 年 10 月 25 日

收款人：新海股份有限公司

金　额：¥14 040.00

用　途：购料款

单位主管 章玉芬 会计

中国工商银行　转账支票　　08098645　00486654

出票日期（大写）贰零壹肆年壹拾月贰拾伍日　　付款行名称：中国工商银行历城支行

收款人：新海股份有限公司　　出票人账号：3603030058363803308 9

人民币（大写）壹万肆仟零肆拾元整　　¥ 1 4 0 4 0 0 0

付款期限自出票之日起十天

用途 购料款　　密码 5420335116234186

上列款项请从我账户内支付　　行号 3464235878340

出票人签章　天齐电子设备有限责任公司 财务专用章　赵伟印宏　　复核　　记账

【业务 4-9】销售产品，货款尚未收到。原始凭证见表 4-11 所示。

表 4-11 增值税专用发票

山东增值税专用发票

此联不作报销、扣税凭证使用

№ 20008784

开票日期：2014年10月26日

购买方	名　　称：光明机械制造有限责任公司 纳税人识别号：370101000785469 地 址、电 话：山东高密西八路37号 0532-57843777 开户行及账号：中国工商银行高密支行 37565477881332				密码区	4+0996720709967207/+50/*8 加密版本 6<7<4322<4327<4327<4327<4320026> 0/51*047<437<4324327<4327<4327< 4327<43209967207/+09	
货物或应税劳务、服务名称	规格型号	单位	数量	单价	金额	税率	税额
A型设备		台	10	4 200.00	42 000.00	17%	7 140.00
合　计			10	4 200.00	¥42 000.00		¥7 140.00
价税合计（大写）	⊗ 肆万玖仟壹佰肆拾元整				（小写） ¥49 140.00		
销售方	名　　称：天齐电子设备有限责任公司 纳税人识别号：370101000786666 地 址、电 话：山东济南泉城路896号 0531-2827368 开户行及账号：中国工商银行历城支行 3603030058363803308 9				备注	天齐电子设备有限责任公司 370101000786666 发票专用章	

收款人：徐玲玲　　复核：王惠玲　　开票人：陈宏宇　　销售方：

第一联：记账联　销售方记账凭证

【业务 4-10】收到款项，存入银行。原始凭证见表 4-12 所示。

表 4-12 进账单

ICBC 中国工商银行　　进 账 单（收账通知）　3　　№ 97266742

2014年10月28日　　第　　号

付款人	全　　称	光明机械制造有限责任公司	收款人	全　　称	天齐电子设备有限责任公司
	账　　号	37565477881332		账　　号	36030300583638033089
	开户银行	中国工商银行高密支行		开户银行	中国工商银行历城支行
金额	人民币（大写）	肆万玖仟壹佰肆拾元整		亿千百十万千百十元角分	¥4 9 1 4 0 0 0
票据种类		票据张数			
票据号码				中国工商银行股份有限公司历城支行 2014.10.28 业务核算（1）	
	复核　记账			收款人开户银行盖章	

此联是收款人开户银行交给收款人的收账通知

▶ 导问

你见过这些"单据"吗？你能从这些"单据"中读出天齐电子设备有限责任公司发生了什么样的经济业务吗？这些"单据"是做什么用的？与会计工作有什么关系？

【项目分析】

"空口无凭，立字为证"，任何经济业务的发生都必须有经济业务发生的凭据，这些凭据就是会计核算中所说的原始凭证，是在经济业务发生时取得或填制的。由于原始凭证种类繁多，大小不一，企业要取得有用的会计信息，还必须对这些原始凭证进行严格审核，对于审核无误的原始凭证再进行归类整理，填制记账凭证，填制完成的记账凭证必须经过严格审核，才能作为登记账簿的依据。

【项目分解】

填制和审核会计凭证这一项目可分解为如下主要任务：

任务 1　填制和审核原始凭证

任务 2　填制和审核记账凭证

任务 3　传递与保管会计凭证

【项目实施】

任务 1　填制和审核原始凭证

任务布置

请以天齐电子设备有限责任公司财务科财务人员的身份，按工作岗位分工完成项目背景中所涉及的增值税专用发票和进账单等原始凭证的填制与审核工作，并用文字描述这些经济业务。

▶ 教学组织

建议 5 人一组，组建财务科，分别扮演天齐电子设备有限责任公司会计主管章玉芬、复核员王惠玲、出纳员徐玲玲、记账员赵蔚然、制单员秦卫国。协作完成原始凭证的填制与审核。

知识学习

会计凭证是记录经济业务、明确经济责任、按一定格式编制的据以登记会计账簿的书面证明。用来记载经济业务的发生，明确经济责任，作为记账依据的书面证明。会计凭证多种多样，按其填制程序和用途，可以分为原始凭证和记账凭证两大类。

一、原始凭证的概念与种类

（一）原始凭证的概念

原始凭证是在经济业务发生或完成时取得或填制的，用来记录、证明经济业务的发生或完成情况的原始证据，是明确经济责任，具有法律效力的一种原始书面证明，是会计核算的原始资料。

经济业务发生时，对所产生的含有账务信息的数据，要用原始凭证加以记录，以证明经济业务的完成情况，并作为编制记账凭证的依据。

（二）原始凭证的种类

1. 按来源不同，原始凭证可分为外来原始凭证和自制原始凭证

（1）外来原始凭证，是在经济业务完成时从其他单位和个人取得的原始凭证，如外购商品时取得的由售货单位开具的“增值税专用发票”；发运商品时取得的由运输部门开具的“货物运输业增值税专用发票”等。增值税专用发票如表 4-13 所示。

视 频：增值税专用发票

表 4-13　增值税专用发票

山东增值税专用发票

全国统一发票监制章 山东 国家税务总局监制

发票联

No

开票日期：

购买方	名　　称： 纳税人识别号： 地 址、电 话： 开户行及账号：					密码区		
货物或应税劳务、服务名称	规格型号	单位	数量	单价	金额	税率	税额	
价税合计（大写）	⊗				（小写）¥			
销售方	名　　称： 纳税人识别号： 地 址、电 话： 开户行及账号：					备注		

收款人：　　复核：　　开票人：　　销售方：（章）

第三联：发票联　购买方记账凭证

【注意】

增值税专用发票一般一式三联，一次开具，三联的内容一致。第一联是记账联（销售方用来记账），第二联是抵扣联（购买方用来扣税），第三联是发票联（购买方用来记账）。

增值税专用发票由销售方在国家规定的“增值税防伪税控系统”中开具。增值税防伪税控系统由四个子系统构成：税务发行子系统、企业发行子系统、防伪开票子系统和认证报税子系统（认证和报税为两套软件，但必须装在同一台计算机中）。防伪税控开票子系统由插有企业开票金税卡和微机安全保护卡的普通 PC 计算机、税控 IC 卡、打印机和运行在 DOS 环境下的开票软件共同构成。

所以对于购买方来讲，购买货物取得“增值税专用发票”，是外来原始凭证。对于销售方来说，销售货物开具“增值税专用发票”，则属于自制原始凭证。

（2）自制原始凭证，是本企业内部业务经办人员在执行或完成某项经济业务时，根据经济业务的内容自行填制的、仅供本单位内部使用的原始凭证。如出纳填写的“收款收据”、仓库保管人员在验收材料入库时填制的“收料单”、生产部门领用材料时填制的“领料单”“工资薪酬结算单”“固定资产折旧计算表”等。“收料单”“领料单”格式见表 4-14、表 4-15 所示。

表 4-14　收料单

收料单

发票号码：

供应单位：　　　　　　　　　　　　　　收料单编号：

材料类别：　　　　年　月　日　　　　　收料仓库：

编号	名称	规格	单位	数量		实际成本					备注
				应收	实收	买价		运杂费	其他	合计	
						单价	金额				
合计											

第一联　记账联

主管：　　　　检验员：　　　　保管员：　　　　会计：

【注意】

“收料单”一般一式三联，一联仓库留存，据以登记材料物资明细账和材料卡片；一联随发票账单到会计部门报账；一联交采购人员存查。

表 4-15 领料单

领 料 单

领料部门： 领料单编号：

用途： 年 月 日 发料仓库：

材料			单位	数量		实际成本	
编号	名称	规格		请领	实发	单价	金额
合计							

第一联 记账联

部门经理： 会计： 保管员： 经办人：

【注意】

“领料单”一般一式三联。一联领料部门留存备查；一联留仓库，据以登记材料物资明细账和材料卡片；一联转会计部门或月末经汇总后转会计部门据以进行总分类核算。

2. 按填制手续不同，原始凭证可以分为一次凭证、累计凭证和汇总原始凭证

（1）一次凭证，是指一次性填制完成的原始凭证。此类凭证在日常经济活动中出现较多，如“增值税专用发票”“普通发票”“现金收据”“入库单”“收料单”“借款单”“银行支票”等。

（2）累计凭证，是指一定时期内，将同类重复发生的经济业务在一张凭证中多次进行记载而完成的原始凭证。一般情况下，为了简化手续，对于日常重复发生的同类经济业务，平时随时登记每笔经济业务的发生额，并计算累计数，期末计算总数后作为记账的依据。此类凭证多为自制凭证，典型的累计凭证有“限额领料单”，如表 4-16 所示。

表 4-16 限额领料单

<table>
<tr><td colspan="12">限额领料单</td></tr>
<tr><td colspan="12">领料单位：
编号：
用途：
发料仓库： 年 月 日</td></tr>
<tr><td rowspan="2">材料类别</td><td colspan="2" rowspan="2">材料编号</td><td colspan="2" rowspan="2">材料名称及规格</td><td rowspan="2">计量单位</td><td rowspan="2">全月领用限额</td><td colspan="4">实际领用</td><td rowspan="2">计划单价</td></tr>
<tr><td>数量</td><td colspan="2">单位成本</td><td>金额</td></tr>
<tr><td></td><td colspan="2"></td><td colspan="2"></td><td></td><td></td><td></td><td colspan="2"></td><td></td><td></td></tr>
<tr><td rowspan="2">日期</td><td colspan="2">请领</td><td colspan="3">实发</td><td colspan="3">退回</td><td colspan="3" rowspan="2">限额结余</td></tr>
<tr><td>数量</td><td>领料单位负责人签章</td><td>数量</td><td>发料人签章</td><td>领料人签章</td><td>数量</td><td>收料人签章</td><td>退料人签章</td></tr>
<tr><td></td><td></td><td></td><td></td><td></td><td></td><td></td><td></td><td></td><td colspan="3"></td></tr>
<tr><td></td><td></td><td></td><td></td><td></td><td></td><td></td><td></td><td></td><td colspan="3"></td></tr>
<tr><td></td><td></td><td></td><td></td><td></td><td></td><td></td><td></td><td></td><td colspan="3"></td></tr>
<tr><td></td><td></td><td></td><td></td><td></td><td></td><td></td><td></td><td></td><td colspan="3"></td></tr>
<tr><td></td><td></td><td></td><td></td><td></td><td></td><td></td><td></td><td></td><td colspan="3"></td></tr>
<tr><td colspan="12">生产计划部门负责人： 供应部门负责人： 仓库负责人：</td></tr>
</table>

（3）汇总原始凭证，又称原始凭证汇总表，是指根据许多同类业务的一次凭证或累计凭证定期汇总编制的原始凭证。此类凭证一般为自制凭证，其作用是为了简化编制记账凭证及记账的手续。常见的原始凭证汇总表有“发出材料汇总表”“差旅费报销单”“工资汇总表”等。“发出材料汇总表”“差旅费报销单”格式见表 4-17、表 4-18 所示。

表 4-17 发出材料汇总表

<table>
<tr><td colspan="14">发出材料汇总表</td></tr>
<tr><td rowspan="2">项目</td><td colspan="3">材料</td><td colspan="3">材料</td><td colspan="3">材料</td><td colspan="3">材料</td><td>合计</td></tr>
<tr><td>数量</td><td>单价</td><td>金额</td><td>数量</td><td>单价</td><td>金额</td><td>数量</td><td>单价</td><td>金额</td><td>数量</td><td>单价</td><td>金额</td><td>金额</td></tr>
<tr><td></td><td></td><td></td><td></td><td></td><td></td><td></td><td></td><td></td><td></td><td></td><td></td><td></td><td></td></tr>
<tr><td></td><td></td><td></td><td></td><td></td><td></td><td></td><td></td><td></td><td></td><td></td><td></td><td></td><td></td></tr>
<tr><td></td><td></td><td></td><td></td><td></td><td></td><td></td><td></td><td></td><td></td><td></td><td></td><td></td><td></td></tr>
<tr><td></td><td></td><td></td><td></td><td></td><td></td><td></td><td></td><td></td><td></td><td></td><td></td><td></td><td></td></tr>
<tr><td></td><td></td><td></td><td></td><td></td><td></td><td></td><td></td><td></td><td></td><td></td><td></td><td></td><td></td></tr>
<tr><td></td><td></td><td></td><td></td><td></td><td></td><td></td><td></td><td></td><td></td><td></td><td></td><td></td><td></td></tr>
<tr><td colspan="14">会计主管： 复核： 记账： 保管： 制单：</td></tr>
</table>

【注意】

“发出材料汇总表”是由仓库发料员发货后，根据“发料单”“限额领料单”等原始凭证定期汇总编制的，因此属于汇总原始凭证。

表 4-18 差旅费报销单

差旅费报销单

年 月 日 附件 张

<table>
<tr><td>姓名</td><td></td><td colspan="2">出差地点</td><td></td><td>出差事由</td><td></td><td>日期</td><td>月 日起
月 日止</td></tr>
<tr><td>乘火车费</td><td colspan="2">自 站至 站</td><td colspan="2">自 站至 站</td><td>金额</td><td></td><td colspan="2" rowspan="7">说明：</td></tr>
<tr><td>乘汽车费</td><td colspan="2">自 站至 站</td><td colspan="2">自 站至 站</td><td>金额</td><td></td></tr>
<tr><td>乘飞机费</td><td colspan="2">自 站至 站</td><td colspan="2">自 站至 站</td><td>金额</td><td></td></tr>
<tr><td>行李运费</td><td>千克</td><td colspan="3">每千克 元</td><td>金额</td><td></td></tr>
<tr><td>出差补助费</td><td>天</td><td colspan="2">定额</td><td></td><td>金额</td><td></td></tr>
<tr><td>旅馆费</td><td>天</td><td colspan="2">定额</td><td></td><td>金额</td><td></td></tr>
<tr><td>其他</td><td></td><td colspan="2"></td><td></td><td></td><td></td></tr>
<tr><td rowspan="2">合计金额</td><td>小写</td><td colspan="5"></td><td rowspan="2">单位负责人</td><td></td></tr>
<tr><td>大写</td><td colspan="5"></td><td>年 月 日</td></tr>
</table>

会计主管： 出纳： 报销人：

动 画：差旅费报销业务办理

想一想：汇总原始凭证与累计凭证有什么不同?

【注意】

“差旅费报销单”一般由出差人员根据出差时的火车票、汽车票、飞机票，以及旅馆费、会议费等单据汇总填制，并将有关原始凭证作为其附件。“差旅费报销单”属于自制原始凭证，但其填制依据的火车票、汽车票、飞机票，以及旅馆费、会议费等单据则属于外来原始凭证。

二、原始凭证的基本内容

原始凭证的种类较多，不同的原始凭证其具体内容可能不完全一致。例如，差旅费报销单是记录职工出差发生的各项差旅费情况的，而发票记录的则是销售商品的数量和金额，两者显然差别很大。但是，原始凭证作为收集和记录经济数据的载体，都起着证明经济业务已经发生或完成的作用，因此，都应当具备说明经济业务完成情况和明确有关人员经济责任等共同的因素。原始凭证一般应具有以下基本内容。

（一）原始凭证的名称

不同的原始凭证有不同的名称，例如收据、发票、收料单、入库单、工资汇总表等。通过原始凭证的名称，可以说明该凭证所代表的经济业务的类型。例如，收据反映了企业收取款项的行为；发票反映了商品交易行为；收料单反映了仓库管理人员验收购入的材料的业务；运输单据反映了运输部门承运货物的经济业务等。

（二）填制原始凭证的日期和编号

一般情况下，原始凭证的日期表明的是经济业务发生的日期，但少数经济业务在发生时也可能来不及填制原始凭证，为了及时地反映经济活动的情况和结果，应当尽快地完成原始凭证的填制。

原始凭证的编号是为了加强凭证的管理以及事后备查而对凭证的编号。

（三）填制凭证的单位名称

每一项经济业务的发生，都会涉及当事人双方，例如销售商品有买卖双方、向银行借款有借贷双方等，因此，一份完整的原始凭证应当载明填制原始凭证单位的名称。

（四）接受凭证的单位名称

一份完整的原始凭证应当载明当事人双方的名称，以准确地反映双方的经济责任，同时也为检查验证该项经济业务的真实性提供方便。

（五）经济业务内容的摘要

原始凭证应简要载明经济业务内容。

（六）经济业务所涉及的品名、数量、计量单位、单价和金额

原始凭证本身虽然可以反映经济业务的基本类型，但无法说明经济业务的具体内容，如购货发票本身反映了企业的购货活动，却不能表明购货的具体种类。而不同的购货内容在账务处理上可能存在很大差异，因此，在原始凭证中需对经济业务的具体内容进行记载，以满足会计核算和监督的需要。

（七）经办部门和人员的签名或盖章

为了明确具体的经济责任，有关的经办人员应在原始凭证上签名或盖章。

三、原始凭证的填制要求

只有在形式上和实质上符合要求的原始凭证，才能正确地、及时地、清晰地反映各项经济业务的真实情况，从而提高会计核算的质量，发挥原始凭证的法律效力。原始凭证的填写必须符合下列要求。

（一）记录要真实

原始凭证所填列的经济业务内容必须真实可靠，符合实际情况，不得弄虚作假，不得随意填写。所反映的经济业务必须合法、合理、合规。经办人员应对所取得或填制的原始凭证的真实性负责。

（二）内容要完整

原始凭证上的日期、经济业务内容、数据、凭证号码等各项内容都必须填列齐全，

不得随意省略或遗漏。

（三）手续要完备

经办人和有关部门的负责人必须在凭证上签字或盖章，以示对凭证的真实性和正确性负责。例如，对外开出的原始凭证，应加盖本单位的公章或有关部门的专用章；从外部取得的原始凭证，应盖有填制单位（或个人）的公章或专用章（签名或盖章）；自制的原始凭证，应有经办单位负责人或指定人员的签名或盖章等。

（四）书写要清楚

原始凭证只能用蓝（黑）色墨水填写，不得使用铅笔或圆珠笔填写；字迹应工整、清晰，易于辨认；不得使用未经国务院颁布的简化字；阿拉伯数字要逐个填写，不得连写；文字数字的书写应紧靠行格底线，上方应留有适当空距，以防写错字时有更改的空间，不得满格（顶格）书写；金额数字的填写要符合规范性的要求。具体写法：零、壹、贰、叁、肆、伍、陆、柒、捌、玖、拾、佰、仟、万、亿、圆（元）、角、分、整；大写金额货币前需冠货币的名称；有关“零”的写法：阿拉伯金额数字中间有“0”时，汉字大写金额要写“零”字，如￥805.76，应写为捌佰零伍元柒角陆分；阿拉伯数字金额中间连续有几个“0”时，汉字大写金额中可以只写一个“零”字，如￥8 005.76，应写为捌仟零伍元柒角陆分；阿拉伯金额数字元位是“0”，或者数字中间连续有几个“0”、元位也是“0”但角位不是“0”时，汉字大写金额可以只写一个“零”字，也可以不写“零”字，如￥850.76、￥850.06，应分别写为捌佰伍拾元柒角陆分、捌佰伍拾元零陆分；整数收尾，没有角分时，须加“整”字样，￥200.00、￥210.00，应分别写为贰佰元整、贰佰壹拾元整；壹拾几的“壹”字不得漏写。

想一想： ￥104.93、￥17 005.12、￥40 804.89、￥1 780.04 的大写金额应如何写？

【知识窗】

《会计基础工作规范》中关于会计凭证数字的书写要求

（1）阿拉伯数字应当一个一个地写，不得连笔写。阿拉伯金额数字前面应当书写货币币种符号或者货币名称简写和币种符号。币种符号与阿拉伯金额数字之间不得留有空白。凡阿拉伯数字前写有币种符号的，数字后面不再写货币单位。

（2）所有以元为单位（其他货币种类为货币基本单位，下同）的阿拉伯数字，除表示单价等情况外，一律填写到角分；无角分的，角位和分位可写“00”，或者符号“—”；有角无分的，分位应当写“0”，不得用符号“—”代替。

（3）汉字大写数字金额如零、壹、贰、叁、肆、伍、陆、柒、捌、玖、拾、佰、仟、万、亿等，一律用正楷或者行书体书写，不得用○、一、二、三、四、五、六、七、八、九、十等简化字代替，不得任意自造简化字。大写金额数字到元或者角为止的，在“元”或者“角”字之后应当写“整”字或者“正”字；大写金额数字有分的，分字后面不写“整”或者“正”字。

（4）大写金额数字前未印有货币名称的，应当加填货币名称，货币名称与金额数字之间不得留有空白。

（5）阿拉伯金额数字中间有“0”时，汉字大写金额要写“零”字；阿拉伯数字金额中间连续有几个“0”时，汉字大写金额中可以只写一个“零”字；阿拉伯金额数字元位是“0”，或者数字中间连续有几个“0”、元位也是“0”但角位不是“0”时，汉字大写金额可以只写一个“零”字，也可以不写“零”字。

（五）更正要规范

凭证不得随意涂改、刮擦、挖补。自制的原始凭证需要更正时，应采用划线更正法，即用红线划掉写错的文字或数字，再将正确的数字用蓝（黑）色墨水写在划线部分的上方，并加盖经手人印章；外部取得的原始凭证有错时，应当由原单位重开或更正，更正处加盖出具单位印章。应当注意的是，原始凭证金额有错，不得更正，必须由原开具单位重新填写。

（六）编号要连续

各种凭证都必须连续编号，以备查找；已经事先印好编号的凭证作废时，应在作废的凭证上加盖“作废”戳记，连同存根一起保存，不得随意撕毁。

（七）填制要及时

有关经办人员必须在经济业务发生或完成时及时填制原始凭证，并尽快按规定的程序传递给会计部门。

四、原始凭证审核内容

原始凭证按照要求进行填制后，还应从形式上和实质上对其进行审核，经审核确认后，凭证上所记载的会计信息才能通过编制记账凭证进行加工处理，以确保会计信息系统最终所提供的会计报表信息真实、可靠、正确。

（一）真实性

审核凭证的日期、业务内容、数据等是否真实，检查是否存在弄虚作假。

对于自制的原始凭证，如收料单、领料单、工资结算单等，应审查收料单所列材料是否确已验收入库；领料单所列领料用途是否虚构，是否将与生产无关的领料作为生产领用材料；工资结算单中姓名、出勤天数、加班天数是否真实等。

对于外来原始凭证，如发票、运费单、银行结算凭证等，真实性的审查应当包括以下三个方面内容：

（1）经济业务的单位名称和经办人必须是真实的。

（2）经济业务发生的时间、地点和填制原始凭证的日期必须是真实的。

（3）经济业务的内容必须是真实的，包括数量、单价和金额等。

（二）合规性

审核原始凭证所记录的内容是否有违反国家法律法规的情况，是否符合经营活动的需要，是否符合企业的计划或预算的要求。对于不符合要求的凭证，会计人员有权拒绝受理；发现伪造涂改等现象，还应及时向有关负责人汇报。

（三）完整性

审核原始凭证各项基本要素是否完整、齐全。例如，日期填写是否完整，数字填写是否清晰，文字书写是否工整，有关人员签章是否齐全，凭证联次是否确定等。

（1）原始凭证的内容（构成要素）必须齐备，如凭证的名称、填制凭证的日期、填制和接受凭证的单位或个人、经济业务的内容和有关人员的签章等都应齐备。

（2）从外单位取得的原始凭证，必须有填制单位的公章；从个人取得的原始凭证，必须有填制人员的签名或盖章。自制原始凭证必须有经办单位负责人或其指定人员的签名或盖章；对外开出的原始凭证，必须加盖本单位公章。

（3）凡填有大写和小写金额的原始凭证，大小写金额必须相符。购买实物的原始凭证，必须有数量、单价和金额。金额的计算应当正确，并且有验收证明。支付款项的原始凭证，必须有收款单位和收款人的收款证明。

（4）一式几联的原始凭证，应当注明各联的用途，各联要一次复写而成，保证内容要相同，且只有一联为报销凭证。

（5）发生销货退回时，除填退货发票外，退款时，应取得对方的收款收据，不得以退货发票代替收据（因退货发票是自制凭证）。

（6）职工因公出差开具的借款收据，报销时不得退还原借据，若是收回借款或余款时，应另开收据。

（7）经过上级批准的经济业务，应将批准文件作为原始凭证。如果批准文件需要单独归档的，应在原始凭证上注明批文机关、日期、文件字号。

（四）正确性

审核原始凭证金额的计算和填写是否正确，数字书写是否规范、清晰，是否存在不符合规范要求的更改等。例如，原始凭证中的数量乘上单价是否等于金额，分项金额之和是否等于合计金额；差旅费报销时有关补贴的计算是否正确；工资结算单中工资计算是否正确，等等。

（五）及时性

审核原始凭证的填制日期是否及时，尤其是一些时效性较强的原始凭证。

五、原始凭证审核结果处理

经审核的原始凭证应根据不同的情况分别进行处理：

（1）对于完全符合要求的原始凭证，应及时据以编制记账凭证；

（2）对于真实、合法、合理但内容不够完整、填写有错误的原始凭证，应退回给有关经办人员，由其负责将有关凭证补充完整、更正错误或重开后，再办理正式会计手续；

（3）对于不真实、不合法的原始凭证，会计机构和会计人员有权不予接受，并向单位负责人报告。

【注意】

会计机构、会计人员必须按照国家统一的会计制度的规定对原始凭证进行审核，对不真实、不合法的原始凭证有权不予接受，并向单位负责人报告；对记载不准确、不完整的原始凭证予以退回，并要求按照国家统一的会计制度的规定进行更正、补充。原始凭证记载的各项内容均不得涂改；原始凭证有错误的，应当由出具单位重开或者更正，更正处应当加盖出具单位印章。原始凭证金额有错误的，应当由出具单位重开，不得在原始凭证上更正。记账凭证应当根据经过审核的原始凭证及有关资料填制。

任务实施

步骤 1：根据项目背景中各经济业务的原始凭证，描述经济业务如下：

【业务 4-1】10 月 3 日，接受张欣欣向公司投资现金 20 000 元。

【业务 4-2】10 月 3 日，将接受投资的现金 20 000 元存入银行。

【业务 4-3】10 月 10 日，生产 A 型设备领用甲材料 1 000 千克，单价 6 元，乙材料 800 千克，单价 9 元。

【业务 4-4】10 月 11 日，采购员马林丽出差预借差旅费 6 000 元。

【业务 4-5】10 月 19 日，采购员马林丽报销差旅费 5 920 元，余款 80 元交回现金。

【业务 4-6】10 月 20 日，从新海股份有限公司购入甲材料 2 000 千克，单价 6 元，计买价 12 000 元，增值税计 2 040 元，款项暂欠。

【业务 4-7】10 月 22 日，上述材料运到验收入库。

【业务 4-8】10 月 25 日，开出转账支票支付新海股份有限公司购料款 14 040 元。

【业务 4-9】10 月 26 日，向光明机械制造有限责任公司销售 A 型设备 10 台，每台售价 4 200 元，计价款 42 000 元，增值税 7 140 元，产品已发出，价款及增值税税款尚未收到。

【业务 4-10】10 月 28 日，收到光明机械制造有限责任公司货款及增值税 49 140 元，存入银行。

步骤 2：对照原始凭证审核内容，逐一审核。主要审核真实性、合规性、正确性、完整性。

举例 1：业务 4-1 审核时，应重点审核投资协议是否合法；出纳员收到现金要进行当场点验，并填写收款收据，并在收款收据加盖“现金收讫”字样。

举例 2：审核“差旅费报销单”。一是审核所附的原始单据是否合法有效，是否有税务部门盖章，有些发票可通过税务部门发票查询系统查询其是否真实；二是了解费用报销的标准，按出差人员级别的不同，所报销的金额标准也会有所不同；三是审核所附原始凭证的金额是否与报销单金额一致；四是审核差旅费报销单填写的内容是否齐全；五是审核相关领导是否审批，手续是否完备。

步骤 3：编制会计分录（请自行编制）。

任务拓展

自行搜集各种原始凭证，并逐一描述经济业务的内容，说一说审核的主要内容有哪些。

任务 2　填制和审核记账凭证

任务布置

请以天齐电子设备有限责任公司财务科财务人员身份，按工作岗位分工完成项目资料中【业务 4-1】到【业务 4-10】记账凭证的填制与审核工作。

教学组织

建议 5 人一组，组建财务科，分别扮演天齐电子设备有限责任公司会计主管章玉芬、复核员王惠玲、出纳员徐玲玲、记账员赵蔚然、制单员秦卫国。协作完成记账凭证的填制与审核工作。每人或每组分发收款凭证 4 张、付款凭证 2 张、转账凭证 5 张。

知识学习

一、记账凭证的概念

记账凭证，是指由会计人员根据审核无误的原始凭证或原始凭证汇总表加以归类整理而编制的，记载经济业务简要内容，确定会计分录，作为登记账簿直接依据的一种会计凭证。

任何单位，每发生一笔交易或事项，必须按照规定程序和手续填制或取得原始凭证。但由于原始凭证种类格式不一，数量繁多，格式不同，不能清楚地表明应记入的账户的名称和方向，不能直接作为登记账簿的依据。为便于登记账簿，需要根据原始凭证反映的不同经济业务，加以归类和整理，填制具有统一格式的记账凭证，确定会计分录，并将相关的原始凭证附在后面。以简化记账工作、减少差错，并便于保管原始凭证，便于查账和对账，提高会计工作效率。

【注意】

原始凭证和记账凭证的区别：① 填制人员不同。原始凭证由经办人员填制，而记账凭证则一律由会计人员填制。② 填制依据不同。原始凭证是根据已经发生或完成的经济业务填制，而记账凭证则是根据审核后的原始凭证填制。③ 填制方式不同。原始凭证仅用以记录、证明经济业务已经发生或完成，而记账凭证则要运用会计科目对已发生或完成的经济业务进行初步归类、整理填制。④ 发挥作用不同。原始凭证是记账凭证的附件和填制记账凭证的依据，而记账凭证则是登记会计账簿的依据。

二、记账凭证的分类

（一）按记账凭证使用范围和内容的不同分类

1. 专用记账凭证

专用记账凭证是指专门用来记录某一类经济业务的记账凭证。一般按经济业务内容的不同分为收款凭证、付款凭证、转账凭证。

（1）收款凭证，是用来记录和反映库存现金、银行存款等货币资金收款业务的凭证，它是根据库存现金和银行存款收款业务的原始凭证填制的。收款凭证见表 4–19 所示。

（2）付款凭证，是用来记录和反映库存现金、银行存款等货币资金付款业务的凭证，它是根据库存现金和银行存款付款业务的原始凭证填制的。付款凭证见表 4–20

所示。

表 4-19　收款凭证

收　款　凭　证

总字第＿＿号

借方科目：　　　　年　月　日　　　　收字第＿＿号

摘　要	贷方科目		贷方金额											记账符号
	总账科目	明细科目	亿	千	百	十	万	千	百	十	元	角	分	
合　计　金　额														

附单据　张

会计主管：　　记账：　　出纳：　　复核：　　制单：

表 4-20　付款凭证

付　款　凭　证

总字第＿＿号

贷方科目：　　　　年　月　日　　　　付字第＿＿号

摘　要	借方科目		借方金额											记账符号
	总账科目	明细科目	亿	千	百	十	万	千	百	十	元	角	分	
合　计　金　额														

附单据　张

会计主管：　　记账：　　出纳：　　复核：　　制单：

（3）转账凭证，是用来记录和反映与库存现金、银行存款等货币资金收付无关的转账业务的凭证，它是根据相关转账业务的原始凭证填制的。转账凭证见表 4-21 所示。

表 4-21 转账凭证

转 账 凭 证

总字第____号

转字第____号

年 月 日

摘 要	会计科目		借方金额											贷方金额											记账符号
	总账科目	明细科目	亿	千	百	十	万	千	百	十	元	角	分	亿	千	百	十	万	千	百	十	元	角	分	
合 计 金 额																									

附单据 张

会计主管： 记账： 复核： 制单：

2. 通用记账凭证

通用记账凭证是相对于专用记账凭证而言的，是适用于所有经济业务的记账凭证。采用通用记账凭证，应将经济业务所涉及的全部账户填列在一张凭证内。通用记账凭证如表 4-22 所示。

想一想： 通用记账凭证与专用记账凭证有什么不同?

表 4-22 记账凭证

记 账 凭 证

总字第____号

转字第____号

年 月 日

摘 要	会计科目		借方金额											贷方金额											记账符号
	总账科目	明细科目	亿	千	百	十	万	千	百	十	元	角	分	亿	千	百	十	万	千	百	十	元	角	分	
合 计 金 额																									

附单据 张

会计主管： 记账： 出纳： 复核： 制单：

（二）按记账凭证填制方式的不同分类

1. 复式记账凭证

复式记账凭证，又叫多科目记账凭证，是指将一项经济业务所涉及的所有账户及其发生额均在同一张记账凭证反映的凭证。复式记账凭证可以集中反映账户的对应关系，便于了解经济业务的全貌，了解资金的来龙去脉；便于查账，同时可以减少填制记账凭证的工作量，减少记账凭证的数量。例如前述的收款凭证、付款凭证、转账凭证，以及通用记账凭证均属于此类。实务中大多数企业单位采用复式记账凭证。

2. 单式记账凭证

单式记账凭证，又叫科目记账凭证，是指每一张记账凭证只填列经济业务所涉及的一个账户及其金额的记账凭证。一项经济业务涉及几个账户就要填列几张凭证。单式记账凭证汇总计算每一个账户的发生额，便于分工记账；但填制记账凭证的工作量大，而且出现差错也不便于查找。单式记账凭证格式如表 4-23、表 4-24 所示。

表 4-23　借项记账凭证

借 项 记 账 凭 证

对应科目：　　　　年　月　日　　　　编号第____号

摘　要	借方科目		借方金额											记账符号
	总账科目	明细科目	亿	千	百	十	万	千	百	十	元	角	分	
合 计 金 额														

附单据　张

会计主管：　　记账：　　出纳：　　复核：　　制单：

表 4-24 贷项记账凭证

贷项记账凭证

对应科目： 年 月 日 编号第____号

摘 要	贷方科目		贷方金额											记账符号
	总账科目	明细科目	亿	千	百	十	万	千	百	十	元	角	分	
合 计 金 额														

附单据 张

会计主管： 记账： 出纳： 复核： 制单：

三、记账凭证的基本内容

记账凭证尽管种类不同，格式各异，但其主要作用都是对于原始凭证进行归类、整理，按照借贷记账法的要求，确定所涉及账户名称，编制会计分录，据以登记账簿，因此，记账凭证必须具备以下基本内容：

（1）记账凭证的日期；

（2）记账凭证的编号；

（3）经济业务内容的摘要；

（4）经济业务事项所涉及的应借应贷科目；

（5）金额；

（6）所附原始凭证的张数；

（7）有关责任人的签名或盖章，填制凭证人员、稽核人员、记账人员、会计机构负责人、会计主管人员签名和盖章。收付款凭证还应当由出纳人员签名或者盖章。

四、填制记账凭证的要求与方法

（一）记账凭证填制的要求

（1）编制记账凭证时，必须对所依据的原始凭证的内容、手续等进行认真审核，确保无误后，方可作为编制依据。经审核不符合手续，不真实的原始凭证，不能作为编制记账凭证的依据。为了保证经济业务内容清楚、明了，可以根据每一张原始凭证填制，或者根据若干张同类原始凭证汇总填制，也可以根据原始凭证汇总表填制，但不得将不同类内容和类别的原始凭证汇总填制在一张记账凭证上。

（2）内容填写完整，编写规范。记账凭证内容应填写齐全，不能遗漏或错填。要同原始凭证书写一样，数码字工整，易于辨认及核对。

（3）填制记账凭证时如发生错误，应当重新填制。

具体各项目填写时应做到以下几点：

（1）日期。填写编制记账凭证时的日期，根据需要也可填写经济业务发生时的日期或月末日期。

（2）摘要。摘要应与经济业务内容相符，言简意赅，表述准确，一般要考虑经办单位或人员、经济业务性质和金额变化方向等因素，使其规范化。

（3）会计科目。除一级科目外，如有二级科目或明细科目也要填写。会计科目写到哪一级，要根据记账和核算要求，一般要写到会计科目所属最下一级账户。会计科目和明细科目要写全称，不能省略或简化，以便日后核对。

（4）金额。金额要填写清楚，角、分位不留空白，可写成“00”；空行划一斜线注销；金额合计第一位数前应写人民币符号“¥”。填写金额要保持会计分录的平衡关系。

（5）编号。记账凭证应连续编号，并根据不同的情况采用不同的编号方法。一般按月编号，对于经济业务极少的单位可以按年编号。

采用收、付、转专用凭证的要分类编号，应采用“字号编号法”：即把不同类型的记账凭证用字加以区别，再把同类记账凭证顺序号加以连续。三种格式的记账凭证，采用字号编号法时，具体地编为“收字第××号”“付字第××号”“转字第××号”，每月从第1号编起。例如收字第1号，付字第1号，转字第1号。

一笔复杂的经济业务要编制多张记账凭证，应采用“分数编号法”，例如一笔经济业务要编制三张转账记账凭证，编号为转字第$6\frac{1}{3}$号，转字第$6\frac{2}{3}$号，转字第$6\frac{3}{3}$号。

只采用一种通用记账凭证，可以按编制凭证的先后顺序编号，每月从第1号编起，以凭证名称的字头或编制人员姓氏冠以字头，如记字第1号，每月月末各种记账凭证的最后一张编号，在其旁边要加注“全”字，表示本月凭证编号到此结束，以免丢失。

（6）附件。除结账和更正错账可以不附原始凭证外，其他记账凭证必须附原始凭证，并要填写附件的张数。附件张数的计算，一般以原始凭证自然张数为准。原始凭证的内容和张数，应同记账凭证的内容和所列张数一致，不能错置和少置原始凭证。一张原始凭证同几张记账凭证有关，可将该原始凭证附在一张主要记账凭证后面，在其他记账凭证上注明该凭证编号，或将原始凭证复印，附在各记账凭证后面。一张原始凭证所列支出由几个单位共同负担时，要开具原始凭证分割单。分割单要具有原始凭证的基本内容，如凭证名称、填制日期、填制单位或人员名称、经济业务内容、数量、金额及费用分担情况。重要资料或原始凭证数量过多，需单独保存的，要在摘要栏注明。原始凭证要认真整理，依左上角对齐，展平放正，黏附在记账凭证后面；凭证过大，可折叠成比记账凭证略小的面积；凭证过小，可在其后面加一张比原始凭证略小的衬纸；原始凭证破损要修补完好；凭证过厚，可取其表面一层薄纸。黏附原始凭证，应选用不为鼠咬、虫蛀、不易腐烂，也不使文字数字退色的胶水或糨糊。

【注意】

原始凭证张数的计算方法有两种：① 按构成记账凭证金额的原始凭证或原始凭证汇总表计算张数，原始凭证或原始凭证汇总表所附的单据只作为附件的附件处理。② 以所附原始凭证的自然张数为准，有一张算一张。

（7）记账标记。在已经登记账簿后，应在记账凭证的“记账”栏划“√”符号，表示已经入账，以免发生漏记或重记错误。

（8）记账凭证填制完成后，如有空行，应当自金额栏最后一笔金额数字下的空行处至合计数上的空行处划线注销。

（9）责任人签字。记账凭证编制无误后，应由有关人员签字或盖章，以明确责任。包括制单、审核、记账、会计主管等有关人员的签字或盖章，收款凭证和付款凭证还应由出纳人员签名或盖章。

（二）记账凭证的填制方法

1. 收款凭证的填制方法

对于涉及库存现金和银行存款收款的业务，应由会计人员根据审核无误的原始凭证填制的收款凭证，如收到现金投资款、销售商品收到银行存款等都应该填制收款凭证。

在借贷记账法下，收款凭证左上方所填列的借方科目，应是“库存现金”或“银行存款”科目；上方的“年、月、日”处，填写填制本记账凭证的日期；右上角的“字第　号”处，填写“银收”或“现收”和已填制凭证的顺序编号；“摘要”栏填写能反映经济业务性质和特征的简要说明；贷方科目，“贷方一级科目”应填写与收入“库存现金”或“银行存款”相对应的一级科目，“二级科目”栏填写与收入“银行存款”或“库存现金”相对应一级科目的二级科目；“金额”栏填写与同一行科目对应的发生额；“合计栏”填写各发生额的合计数；凭证右边“附件　张”处需填写所附原始凭证的张数；下边分别由相关人员签字或盖章；“记账”栏则应在已经登记账簿后划“√”符号，表示已经入账，以免发生漏记或重记错误。

2. 付款凭证的填制方法

对于涉及库存现金和银行存款付款的经济业务，应由会计人员根据审核无误的原始凭证填制付款凭证，如以库存现金或银行存款支付购买材料款、支付工资、支付各项费用、缴纳税费等，都应填制付款凭证。

付款凭证的填制方法与收款凭证基本相同，只是左上方将“借方科目”换成了“贷方科目”，在凭证内“贷方科目”换成了“借方科目”栏。

【注意】

涉及库存现金、银行存款之间相互划转的业务，如从银行提取现金，或者将现金存入银行，为避免重记，只填一张付款凭证。

3. 转账凭证的填制方法

凡不涉及库存现金和银行存款收、付款的业务，应由会计人员根据审核无误的原始凭证填制转账凭证。如领用材料、计提折旧、摊销费用、债权债务产生、期末收支结转等，都应填制转账凭证。

在借贷记账法下，将经济业务所涉及的会计科目全部填列在凭证内，借方科目在先，贷方科目在后，将各会计科目所记应借应贷的金额填列在“借方金额”或“贷方金额”栏内。借方、贷方金额合计数应该相等。制单员应在填制凭证后签名盖章，并在凭证的右侧填写所附原始凭证的张数。

想一想：
记账凭证上的日期是指编制记账凭证的日期，还是经济业务发生的日期？

【注意】

有些经济业务既涉及库存现金和银行存款收、付款业务，又涉及转账业务的，应分别填制收、付款凭证和转账凭证。

五、记账凭证审核内容

所有填制好的记账凭证，都必须经过复核人员认真的审核。在审核记账凭证的过程中，如发现记账凭证填制有误，应当按照规定的方法及时加以更正。只有经过审核无误的记账凭证，才能作为登记账簿的依据。记账凭证审核的主要内容是：

1. 内容是否真实

审核记账凭证记录的经济业务是否与所附的原始凭证所反映的内容相一致，内容是否真实，是否合法。原始凭证张数与记账凭证所填张数是否一致。

2. 项目是否齐全

审核有关项目的填列是否完备，日期、摘要、凭证编号、总账科目及明细科目、附件张数及有关人员的签章是否完备。

3. 科目是否正确

应审核应借、应贷的会计科目和金额是否正确，账户的对应关系是否清晰、完整，核算内容及所使用的会计科目名称是否符合会计制度的要求。

4. 金额是否正确

根据借贷记账法的基本原理，审核记账凭证上列示的总分类科目金额、明细分类科目的金额，检查填列的金额的正确性。

5. 书写是否正确

审核记账凭证书写的文字和数字是否工整、清晰，是否按规定更正差错。

6. 手续是否完备

主要审核审批手续是否齐全，相关人员是否签字或者盖章。

六、记账凭证审核结果处理

在审核过程中，如果发现记账凭证记录不全或有差错，应及时查明原因并按规定的方法予以更正或重新填制。只有经过审核无误的记账凭证，才能据以登记账簿。

任务实施

小提示：实际工作中，出纳、记账、会计主管应在记账后盖章或签字。

步骤 1：根据审核无误的原始凭证编制记账凭证如下：

【业务 4-1】10 月 3 日，接受张欣欣向公司投资现金 20 000 元。如表 4-25 所示。

表 4-25　收款凭证

收　款　凭　证

总字第 1 号

收字第 1 号

借方科目：库存现金　　2014 年 10 月 3 日

摘　要	贷方科目		贷方金额										记账符号
	总账科目	明细科目	亿	千	百	十	万	千	百	十	元	角	分	
接受投资	实收资本	张欣欣					2	0	0	0	0	0	0	
合　计　金　额						¥	2	0	0	0	0	0	0	

附单据 2 张

会计主管：章玉芬　记账：赵蔚然　出纳：徐玲玲　复核：王惠玲　制单：秦卫国

【业务 4-2】10 月 3 日，将接受投资的现金 20 000 元存入银行。如表 4-26 所示。

表 4-26 收款凭证

收 款 凭 证

总字第 2 号

借方科目：库存现金　　　　2014 年 10 月 3 日　　　　收字第 1 号

摘要	贷方科目		贷方金额											记账符号
	总账科目	明细科目	亿	千	百	十	万	千	百	十	元	角	分	
现金存入银行	银行存款						2	0	0	0	0	0	0	
合 计 金 额						¥	2	0	0	0	0	0	0	

附单据 1 张

会计主管：章玉芬　记账：赵蔚然　出纳：徐玲玲　复核：王惠玲　制单：秦卫国

【业务 4-3】10 月 10 日，生产 A 型设备领用甲材料 1 000 千克，单价 6 元，乙材料 800 千克，单价 9 元。如表 4-27 所示。

表 4-27 转账凭证

转 账 凭 证

总字第 3 号

2014 年 10 月 10 日　　　　转字第 1 号

摘要	会计科目		借方金额											贷方金额											记账符号
	总账科目	明细科目	亿	千	百	十	万	千	百	十	元	角	分	亿	千	百	十	万	千	百	十	元	角	分	
领用材料	生产成本	A型设备					1	3	2	0	0	0	0												
	原材料	甲材料																	6	0	0	0	0	0	
	原材料	乙材料																	7	2	0	0	0	0	
合 计 金 额						¥	1	3	2	0	0	0	0				¥	1	3	2	0	0	0	0	

附单据 1 张

会计主管：章玉芬　记账：赵蔚然　复核：王惠玲　制单：秦卫国

【业务 4-4】10 月 11 日，以现金支付采购员马林丽出差预借差旅费 6 000 元。如表 4-28 所示。

表 4-28 付款凭证

付 款 凭 证

总字第 4 号

贷方科目：库存现金　　2014 年 10 月 11 日　　付字第 2 号

摘要	借方科目		借方金额											记账符号
	总账科目	明细科目	亿	千	百	十	万	千	百	十	元	角	分	
预借差旅费	其他应收款	马林丽						6	0	0	0	0	0	
合 计 金 额							¥	6	0	0	0	0	0	

附单据 1 张

会计主管：章玉芬　记账：赵蔚然　出纳：徐玲玲　复核：王惠玲　制单：秦卫国

【业务 4-5】10 月 19 日，采购员马林丽报销差旅费 5 920 元，余款 80 元交回现金。如表 4-29、表 4-30 所示。

小提示：

表 4-29 转账凭证附单据张数 9 张是所附的所有原始凭证的总张数，包括差旅费报销单 1 张及其所附的原始单据 8 张。

表 4-29 转账凭证

转 账 凭 证

总字第 5$\frac{1}{2}$ 号

2014 年 10 月 19 日　　转字第 2 号

摘要	会计科目		借方金额											贷方金额											记账符号
	总账科目	明细科目	亿	千	百	十	万	千	百	十	元	角	分	亿	千	百	十	万	千	百	十	元	角	分	
报销差旅费	管理费用							5	9	2	0	0	0												
	其他应收款	马林丽																	5	9	2	0	0	0	
合 计 金 额							¥	5	9	2	0	0	0					¥	5	9	2	0	0	0	

附单据 9 张

会计主管：章玉芬　记账：赵蔚然　复核：王惠玲　制单：秦卫国

表 4-30 收款凭证

收 款 凭 证

总字第 $5\frac{2}{2}$ 号

借方科目：库存现金　　　　2014 年 10 月 19 日　　　　收字第 2 号

摘 要	贷方科目		贷方金额											记账符号
	总账科目	明细科目	亿	千	百	十	万	千	百	十	元	角	分	
报销差旅费	其他应收款	马林丽								8	0	0	0	
合 计 金 额									¥	8	0	0	0	

附单据 张

会计主管：章玉芬　　记账：赵蔚然　　出纳：徐玲玲　　复核：王惠玲　　制单：秦卫国

【业务 4-6】10 月 20 日，从新海股份有限公司购入甲材料 2 000 千克，单价 6 元，买价 12 000 元，增值税计 2 040 元，款项暂欠。如表 4-31 所示。

表 4-31 转账凭证

转 账 凭 证

总字第 6 号

2014 年 10 月 20 日　　　　转字第 3 号

摘 要	会计科目		借方金额											贷方金额											记账符号
	总账科目	明细科目	亿	千	百	十	万	千	百	十	元	角	分	亿	千	百	十	万	千	百	十	元	角	分	
采购材料未到	在途物资	甲材料					1	2	0	0	0	0	0												
	应交税费	应交增值税(进项税额)						2	0	4	0	0	0												
	应付账款	新海公司																							
																		1	4	0	4	0	0	0	
合 计 金 额						¥	1	4	0	4	0	0	0				¥	1	4	0	4	0	0	0	

附单据 1 张

会计主管：章玉芬　　记账：赵蔚然　　复核：王惠玲　　制单：秦卫国

【业务 4-7】10 月 22 日，上述材料运到验收入库。如表 4-32 所示。

表 4-32　转账凭证

转　账　凭　证

总字第 7 号

2014 年 10 月 22 日　　转字第 4 号

摘　要	会计科目		借方金额	贷方金额	记账符号
	总账科目	明细科目	亿千百十万千百十元角分	亿千百十万千百十元角分	
材料验收入库	原材料	甲材料	1200000		
	在途物资	甲材料		1200000	
合　计　金　额			¥1200000	¥1200000	

附单据 1 张

会计主管：章玉芬　　记账：赵蔚然　　复核：王惠玲　　制单：秦卫国

【业务 4-8】10 月 25 日，开出转账支票支付新海股份有限公司购料款 14 040 元。如表 4-33 所示。

表 4-33　付款凭证

付　款　凭　证

总字第 8 号

贷方科目：银行存款　　2014 年 10 月 25 日　　付字第 3 号

摘　要	借方科目		借方金额	记账符号
	总账科目	明细科目	亿千百十万千百十元角分	
支付货款	应付账款	新海公司	1404000	
合　计　金　额			¥1404000	

附单据 3 张

会计主管：章玉芬　　记账：赵蔚然　　出纳：徐玲玲　　复核：王惠玲　　制单：秦卫国

【业务 4-9】10 月 26 日，向光明机械制造有限责任公司销售 A 型设备 10 台，每台售价 4 200 元，总计价款 42 000 元，增值税 7 140 元，产品已发出，价款及增值税税款尚未收到。如表 4-34 所示。

表 4-34 转账凭证

转 账 凭 证

总字第 9 号

2014 年 10 月 26 日 转字第 5 号

摘要	会计科目		借方金额											贷方金额											记账符号
	总账科目	明细科目	亿	千	百	十	万	千	百	十	元	角	分	亿	千	百	十	万	千	百	十	元	角	分	
销售A型设备	应收账款	光明公司					4	9	1	4	0	0	0												
	主营业务收入																	4	2	0	0	0	0	0	
	应交税费	应交增值税(销项税额)																	7	1	4	0	0	0	
合 计 金 额						¥	4	9	1	4	0	0	0				¥	4	9	1	4	0	0	0	

附单据 1 张

会计主管：章玉芬　记账：赵蔚然　复核：王惠玲　制单：秦卫国

【业务 4-10】10 月 28 日，收到光明机械制造有限责任公司货款及增值税 49 140 元，存入银行。如表 4-35 所示。

表 4-35 收款凭证

收 款 凭 证

总字第 10 号

借方科目：银行存款　2014 年 10 月 28 日　收字第 3 号

摘要	贷方科目		贷方金额											记账符号
	总账科目	明细科目	亿	千	百	十	万	千	百	十	元	角	分	
收到货款	应收账款	光明公司					4	9	1	4	0	0	0	
合 计 金 额						¥	4	9	1	4	0	0	0	

附单据 1 张

会计主管：章玉芬　记账：赵蔚然　出纳：徐玲玲　复核：王惠玲　制单：秦卫国

步骤 2：根据编制的记账凭证逐一审核。

主要审核以下内容：① 内容是否真实；② 项目是否齐全；③ 科目是否正确；④ 金额是否正确；⑤ 书写是否正确；⑥ 手续是否完备。

任务拓展

1. 根据天齐电子设备有限责任公司【业务 4-1】到【业务 4-10】编制的记账凭证，将所有科目的借方金额和贷方金额分别加计，填入表 4-36 中，并分别加总，编制记账凭证汇总表（科目汇总表），如表 4-36 所示。

表 4-36　记账凭证汇总表（科目汇总表）　　单位：元

账户名称	借方金额	贷方金额
库存现金		
银行存款		
应收账款		
其他应收款		
在途物资		
原材料		
生产成本		
固定资产		
短期借款		
应付账款		
应交税费		
实收资本		
主营业务收入		
管理费用		
合　计		

2. 根据表 4-36 可以得出什么结论？为什么？

任务 3　传递与保管会计凭证

任务布置

请以天齐电子设备有限责任公司财务科财务人员的身份，为企业材料收入业务活动的凭证传递设计合理的流程，并按工作岗位分工完成项目背景中【业务 4-1】到【业务 4-10】记账凭证的整理与装订工作。

教学组织

建议 5 人一组，组建财务科，分别扮演天齐电子设备有限责任公司会计主管章玉芬、复核员王惠玲、出纳员徐玲玲、记账员赵蔚然、制单员秦卫国。为企业材料收入业务活动的凭证传递设计合理流程，并按岗位分工完成记账凭证的整理与装订工作。每人或每组发放记账凭证封面 1 张。

知识学习

一、会计凭证的传递

企业的一项经济业务往往涉及若干部门和经办人员，会计凭证作为记录经济业务的载体，也要在不同部门和人员之间传递，以反映经济业务的完成情况，履行有关部门的责任和手续。会计凭证传递是指会计凭证从取得或填制开始，到整理装订归档为止，在本企业内部有关部门和人员之间，按规定的要求进行传递和处理的程序。

正确组织会计凭证传递，对于及时核算和监督经济业务，管理经济活动，协调有关部门、人员工作，进而加强企业单位内部管理具有重要意义。

由于企业单位规模大小不一，生产经营组织不同，经济业务性质和核算要求不同，会计凭证传递具体环节、手续等也不尽相同，要根据实际情况，确定每一种或性质相同的大类会计凭证的传递具体要求。其基本要求是：

（一）传递程序要合理

凭证经过的环节是必需的，对每个环节部门的核算或人员控制都是必需的，应避免多余或无效环节停留。

（二）传递时间要节约

企业应根据各环节的工作内容和工作量，以及在正常情况下完成各项工作所需要的时间来确定凭证的传递时间。所有凭证的传递和处理都应在报告期内完成，一般不得跨期，以便及时进行会计核算。

（三）传递手续要严密

应制定传递的办法和程序，明确责任，确保会计凭证的安全完整，各环节之间的衔接既要完备，又要简便易行。

二、会计凭证的保管

会计凭证是记录和监督经济业务，明确经济责任，并作为登记账簿依据的书面文件，是重要的经济档案和历史记录。所有企业单位都要按规定建立会计档案归档制度，都要对会计凭证、账簿等保存完善，以备日后核查。

（一）日常保管

会计凭证审核无误登记账簿后，应按照分类和编号顺序保管，不能散乱、丢失。记账凭证应连同所附全部原始凭证一起，顺序折叠整齐，以备按期装订成册。

视 频：会计凭证的整理与装订

原始凭证不得外借，如特殊原因确需外借时，必须经会计主管、单位领导批准后复制。对外单位提供复制原始凭证，要设专门登记簿记录，并由提供人员和收取人员共同签名盖章。从外单位取得的原始凭证如有遗失，应取得原开具单位盖有公章的证明，并注明原来凭证的号码、金额和内容等，由经办单位负责人、会计主管人员和单位负责人批准后，才能代作原始凭证；如确实无法取得证明的，如火车票、飞机票等，由当事人写出详细情况，由单位负责人批准后代作原始凭证。

（二）定期装订

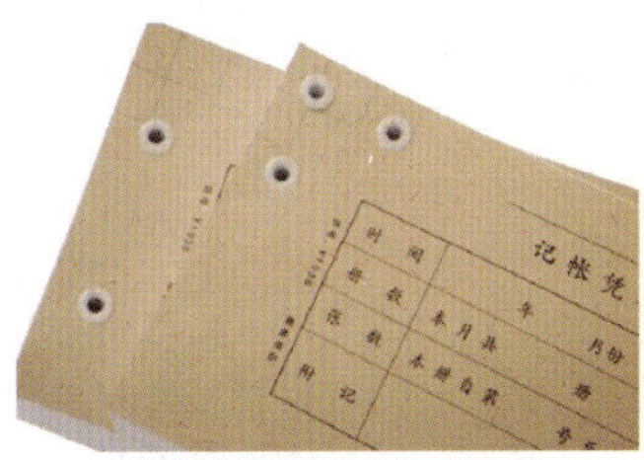

对记账后顺序整理的会计凭证，应定期装订成册。根据凭证数量多少，可以每日、五日、十日、半月、每月装订。装订时应按凭证种类、顺序，连同所附原始凭证，一并装订成册。装订成册时，应加具封面、封底，在封面写明凭证名称、年、月份、凭证起止日期、号数、册数、装订人等，并由装订人加盖骑缝章，以明确责任。

经济合同和各种重要的原始单据、需要随时查阅的凭证，如工资单、存出保证金收据等，可另编目录，单独保存；凭证数量过多，也可单独装订保管，在封面注明记账凭证日期、编号、种类，同时在有关记账凭证上注明“附件另订”。

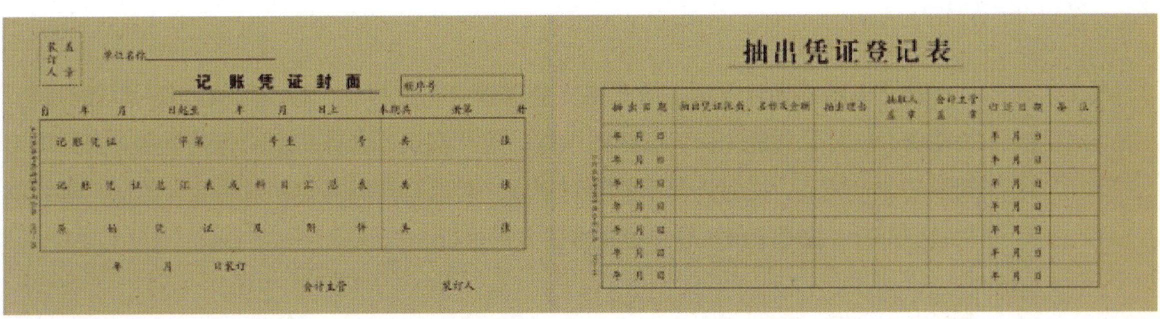

【知识窗】

如何装订会计凭证？

装订就是将一札一札的会计凭证装订成册，从而方便保管和利用。装订之前，要设计一下，看一个月的记账凭证究竟订成几册为好。每册的厚薄应基本保持一致，不能把几张应属一份记账凭证附件的原始凭证拆开装订在两册之中，要做到既美观大方又便于翻阅。

一本凭证，厚度一般以1.5~2.0厘米为宜。过薄，不利于戳立放置；过厚，不便于翻阅核查。凭证装订的各册，一般以月份为单位，每月订成一册或若干册。凭证少的单位，可以将若干个月份的凭证合并订成一册，在封皮注明本册所含的凭证月份。

由于原始凭证往往大于记账凭证，从而折叠过多，这样一本凭证就显得中间厚，装订线的位置薄，订出的一本凭证像条鱼一样。这时可以用一些纸折成许多三角形，均匀地垫在装订线的位置。这样装订出来的凭证就显得整齐了。装订前，要以会计凭证的左上侧为准，放齐，准备好铁锥、装订机或小手电钻，还有线绳、铁夹、胶水、凭证封皮、包角纸。

记账凭证装订从方向上来说，有左边装订线处装订法“边订法”和左上角包角装订法“角订法”。“边订法”和“角订法”的具体步骤如图4-1所示。

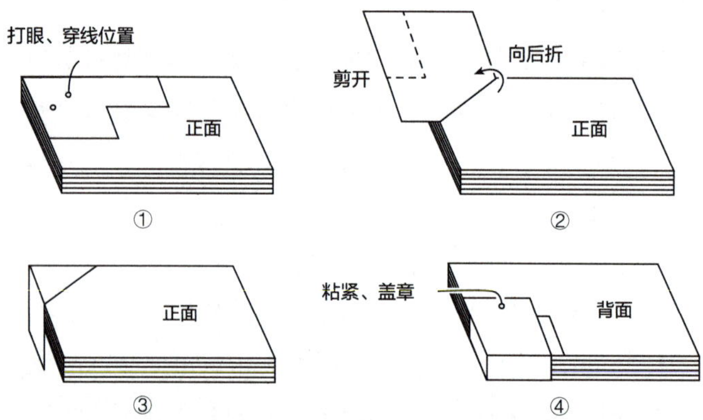

图4-1 记账凭证装订方法

（三）归档保管

装订成册的会计凭证，应严格完整保管，年度终了，移交财会档案室登记归档，长期保存。会计凭证的保管和销毁手续，应严格执行会计制度的有关规定。未到规定期限的会计凭证，任何人都不能随意销毁。对保管期满需要销毁的会计凭证，需经单位领导审查，报经上级主管单位批准后方可进行。

任务实施

步骤1：材料收入业务活动包括：① 购买材料运达；② 验收入库；③ 填制收料单；④ 收料单送交财会部门；⑤ 审核收料单；⑥ 根据收料单填制记账凭证；⑦ 根据收料

单、记账凭证登记账簿；⑧ 整理保管凭证。

具体流程设计如下：

（1）材料验收入库，由保管员填制“收料单”。保管员依据购货发票填写收料单。一份留存，作为登记材料保管账的依据，一份交给财务部门，作为财务部门入账的原始凭证。

（2）收料单传递到会计部门由制单会计核对收料单和发票填制记账凭证。制单会计根据仓库送来的收料单与发票核对无误后，选择正确的记账凭证类型登记记账凭证的日期、编号、摘要、会计科目、金额、所附原始凭证的张数，并且要在制单员位置签名或盖章，最后将收料单等相关原始凭证粘贴在记账凭证的后面。

（3）制单会计将填制好的记账凭证交由稽核会计复核。稽核会计在收到制单会计填制的记账凭证后要检查记账凭证与所附收料单等原始凭证在经济业务内容和金额上是否一致。应借、应贷的账户名称和金额是否正确，记账凭证中的有关项目是否填列齐全，有关人员是否都已签名或盖章，审核无误后，在记账凭证审核或稽核位置签名或盖章。

（4）稽核会计将复核后的记账凭证传递给记账员，记账员根据记账凭证登记“原材料明细账”等相关明细账，再传递给会计主管人员，汇总登记总账，并保管。

步骤 2：整理天齐电子设备有限责任公司 2014 年 10 月份编制的记账凭证，填制记账凭证封面。

采用“角订法”或其他方法对天齐电子设备有限责任公司 2014 年 10 月份所编制的记账凭证进行装订。

任务拓展

会计凭证装订前的准备工作主要是对凭证进行排序、粘贴和折叠。

对于纸张面积大于记账凭证的原始凭证，可按记账凭证的面积尺寸，先自右向后，再自下向后两次折叠。注意应把凭证的左上角或左侧面让出来，以便装订后，还可以展开查阅。

对于纸张面积过小的原始凭证，一般不能直接装订，可先按一定次序和类别排列，再粘在一张与记账凭证大小相同的白纸上。小票应分张排列，同类同金额的单据尽量粘在一起，同时，在一旁注明张数和合计金额。如果是板状票证（如火车票），可以将票面票底轻轻撕开，厚纸板弃之不用。

对于纸张面积略小于记账凭证的原始凭证，可以用回形针或大头针别在记账凭证后面，待装订凭证时，抽去回形针或大头针。

有的原始凭证不仅面积大，而且数量多，可以单独装订，如工资单、耗料单等。但在记账凭证上应注明保管地点。

原始凭证附在记账凭证后的顺序应与记账凭证所记载的内容顺序一致，不应按原始凭证的面积大小来排序。

所有汇总装订好的会计凭证都要加具封面。会计凭证装订前，要先设计和选择会计凭证的封面。封面应用较为结实、耐磨、韧性较强的牛皮纸等。

项目总结

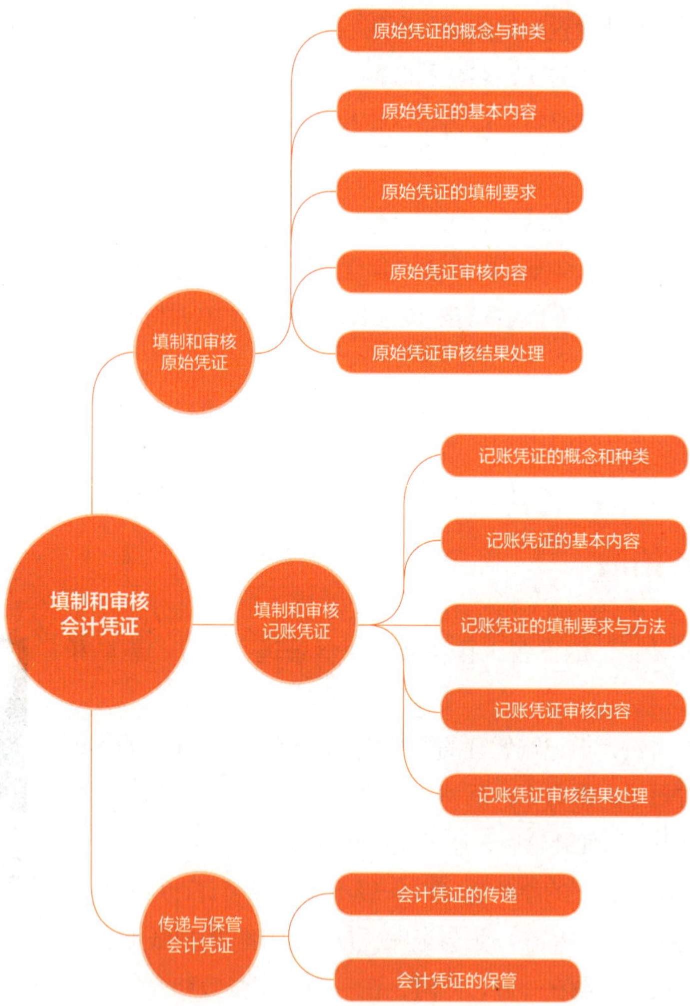

学习评价

▲专业能力测评表

业务能力	评价指标	自测结果	要求
填制和审核原始凭证	1. 原始凭证的概念、分类 2. 原始凭证的基本内容、填制要求 3. 原始凭证审核的内容 4. 原始凭证审核结果的处理	□A □B □C □A □B □C □A □B □C □A □B □C	能根据原始凭证识别发生的经济业务，并正确完成原始凭证的填制和审核
填制和审核记账凭证	1. 记账凭证的概念、种类 2. 记账凭证的填制要求和方法 3. 记账凭证审核的内容 4. 记账凭证审核结果的处理	□A □B □C □A □B □C □A □B □C □A □B □C	能根据原始凭证选择正确的记账凭证类型，并正确完成记账凭证的填制和审核
传递与保管会计凭证	1. 会计凭证的传递 2. 会计凭证的保管	□A □B □C □A □B □C	能够明确会计凭证传递的路线并且可以在规定的时间内按要求完成传递，会粘贴装订会计凭证
说明	（在□中打√，A 掌握，B 基本掌握，C 未掌握）		
教师评语：			
成绩		教师签字	

05 项目五 制造业主要经济业务的核算

【职业能力目标】

◆ 了解一般制造业的经营过程；

◆ 熟悉制造企业筹集资金、供应过程、生产过程、销售过程、利润形成及分配的主要经济业务及核算账户；

◆ 能识别制造企业筹集资金、供应过程、生产过程、销售过程、利润形成及分配的主要经济业务原始凭证；

◆ 能熟练地运用借贷记账法编制会计分录，填制记账凭证；

◆ 能熟练地进行制造业的材料采购成本、产品生产成本、产品销售成本的计算。

【项目背景】

天齐电子设备有限责任公司为增值税一般纳税人，增值税税率为17%，城市维护建设税税率为7%、教育费附加率为3%、所得税税率为25%。

公司2014年12月发生了下列经济业务：

【业务5-1】12月1日，收到北辰公司投入资金800 000元，款项已存入银行，已办理了增资手续。

【业务5-2】12月3日，收到新星公司投入全新设备一台，价值200 000元；专利技术一项，价值50 000元。

【业务5-3】12月4日，企业向中国工商银行借入期限为六个月的生产周转借款500 000元，年利率7.2%，款项已存入银行。

【业务5-4】12月5日，从新海公司购入甲材料8 000千克，单价6元，计买价48 000元，增值税计8 160元，对方代垫运杂费800元，增值税税率11%，计增值税88元，款项以银行存款支付，材料尚未运到。

【业务5-5】12月7日，5日从新海公司购入的甲材料运到验收入库。

【业务5-6】12月7日，从大洋公司购入乙材料30 000千克，单价9元，计买价270 000元，增值税计45 900元，对方代垫运输费3 600元，运输费增值税税率11%，增值税计396元。价款、运输费及增值税尚未支付，材料已经验收入库。

【业务5-7】12月8日，从新城公司购买丙材料20吨，单价2 000元，买价40 000元；购买丁材料30吨，单价2 500元，计买价75 000元。增值税计19 550元。材料未到，价款及增值税开出商业承兑汇票支付。

【业务5-8】12月9日，以银行存款支付上述丙材料、丁材料的运输费6 000元，增值税税率为11%，运输费按丙、丁两种材料的重量比例分配。

【业务5-9】12月9日，上述丙材料、丁材料运到验收入库，结转入库材料实际采购成本。

【业务5-10】12月10日，签发转账支票，以银行存款支付大洋公司购料款319 896元。

【业务5-11】12月10日，签发转账支票，向金昌公司预付购买甲材料货款120 000元。

【业务5-12】12月13日，向金昌公司购入的甲材料20 000千克，单价6.1元，计买价122 000元，增值税计20 740元，已按实际成本验收入库。余款尚未结清。

【业务5-13】12月13日，领用甲、乙、丙、丁材料各一批，价值共计178 710元。（其中用于生产A型设备耗用106 260元，B型设备耗用61 500元，车间一般耗用5 780元，行政管理部门耗用3 346元，专设销售机构耗用1 824元。）

【业务5-14】12月20日，结算本月份应付职工薪酬共490 000元，其中车间生产工人工资400 000元（车间生产工人工资按生产工时比例分配），车间管理人员工资36 000元，厂部管理人员工资24 000元，专设销售机构人员工资30 000元。

【业务5-15】12月20日，按工资总额30%的比例计提职工各种社会保险及住房公积金。

【业务5-16】12月31日，计提本月固定资产折旧43 000元，其中车间固定资产折旧32 000元，厂部管理部门固定资产折旧8 000元，专设销售机构固定资产折旧3 000元。

【业务5-17】12月21日，开出转账支票支付电费20 000元，增值税计3 400元，其中基本生产车间耗用13 100元，厂部管理部门耗用4 900元，专设销售机构耗用2 000元。

【业务 5-18】12 月 21 日，开出转账支票支付购买零星办公用品 888.9 元，其中基本生产车间耗用 320 元，厂部管理部门耗用 568.9 元。

【业务 5-19】12 月 31 日，归集分配本月制造费用。

【业务 5-20】12 月 31 日，本月 A 型设备 200 台全部生产完工，并已验收入库；B 型设备完工 150 台，尚有在产品成本 14 700 元（全部为直接材料）。

【业务 5-21】12 月 26 日，采购员王伟山出差预借差旅费 3 000 元，以库存现金支付。

【业务 5-22】12 月 28 日，王伟山报销差旅费 2 850 元，余款 150 元交回现金。

【业务 5-23】12 月 22 日，签发转账支票，以银行存款支付广告费 10 000 元。

【业务 5-24】12 月 31 日，计提应付短期借款利息 6 000 元。

【业务 5-25】12 月 22 日，向光明公司销售 A 型设备 80 台，每台售价 4 200 元，计价款 336 000 元，增值税 57 120 元，产品已发出，价款及增值税税款已收到存入银行。

【业务 5-26】12 月 23 日，向宏图公司销售 B 型设备 70 台，每台售价 3 300 元，计价款 231 000 元，增值税计 39 270 元，产品已发出，价款及增值税税款尚未收到。

【业务 5-27】12 月 23 日，销售给红星公司 B 型设备 20 台，每台售价 3 300 元，计价款 66 000 元，增值税计 11 220 元，产品已发出，收到对方签发并承兑的商业汇票一张价值 77 220 元。

【业务 5-28】12 月 24 日，预收江河公司购买 A 型设备货款 150 000 元。

【业务 5-29】12 月 27 日，销售给江河公司 A 型设备 30 台，单价 4 200 元，计价款 126 000 元，增值税计 21 420 元，共计 147 420 元，余款尚未结清。

【业务 5-30】12 月 27 日，出售丁材料 5 吨，售价 3 500 元，计价款 17 500 元，增值税计 2 975 元，货款存入银行。

【业务 5-31】12 月 27 日，结转出售丁材料成本，每吨 2 620 元。

【业务 5-32】12 月 31 日，结转已销售产品成本。本月销售 A 型设备 110 台，B 型设备 90 台，实际制造成本 121 400 元。

【业务 5-33】12 月 31 日，计算本月应交城市维护建设税和教育费附加。

【业务 5-34】12 月 31 日，以银行存款捐赠东海市希望小学 30 000 元。

【业务 5-35】12 月 31 日，职工刘明超违章交来罚款 500 元。

【业务 5-36】12 月 31 日，将损益类中有关收入类账户的余额转入“本年利润”。

【业务5-37】12月31日，将损益类中有关费用类账户的余额转入“本年利润”。

【业务5-38】12月31日，计算并结转所得税费用。

【业务5-39】12月31日，将“所得税费用”账户余额结转至“本年利润”账户。

【业务5-40】12月31日，将“本年利润”账户余额转入“利润分配”账户。

【业务5-41】12月31日，按税后利润的10%提取盈余公积。

【业务5-42】12月31日，按当年净利润的30%计算应向投资者分配的现金股利。

【业务5-43】12月31日，年终决算时，将“利润分配”账户所属的各明细分类账户的借方合计数，结转到“利润分配——未分配利润”明细分类账户的借方。

导问

企业经营过程中每天都会发生大量的经济业务，每一项经济业务都会引起会计要素的增减变化，仔细分析以上43笔经济业务，看看这些经济业务都属于企业经营过程的哪个环节？引起企业哪些会计要素的增减变化？如何运用借贷记账法进行相应的会计处理？

【项目分析】

上述项目背景资料涉及天齐电子设备有限责任公司筹资业务（【业务5-1】至【业务5-3】）、供应过程业务（【业务5-4】至【业务5-12】）、生产过程业务（【业务5-13】至【业务5-24】）、销售过程业务（【业务5-25】至【业务5-33】）、利润形成业务（【业务5-34】至【业务5-39】）、利润分配业务（【业务5-40】至【业务5-43】）。这些构成了制造业资金运动过程中典型的业务类型，通过分析各项经济业务，运用借贷记账法进行相应的账务处理，并编制记账凭证。

【项目分解】

制造业主要经济业务的核算这一项目可分解为如下主要任务：

任务1　筹集资金的核算

任务2　供应过程的核算

任务3　生产过程的核算

任务4　销售过程的核算

任务 5　利润形成的核算

任务 6　利润分配的核算

【项目实施】

任务 1　筹集资金的核算

任务布置

请具体分析天齐电子设备有限责任公司筹资业务（【业务 5-1】至【业务 5-3】），根据筹集资金业务核算的相关知识，完成接受投入货币资金、固定资产、无形资产，以及向银行借入资金业务的账务处理，并编制记账凭证。

教学组织

建议 5 人一组，模拟天齐电子设备有限责任公司的财务科，分别扮演制单员秦卫国、记账员赵蔚然、出纳员徐玲玲、复核员王惠玲、会计主管章玉芬。讨论完成筹集资金业务的账务处理，并编制记账凭证。每人或每组发放收款凭证 2 张、转账凭证 1 张。

知识学习

筹集资金是企业资金运动的起点，也是企业从事生产经营活动的前提条件。企业从事生产经营活动必须拥有一定数量的资金。企业筹集资金业务按其资金来源通常分为所有者权益筹资和负债筹资。所有者权益筹资形成所有者权益（通常称为权益资本），包括投资者的投资及其增值，这部分资本的所有者既享有企业的经营收益，又承担企业的经营风险。负债筹资形成债权人的权益（通常称为债务资本），通常包括企业向债权人借入的资金和结算形成的负债资金等，这部分资金的所有者享有按约定收回本金和利息的权利。

一、所有者权益筹资业务

（一）所有者投入资本的构成

企业在工商行政管理部门办理注册登记的资金是资本金（或称注册资本）。所有者作为资本实际投入企业的资金数额，称为实收资本。当所有者全部交付投资额时，实收资本就是资本金（注册资本）。所有者投入企业的资本按投资主体不同分为国家资本金、法人资本金、个人资本金和外商资本金。

企业可以接受所有者以货币资金、固定资产、无形资产等方式投资。所有者投入企业的资本，一般情况下无须偿还，企业可以长期周转使用。企业接受货币资金投资的，应以企业实际到账金额入账；接受房屋、建筑物、机器设备、存货、无形资产等投资的，应按投资各方确认的价值入账。

所有者投入的资本包括实收资本（股份有限公司为股本）和资本公积。实收资本（股本）是指企业投资者按照企业章程、合同或者协议的约定，实际投入企业的资本金。

资本公积是指企业投资者投入的超出其注册资本（或股本）中所占份额的投资，以及直接计入所有者权益的利得和损失等。

（二）账户设置

投入资本核算一般设置“实收资本”（股份有限公司设置“股本”）、“资本公积”等账户，为了反映企业实际收到的资产，同时设置“银行存款”“固定资产”“无形资产”等账户。

1.“实收资本（或股本）”账户

“实收资本”账户属于所有者权益类账户，股份有限公司应设置“股本”账户，用来核算企业接受投资者投入的实收资本。该账户贷方登记企业实际收到的投资者投入的资本金的增加额，借方登记企业按法定程序报经批准减少的注册资本金的数额，期末余额在贷方，反映企业期末实收资本（或股本）实有数额。该账户按照投资者不同设置明细账户，进行明细分类核算。

借方　　　　实收资本	贷方
报经批准减少的 注册资本金的数额	实际收到的实收资本
	期末实收资本（或股本）实有数额

2.“资本公积”账户

“资本公积”账户属于所有者权益类账户，用来核算企业投资者投入的超出其注册资本（或股本）中所占份额的投资，以及直接计入所有者权益的利得和损失等。该账户的贷方登记资本公积增加额，借方登记资本公积的减少额，期末余额在贷方，表示企业期末资本公积的实际结存数额。该账户按资本公积来源不同，设明细账户进行明细分类核算。

借方	资本公积　　　　贷方
资本公积减少额	资本公积增加额
	期末资本公积的实际结存数额

3. “银行存款”账户

“银行存款”账户属于资产类账户，用来核算企业存入银行或其他金融机构的各种款项。该账户借方登记银行存款的增加额，贷方登记银行存款的减少额，期末余额在借方，表示企业银行存款实有数额。该账户按开户银行和其他金融机构及存款种类，分别进行明细分类核算。

借方	银行存款　　　　贷方
银行存款的增加数	银行存款的减少数
期末实有的银行存款数额	

4. “固定资产”账户

“固定资产”账户属于资产类账户，用来核算企业为生产商品、提供劳务、经营管理而持有的，使用寿命超过一个会计年度的有形资产的原价。该账户借方登记增加的固定资产原价，贷方登记减少的固定资产原价，期末余额在借方，表示企业现有固定资产的原价。该账户按固定资产的类别设二级账，按固定资产项目设置明细账进行明细核算。

借方	固定资产　　　　贷方
增加的固定资产原价	减少的固定资产原价
期末固定资产的原价	

5. “无形资产”账户

“无形资产”账户属于资产类账户，用来核算企业拥有或控制的没有实物形态的可辨认非货币性资产，主要包括专利权、非专利技术、商标权、著作权、土地使用权等。该账户借方登记企业购入、自行创造并按法律程序申请取得和接受其他单位投资转入而增加的无形资产，贷方登记对外投资或转销而减少的无形资产，期末余额在借方，表示现有无形资产的成本。该账户按无形资产的项目设置明细账进行明细核算。

借方	无形资产　　　　贷方
增加的无形资产	减少的无形资产
期末无形资产的成本	

二、负债筹资业务

（一）负债筹资的构成

企业在生产经营过程中向银行或其他金融机构借款，以补充资金的不足，以借款方式筹集资金形成企业的负债。负债筹资主要包括短期借款、长期借款和结算形成的负债等。

短期借款是指企业为临时性资金需要，向银行或其他金融机构借入的偿还期在一年以内（含一年）的各种借款。

> **想一想：**
> 负债筹资与所有者权益筹资有什么不同？

长期借款是指企业向银行或其他金融机构借入的偿还期在一年以上（不含一年）的各种借款。

结算形成的负债主要包括应付账款、应付职工薪酬、应交税费等。

（二）账户设置

1. “短期借款”账户

“短期借款”账户属于负债类账户，用来核算企业向银行或其他金融机构借入的期限在一年以下（含一年）的各种借款。该账户贷方登记短期借款本金的增加数，借方登记偿还的短期借款本金，期末余额在贷方，反映企业期末尚未偿还的短期借款本金。该账户应按借款种类和币种设置明细账户，进行明细核算。

借方　　　　短期借款	贷方
偿还的短期借款本金	借入的短期借款本金
	期末尚未偿还的短期借款本金

2. “长期借款”账户

“长期借款”账户属于负债类账户，用来核算企业向银行或其他金融机构借入的一年以上（不含一年）的各项借款，该账户贷方登记借入的长期借款本金和应计利息，借方登记归还的长期借款本金和利息，期末余额在贷方，反映企业期末尚未偿还的长期借款本金和利息。该账户应按借款种类和币种设置明细账户，进行明细核算。

借方	长期借款　　　　　　　　贷方
偿还的长期借款本金和利息	借入的长期借款本金 计算的应计利息
	期末尚未偿还的长期借款的本金和利息

任务实施

【业务 5-1】12 月 1 日，收到北辰公司投入资金 800 000 元，款项已存入银行，已办理了增资手续。原始凭证（投资协议书、股东出资明细表、银行进账单）见表 5-1 至表 5-3。

表 5-1　投资协议书

投资协议书（摘录）

投出单位：北辰有限责任公司
投入单位：天齐电子设备有限责任公司
……
第四，北辰有限责任公司向天齐电子设备有限责任公司投资人民币800 000元。
……

表 5-2　股东出资明细表

股东出资明细表

2014 年12月 1 日

公司名称：天齐电子设备有限责任公司　　　　**货币单位：人民币元**

股东名称	认缴新增注册资本	货币	实物	无形资产	合计	其中：实缴新增注册资本
北辰有限责任公司	800 000	800 000			800 000	800 000
合计	800 000	800 000			800 000	800 000

中国注册会计师事务所（签章）　　　　**中国注册会计师**

表 5-3 进账单

ICBC 中国工商银行 进账单（收账通知） 3 № 9724859

2014年12月1日 第 号

付款人	全称	北辰有限责任公司	收款人	全称	天齐电子设备有限责任公司
	账号	1412401010208025		账号	36030300583638033089
	开户银行	中国银行济南市天桥区支行		开户银行	中国工商银行历城支行
金额	人民币（大写）	捌拾万元整		亿千百十万千百十元角分	¥80000000
票据种类	转账支票	票据张数	壹		
票据号码					
	复核 记账			收款人开户银行盖章	

中国工商银行股份有限公司历城支行 2014.12.01 业务核算（1）

此联是收款人开户银行交给收款人的收账通知

该笔经济业务，根据“银行进账单”，企业的银行存款增加了 800 000 元，应记入资产类账户“银行存款”的借方；同时根据“投资协议书”及“股东出资明细表”，投资者投入资本增加了 800 000 元，应记入所有者权益类账户“实收资本”的贷方。由此可见，该经济业务引起了资产要素和所有者权益要素同时增加。编制会计分录如下：

借：银行存款　　　　800 000

　　贷：实收资本——北辰公司　　　　800 000

该业务涉及银行存款增加，应填制收款凭证，如表 5-4 所示。

表 5-4 收款凭证

收款凭证

总字第 1 号

借方科目：银行存款　　2014 年 12 月 1 日　　收字第 1 号

摘要	贷方科目 总账科目	贷方科目 明细科目	贷方金额	记账符号
接受投资	实收资本	北辰公司	80000000	
合计金额			¥80000000	

附单据 3 张

会计主管：章玉芬　记账：赵蔚然　出纳：徐玲玲　复核：王惠玲　制单：秦卫国

【业务 5-2】12 月 3 日，收到新星公司投入全新设备一台，价值 200 000 元；专利技术一项，价值 50 000 元。原始凭证（产权转移书、股东出资明细表、固定资产验收单）见表 5-5 至表 5-7。

表 5-5　产权转移书

产权转移书

新星有限责任公司将价值200 000元的全新设备以投资形式转让给天齐电子设备有限责任公司，从即日起，该设备所有权由新星有限责任公司转移给天齐电子设备有限责任公司，特此说明。

投资方	接受投资方
单位名称：新星有限责任公司	单位名称：天齐电子设备有限责任公司
开户银行：中国工商银行淄博支行	开户银行：中国工商银行历城支行
单位地址：山东淄博世纪大道97号	单位地址：山东济南泉城路896号
电话：0533-27035856	电话：0531-2827368
法人代表：秦玉婷	法人代表：赵宏伟

表 5-6　股东出资明细表

股东出资明细表

2014 年 12 月 3 日

公司名称：天齐电子设备有限责任公司　　　　货币单位：人民币元

股东名称	认缴新增注册资本	货币	实物	无形资产	合计	其中：实缴新增注册资本
新星有限责任公司	250 000		200 000	50 000	250 000	250 000
合计	250 000		200 000	50 000	250 000	250 000

中国注册会计师事务所（签章）　　　　中国注册会计师 张勇印辉

表 5-7　固定资产验收单

固定资产验收单

2014 年 12 月 3 日　　　　单位：元

固定资产名称	规格及型号	单位	数量	预计使用年限	尚可使用年限	投出单位账面价值			评估净值	备注
						原值	已提折旧	净值		
生产设备	C-2	台	1	10	10	200 000	0	200 000	200 000	
使用单位	天齐电子设备有限责任公司生产车间									

设备科：孙建省　　　　负责人：李立成　　　　经办人：王　涛

该笔经济业务，根据“固定资产验收单”“产权转移书”“股东出资明细表”，企业增加了生产设备一台价值200 000元，专利权增加了50 000元，应分别记入资产类账户“固定资产”的借方和“无形资产”的借方；同时引起投入资本增加了250 000元，应记入所有者权益类账户“实收资本”账户的贷方。因此，该业务引起资产要素和所有者权益要素同时增加。编制会计分录如下：

借：固定资产　　　　200 000

　　无形资产　　　　50 000

　　贷：实收资本——新星公司　　　　250 000

该业务不涉及库存现金和银行存款增加，应填制转账凭证，如表5-8所示。

表5-8　转账凭证

转　账　凭　证

总字第 2 号

2014年12月3日　　　　转字第 1 号

摘　要	会计科目		借方金额											贷方金额											记账符号
	总账科目	明细科目	亿	千	百	十	万	千	百	十	元	角	分	亿	千	百	十	万	千	百	十	元	角	分	
接受投资	固定资产					2	0	0	0	0	0	0	0												
	无形资产						5	0	0	0	0	0	0				2	5	0	0	0	0	0	0	
	实收资产	新星公司																							
合　计　金　额					¥	2	5	0	0	0	0	0	0			¥	2	5	0	0	0	0	0	0	

附单据3张

会计主管：章玉芬　　记账：赵蔚然　　复核：王惠玲　　制单：秦卫国

【业务5-3】12月4日，企业向中国工商银行借入期限为六个月的生产周转借款500 000元，年利率7.2%，款项已存入银行。原始凭证（贷款转存凭证、贷款合同）见表5-9和表5-10。

表 5-9　贷款转存凭证

ICBC 中国工商银行　　**贷款转存凭证**（借款借据）　　No 9726326

2014年12月4日　　贷款种类：短期

借款人			收款人		
借款人	全　称	天齐电子设备有限责任公司	收款人	全　称	天齐电子设备有限责任公司
	账　号	36030300583638033089		账　号	36030300583638888
	开户银行	中国工商银行历城支行		开户银行	中国工商银行历城支行

金额	人民币（大写）	亿	千	百	十	万	千	百	十	元	角	分
	伍拾万元整			¥	5	0	0	0	0	0	0	0

委托你行将上述款项金额转存/支付工商银行历城支行存款户。 借款人：（盖章） 2014年12月4日	业务主管：宋建成 经　办　人：刘余童 信贷部门（盖章） 2014年12月4日	合同号：20141201

第四联　收款人收款通知

表 5-10　贷款合同

中国工商银行贷款合同

立合同单位：中国工商银行历城支行（以下简称贷款方）

天齐电子设备有限责任公司（以下简称借款方）

华茂有限责任公司（以下简称保证方）

为明确责任，恪守合同，特签订本合同，共同信守。

一、贷款种类：短期流动资金借款

二、借款金额：人民币伍拾万元整

三、借款用途：生产周转用

四、借款利率：年利率7.2%，利随本清。如遇国家调整利率，按调整后的规定计算。

………

该项经济业务，根据“贷款转存凭证”，企业的银行存款增加了 500 000 元，应记入资产类账户“银行存款”的借方；同时根据“贷款合同”，企业期限六个月的借款增加了 500 000 元，应记入负债类账户“短期借款”的贷方；因此，该经济业务引起资产要素和负债要素同时增加。编制会计分录如下：

借：银行存款　　500 000

　　贷：短期借款　　500 000

该经济业务涉及银行存款增加，应填制收款凭证，如表 5-11 所示。

表 5-11　收款凭证

收　款　凭　证

总字第 3 号

借方科目：银行存款　　　　2014 年 12 月 4 日　　　　收字第 2 号

摘　要	贷方科目		贷方金额											记账符号
	总账科目	明细科目	亿	千	百	十	万	千	百	十	元	角	分	
向银行借入款项	短期借款					5	0	0	0	0	0	0	0	
合　计　金　额					¥	5	0	0	0	0	0	0	0	

附单据 2 张

会计主管：章玉芬　　记账：赵蔚然　　出纳：徐玲玲　　复核：王惠玲　　制单：秦卫国

资金筹集业务核算账户关系如图 5-1 所示。

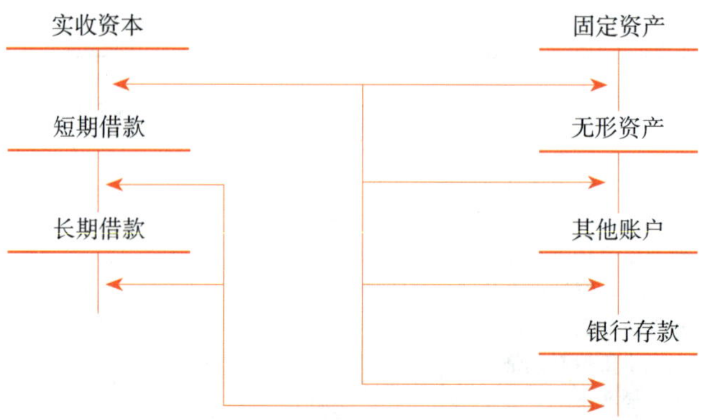

图 5-1　资金筹集业务核算账户关系图

任务拓展

1. 某企业以银行存款归还借款本金 800 000 元，利息 60 000 元。如何编制会计分录？

2. 假定该企业利息按月计提，按季支付，前 2 个月已经计提 40 000 元，以银行存款归还借款本金 800 000 元，利息 60 000 元。应如何编制会计分录？

任务 2　供应过程的核算

任务布置

请具体分析天齐电子设备有限责任公司供应过程业务（【业务 5-4】至【业务 5-12】），根据供应过程业务核算的相关知识，完成材料购买付款、材料验收入库、分配运杂费、预付账款购买材料等供应过程业务的账务处理，并编制记账凭证。

教学组织

建议 5 人一组，模拟天齐电子设备有限责任公司的财务科，分别扮演制单员秦卫国、记账员赵蔚然、出纳员徐玲玲、复核员王惠玲、会计主管章玉芬。讨论完成供应过程业务的账务处理，并编制记账凭证。每人或每组发放付款凭证 4 张、转账凭证 5 张。

知识学习

一、供应过程的核算内容

供应过程，又称采购过程，是指从采购材料物资开始，到材料物资验收入库的整个过程。供应过程是企业的货币资金转变为生产储备资金的过程，它的主要任务是组织采购材料物资，正确储备，以保证生产经营的需要。供应过程的核算任务主要是材料采购成本的计算与核算。

材料的采购成本，是指企业物资从采购到入库前所发生的全部支出，包括买价和采购费用。其一是材料的买价，是指购买材料时的发票价格。其二是采购费用，是指材料物资采购过程中发生的各项费用，具体包括：① 运杂费（从供应单位运到企业所在地的运输费、装卸费、包装费、仓储费、保险费等）；② 运输途中的合理损耗；③ 入库前的挑选整理费用（包括挑选整理中发生的工费支出和必要的损耗，扣除回收的下脚废料价值）；④ 购入材料物资负担的税金和其他费用，如进口货物的关税等。

按现行税收制度规定，一般纳税人购货时所支付的价外增值税不计入采购成本，而作为进项税额处理，在本期纳税时从销项税额中予以抵扣。

在计算材料物资采购成本中，凡是能直接计入各种材料物资的直接费用，应直接计入各种材料物资的采购成本；不能直接计入各种材料物资的间接费用，可以先进行归集，期末按照所购材料的存储情况进行分摊（按照一定标准在有关材料物资之间进行分配）。

材料采购成本的计算公式如下：

某种材料的采购成本 = 该种材料的买价 + 材料应负担的采购费用

$$材料单位成本 = \frac{材料采购成本}{采购材料数量}$$

$$采购费用分配率 = \frac{采购费用总额}{各种材料的重量（或者体积、买价）之和}$$

某种材料应负担的采购费用 = 该种材料的重量（或者体积、买价）× 采购费用分配率

二、账户设置

（一）“原材料”账户

“原材料”账户属于资产类账户，用来核算企业库存的各种材料，包括原料及主要材料、辅助材料、外购半成品（外购件）、修理用备件（备品备件）、包装材料、燃料等的实际成本。该账户借方登记已经验收入库材料的实际成本；贷方登记发出材料的实际成本；期末余额在借方，反映库存材料的实际成本。该账户可按材料的保管地点（仓库）、材料类别、品种和规格等设置明细账户，进行明细核算。

借方　　　　　　　　原材料	贷方
验收入库材料的实际成本	发出材料的实际成本
期末库存材料实际成本	

（二）“在途物资”账户

“在途物资”账户属于资产类账户，用来核算已经付款但尚未验收入库的在途物资的实际采购成本。该账户借方登记购入材料、商品的买价和采购费用（采购实际成本）；贷方登记已验收入库材料、商品等物资应结转的实际采购成本；期末余额在借方，反映企业期末在途材料、商品等物资的采购成本。该账户可按供应单位和材料物资的品种、类别设置明细账户，进行明细核算。

借方　　　　　　　　在途物资	贷方
已经付款但尚未验收入库的在途物资的实际采购成本	已经验收入库的材料物资的采购成本
期末尚未到达或尚未验收入库的在途材料物资采购成本	

（三）“应付账款”账户

“应付账款”账户属于负债类账户，用来核算企业因购买材料、商品和接受劳务供应等经营活动而应付给供应单位的款项。该账户贷方登记企业因购买材料、商品和接受劳务供应等尚未支付的款项；借方登记实际偿还的应付账款；期末余额一般在贷方，反映企业期末尚未支付的供应单位的款项；如果在借方，反映企业期末预付账款余额。该账户应按债权人（供应单位）设置明细账户，进行明细核算。

借方　　　应付账款	贷方
偿还应付供应单位款项	因购买材料、商品和接受劳务供应等尚未支付的款项
期末预付账款余额	期末尚未支付的款项

（四）“应付票据”账户

“应付票据”账户属于负债类账户，用来核算企业因购买材料、商品和接受劳务供应等而开出、承兑的商业汇票，包括银行承兑汇票和商业承兑汇票。该账户贷方登记企业开出、承兑的商业汇票；借方登记已经支付或者到期无力支付的商业汇票；期末余额在贷方，表示企业尚未到期的商业汇票的票面金额。该账户可按债权人设置明细账户，进行明细核算。

借方　　　应付票据	贷方
到期兑付的商业汇票	开出、承兑的商业汇票
	期末尚未到期的商业汇票

（五）“预付账款”账户

“预付账款”账户属于资产类账户，用来核算企业按照合同规定预付给供应单位的款项。该账户借方登记企业因购货预付或补付给供应单位的款项；贷方登记企业收到所购材料、商品或接受劳务后实际应支付的金额，以及退回多付的款项；期末余额在借方，表示企业实际预付的款项，期末余额在贷方，则表示尚未补付的款项。该账户可按供应单位设置明细账户，进行明细核算。

小提示： 预付账款不多的企业，也可以不设置“预付账款”账户，将预付款项直接记入“应付账款”账户。

借方　　　预付账款	贷方
预付供货单位货款 补付的货款	实际应支付的金额 退回多付的款项
期末预付账款余额	期末尚未补付的款项

（六）“应交税费”账户

“应交税费”账户属于负债类账户，用来核算企业按照税法等法规规定计算应交纳的各种税费，包括增值税、消费税、营业税、企业所得税、资源税、土地增值税、城市维护建设税、房产税、土地使用税、车船税、教育费附加、矿产资源补偿费，以及企业代扣代交的个人所得税等。该账户贷方登记应交未交的各种税费的增加额；借方登记实际交纳的各种税费；期末余额在贷方，表示尚未交纳的税费，如期末余额在借方，则表示多交或尚未抵扣的税费。该账户应按税费种类设置“应交增值税”“应交消费税”“应交营业税”“应交所得税”等明细账户，进行明细核算。

借方　　　　　　应交税费	贷方
实际上交的各种税费	计算应交未交的各种税费
期末多交的或尚未抵扣的税费	期末尚未交纳的税费

增值税，是以商品（含应税劳务）在流转过程中产生的增值额作为计税依据而征收的一种流转税。《中华人民共和国增值税暂行条例》规定，凡在中国境内销售货物、提供应税服务或者提供加工、修理修配劳务以及进口货物的单位和个人应当交纳增值税。增值税实行价外征收，纳税人分为一般纳税人和小规模纳税人。一般纳税企业应交增值税等于其销项税额减去进项税额，销项税额是企业销售货物或者提供应税劳务、服务向购货方或接受应税劳务、服务方收取的增值税税额，进项税额则是企业购入货物或接受应税劳务、服务向销货方或提供应税劳务、服务方交纳的增值税税额。

企业购进货物或接受应税劳务、服务支付的进项税额应记入“应交税费——应交增值税”账户的借方；企业销售货物或提供应税劳务、服务应交纳的销项税额应记入“应交税费——应交增值税”账户的贷方。

当期应纳税额 = 当期增值税销项税额 − 当期增值税进项税额

【知识窗】

我国“营改增”

1994 年，我国实行分税制改革，根据不同的行业，分别征收增值税、营业税和消费税三大流转税。对在我国境内销售货物或者提供加工、修理修配劳务以及进口货物的单位和个人征收增值税，从行业看，增值税征税范围包括工业企业、商品批发、商品零售企业等。而对在我国境内提供应税劳务和转让无形资产以及销售不动产的单位和个人征收营业税，征税范围包括交通运输业、建筑业、金融保险业、邮电通信业、文化体育业、娱乐业、服务业，以及转让无形资产、销售不动产。消费税是在对货物普遍征收增值税的基础上，选择少数消费品再征收的一个税种，主要是为了调节产品结构，引导消费方向，保证国家财政收入。

2012 年，我国开始逐步推行“营改增”，所谓“营改增”是指将流转税中的营业税改为增值税。目前已经实行“营改增”的行业有：① 交通运输业（陆路、水路、航空、管道），税率为 11%；② 邮政业，税率为 11%；③ 基础电信服务，税率为 11%，增值电信服务，税率为 6%；④ 部分现代服务业（包括研发和技术服务、信息技术服务、文化创意服务、物流辅助服务、有形动产租赁服务、鉴证咨询服务、广播影视服务等），除有形动产租赁服务税率为 17% 外，其余均为 6%。

2015 年，我国将一步扩大营改增范围，在生活性服务业、建筑业、房地产业、金融保险业四大行业推行营改增，全面完成营改增改革目标，相应废止营业税制度，适时完成增值税立法。

任务实施

【业务 5-4】12 月 5 日，从新海公司购入甲材料 8 000 千克，单价 6 元，计买价 48 000 元，增值税计 8 160 元，对方代垫运杂费 800 元，增值税税率 11%，计增值税 88 元，款项以银行存款支付，材料尚未运到。原始凭证（增值税专用发票、货物运输业增值税专用发票、电子银行转账凭证）见表 5-12 至表 5-14 所示。

表 5-12　增值税专用发票

山东增值税专用发票

发票联

No. 2000877

开票日期：2014年12月5日

购买方	名　　称：天齐电子设备有限责任公司 纳税人识别号：370101000786666 地 址、电 话：山东济南泉城路896号　0531-2827368 开户行及账号：中国工商银行历城支行　36030300583638033089					密码区	4+0996720709967207/+50/*8 加密版本 6<7<4322<4327<4327<4327<4320026> 0/51*047<437<4324327<4327<4327 <4327<43209967207/+09	
货物或应税劳务、服务名称	规格型号	单位	数量	单价	金额		税率	税额
甲材料		千克	8 000	6.00	48 000.00		17%	8 160.00
合　计			8 000	6.00	¥48 000.00			¥8 160.00
价税合计（大写）	⊗ 伍万陆仟壹佰陆拾元整						（小写）	¥56 160.00
销售方	名　　称：新海股份有限公司 纳税人识别号：370306378915878 地 址、电 话：山东日照东港路38号　0633-5879998 开户行及账号：中国工商银行海滨支行　36030300583638888					备注	新海股份有限公司 370306378915878 发票专用章	

收款人：李会连　　复核：溪江月　　开票人：王平平　　销售方：（章）

第三联：发票联　购买方记账凭证

表 5-13 货物运输业增值税专用发票

3700243736 **货物运输业增值税专用发票**

No. 02630814

开票日期：2014年12月5日

承运人及纳税人识别号	山东省鸿运物流运输有限公司 373451000187865	密码区	49=+++**8<5151<454878**45+>++8 <9455<905++*04870314+35-8447** 42++61+158>>752+61++5--2<645<46 <965626<74>94<8158
实际受票人及纳税人识别号	天齐电子设备有限责任公司 370101000786666		
收货人及纳税人识别号	天齐电子设备有限责任公司 370101000786666	发货人及纳税人识别号	新海股份有限公司 370306378915878
起运地、经由、到达地	日照市—济南市		
费用项目及金额	费用项目 金额 运费 800.00	运输货物信息	甲材料
合计金额	￥800.00	税率 11%	税额 ￥88.00
机器编号	487710712588		
价税合计（大写）	捌佰捌拾捌元整	（小写）￥888.00	
车种车号	鲁L36578	车船吨位	10吨
主管税务机关及代码	山东省日照市国家税务局 15782555321	备注	山东省鸿运物流运输有限公司 373451000187865 发票专用章

收款人：　　复核人：李丽华　　开票人：刘秀娥　　承运人：（章）

第三联：发票联 受票方记账凭证

表 5-14 电子银行转账凭证

电子银行转账凭证（回单）

2015 年 12 月 5 日　　序号：60006564

付款人	户　名	天齐电子设备有限责任公司		
	账　号	36030300583638033089	汇出地点	山东济南泉城路896号
	汇出行	中国工商银行历城支行		
收款人	户　名	新海股份有限公司		
	账　号	36030300583638888	汇入地点	山东日照东港路38号
	汇入行	中国工商银行海滨支行		
金额大写		人民币伍万柒仟零肆拾捌元整		
金额小写		￥ 57 048.00	用途	购货款及代垫运杂费
加急标志：		客户标志：	渠道：	流水号：
上列款项已委托办理		中国工商银行股份有限公司历城支行 2014.12.05 核算用章(1)		（经办行盖章）

付款通知

该项经济业务，根据“增值税专用发票”和“货物运输业增值税专用发票”，企业购入甲材料花费 48 000 元，对方代垫的运杂费 800 元，应记入材料采购成本，由于原材料尚未运到，应记入资产类账户“在途物资”的借方，支付给供应单位 17% 的增值税 8 160 元，以及 11% 的运杂费增值税 88 元，属于进项税额，要抵减销项税额，应记入负债类账户“应交税费——应交增值税（进项税额）”的借方；同时根据“电子银行转账凭证”，支付的货款减少了企业的银行存款，应记入资产类账户“银行存款”的贷方。该业务引起企业资产要素和负债要素同时发生变化。编制会计分录如下：

借：在途物资——甲材料　　48 800

　　应交税费——应交增值税（进项税额）　　8 248

　　贷：银行存款　　57 048

（注：甲材料总采购成本 48 800 元，8 000 千克，实际单位成本为 6.1 元。）

该经济业务涉及银行存款减少，应填制付款凭证，如表 5–15 所示。

表 5–15　付款凭证

付　款　凭　证

总字第 4 号

贷方科目：银行存款　　2014 年 12 月 5 日　　付字第 1 号

摘　要	借方科目		借方金额											记账符号
	总账科目	明细科目	亿	千	百	十	万	千	百	十	元	角	分	
购入材料，材料未到	在途物资	甲材料					4	8	8	0	0	0	0	
	应交税费	应交增值税（进项税额）						8	2	4	8	0	0	
合　计　金　额						¥	5	7	0	4	8	0	0	

附单据 3 张

会计主管：章玉芬　　记账：赵蔚然　　出纳：徐玲玲　　复核：王惠玲　　制单：秦卫国

【业务 5–5】12 月 7 日，5 日从新海公司购入的甲材料运到验收入库。原始凭证（收料单）见表 5–16。

表 5-16　收料单

收料单

发票号码：2000877

供应单位：新海股份有限公司　　　　收料单编号：93634

材料类别：原料及主要材料　　　　2014 年 12 月 7 日　　　　收料仓库：材料库

编号	名称	规格	单位	数量		实际成本					备注
				应收	实收	买价		运杂费	其他	合计	
						单价	金额				
	甲材料		千克	8 000	8 000	6.00	48 000.00	800.00		48 800.00	
合计							48 000.00	800.00		48 800.00	

主管：章玉芬　　检验员：郑　宏　　保管员：孙　林　　会计：赵蔚然

第一联　记账联

该项经济业务，根据“收料单”，企业库存的甲材料增加了 48 800 元，应记入资产类账户“原材料”的借方；同时在途的甲材料减少了 48 800 元，应记入资产类账户“在途物资”的贷方。该业务引起企业资产要素一增一减同时发生变化。编制会计分录如下：

借：原材料——甲材料　　　　48 800

　　贷：在途物资——甲材料　　　　48 800

该经济业务不涉及库存现金和银行存款，应填制转账凭证，如表 5-17 所示。

表 5-17　转账凭证

转账凭证

总字第 5 号

2014 年 12 月 7 日　　　　转字第 2 号

摘要	会计科目		借方金额											贷方金额											记账符号
	总账科目	明细科目	亿	千	百	十	万	千	百	十	元	角	分	亿	千	百	十	万	千	百	十	元	角	分	
材料入库	原材料	甲材料					4	8	8	0	0	0	0												
	在途物资	甲材料																4	8	8	0	0	0	0	
合计金额						¥	4	8	8	0	0	0	0				¥	4	8	8	0	0	0	0	

附单据 1 张

会计主管：章玉芬　　记账：赵蔚然　　复核：王惠玲　　制单：秦卫国

【业务 5-6】12 月 7 日，从大洋公司购入乙材料 30 000 千克，单价 9 元，计买价 270 000 元，增值税计 45 900 元，对方代垫运输费 3 600 元，运输费增值税税率 11%，增值税计 396 元。价款、运输费及增值税尚未支付，材料已经验收入库。原始凭证（增值税专用发票、货物运输业增值税专用发票、收料单）略。

该项经济业务，根据“增值税专用发票”和“货物运输业增值税专用发票”，企业购入的乙材料增加了 270 000 元，对方代垫的运杂费 3 600 元，应记入材料采购成本，由于原材料已经验收入库，应记入资产类账户“原材料”的借方，支付给供应单位的增值税 45 900 元及运输费的增值税 396 元属于进项税额，要抵减销项税额，应记入负债类账户“应交税费——应交增值税（进项税额）”的借方；同时，价税款未付，应记入负债类账户“应付账款”的贷方。该业务引起企业资产要素和负债要素同时发生变化。编制会计分录如下：

借：原材料——乙材料　　273 600

　　应交税费——应交增值税（进项税额）　　46 296

　　贷：应付账款——大洋公司　　319 896

（注：乙材料总采购成本 273 600 元，30 000 千克，实际单位成本为 9.12 元）

该经济业务不涉及库存现金和银行存款，应填制转账凭证，如表 5-18 所示。

表 5-18　转账凭证

转　账　凭　证

总字第 6 号

转字第 3 号

2014 年 12 月 7 日

摘　要	会计科目		借方金额											贷方金额											记账符号
	总账科目	明细科目	亿	千	百	十	万	千	百	十	元	角	分	亿	千	百	十	万	千	百	十	元	角	分	
采购材料入库	原材料	乙材料				2	7	3	6	0	0	0	0												
	应交税费	应交增值税(进项税额)					4	6	2	9	6	0	0												
	应付账款	大洋公司															3	1	9	8	9	6	0	0	
合　计　金　额					¥	3	1	9	8	9	6	0	0			¥	3	1	9	8	9	6	0	0	

附单据 3 张

会计主管：章玉芬　　记账：赵蔚然　　复核：王惠玲　　制单：秦卫国

【业务 5-7】12 月 8 日，从新城公司购买丙材料 20 吨，单价 2 000 元，买价 40 000 元；购买丁材料 30 吨，单价 2 500 元，买价 75 000 元。增值税计 19 550 元。材料未到，价款及增值税开出商业承兑汇票支付。原始凭证（商业承兑汇票）见表 5-19（增值税专用发票略）。

表 5-19　商业承兑汇票

商业承兑汇票　2　$\frac{A}{0}\frac{B}{1}$ 00005447

出票日期（大写）　贰零壹肆年壹拾贰月零捌日

付款人			收款人		
付款人	全　称	天齐电子设备有限责任公司	收款人	全　称	新城机械制造有限公司
	账　号	36030300583638033089		账　号	54780000025777700
	开户银行	中国工商银行历城支行		开户银行	中国工商银行东营支行
出票金额	人民币（大写）	壹拾叁万肆仟伍佰伍拾元整		亿千百十万千百十元角分	¥13455000
汇票到期日（大写）	贰零壹伍年零贰月零捌日		付款人开户行	行号	中国工商银行历城支行
交易合同号码	H50001			地址	山东济南泉城路896号
本汇票已经承兑，到期无条件支付票款。		承兑人签章　承兑日期　年　月　日	本汇票请予承兑于到期日付款		出票人签章

（印章：天齐电子设备有限责任公司 财务专用章；赵伟宏印）

此联持票人开户行随托收凭证寄付款人开户行作借方凭证附件

西安印钞厂证券分厂2013年印制

该项经济业务，根据“增值税专用发票”，企业购入的丙材料增加了 40 000 元，丁材料增加了 75 000 元，由于材料尚未运到，应记入资产类账户“在途物资”的借方，支付给供应单位 17% 的增值税 19 550 元属于进项税额，要抵减销项税额，应记入负债类账户“应交税费——应交增值税（进项税额）”的借方；同时根据“商业承兑汇票”，企业承担的票据款项增加了 134 550 元，应记入负债类账户“应付票据”的贷方。该业务引起企业资产要素和负债要素同时发生变化。编制会计分录如下：

借：在途物资——丙材料　　40 000
　　在途物资——丁材料　　75 000
　　应交税费——应交增值税（进项税额）　　19 550
　　贷：应付票据　　134 550

该经济业务不涉及库存现金和银行存款，应填制转账凭证，如表 5-20 所示。

表 5-20 转账凭证

转 账 凭 证

总字第 7 号

2014 年 12 月 8 日 转字第 4 号

摘 要	会计科目		借方金额	贷方金额	记账符号
	总账科目	明细科目	亿千百十万千百十元角分	亿千百十万千百十元角分	
采购材料未到	在途物资	丙材料	4000000		
	在途物资	丁材料	7500000		
	应交税费	应交增值税(进项税额)	1955000		
	应付票据			13455000	
合 计 金 额			¥13455000	¥13455000	

附单据 2 张

会计主管：章玉芬 记账：赵蔚然 复核：王惠玲 制单：秦卫国

【业务 5-8】12 月 9 日，以银行存款支付上述丙材料、丁材料的运输费 6 000 元，增值税税率为 11%，运输费按丙、丁两种材料的重量比例分配。原始凭证（转账支票存根）见表 5-21（货物运输业增值税专用发票略）。

表 5-21 转账支票存根

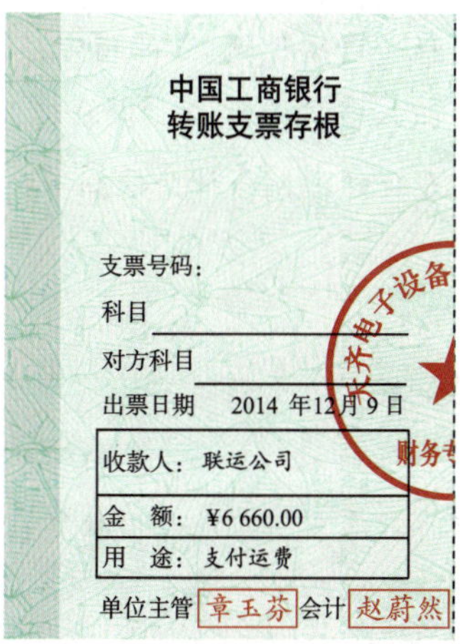

中国工商银行
转账支票存根

支票号码：
科目
对方科目
出票日期 2014 年12月9 日
收款人：联运公司
金 额：¥6 660.00
用 途：支付运费
单位主管 章玉芬 会计 赵蔚然

丙材料、丁材料采购成本计算分配情况见表 5-22。

表 5-22 材料采购成本计算单

材料采购成本计算单

金额单位：元

材料名称	单位	重量	单价	买价	运输费	实际采购成本	实际单位成本
丙材料	吨	20	2 000	40 000	2 400	42 400	2 120
丁材料	吨	30	2 500	75 000	3 600	78 600	2 620

主管会计：章玉芬　　审核：王惠玲　　会计：赵蔚然

【注意】

运输费用分配率 =6 000÷（20+30）=120（元/吨）

丙材料应负担的运输费用 =20×120=2 400（元）

丁材料应负担的运输费用 =30×120=3 600（元）

该项经济业务，根据“货物运输业增值税专用发票”，企业购入的丙材料、丁材料发生运输费 6 000 元，属于材料采购成本，应记入资产类账户“在途物资”的借方，支付给供应单位 11% 的增值税 660 元属于进项税额，要抵减销项税额，应记入负债类账户“应交税费——应交增值税（进项税额）”的借方；同时根据转账支票存根，企业银行存款减少了 6 660 元，应记入资产类账户“银行存款”的贷方。该业务引起企业资产要素和负债要素同时发生变化。编制会计分录如下：

借：在途物资——丙材料　　2 400
　　在途物资——丁材料　　3 600
　　应交税费——应交增值税（进项税额）　　660
　　贷：银行存款　　6 660

该经济业务导致企业银行存款减少，应填制付款凭证，如表 5-23 所示。

表 5-23 付款凭证

付 款 凭 证

总字第 8 号

贷方科目：银行存款　　　　2014 年 12 月 9 日　　　　付字第 2 号

摘要	借方科目		借方金额											记账符号
	总账科目	明细科目	亿	千	百	十	万	千	百	十	元	角	分	
支付采购材料运费	在途物资	丙材料						2	4	0	0	0	0	
	在途物资	丁材料						3	6	0	0	0	0	
	应交税费	应交增值税（进项税额）							6	6	0	0	0	
合计金额							¥	6	6	6	0	0	0	

附单据 2 张

会计主管：章玉芬　记账：赵蔚然　出纳：徐玲玲　复核：王惠玲　制单：秦卫国

【业务 5-9】12 月 9 日，上述丙材料、丁材料运到验收入库，结转入库材料实际采购成本。原始凭证（收料单）略。

该项经济业务，根据“收料单”，企业的丙材料、丁材料分别增加了 42 400 元、78 600 元，应记入资产类账户“原材料”的借方；同时在途物资丙材料、丁材料减少了 42 400 元、78 600 元，应记入资产类账户“在途物资”的贷方。该业务引起企业资产要素内部发生变化。编制会计分录如下：

借：原材料——丙材料　　42 400

　　原材料——丁材料　　78 600

　　贷：在途物资——丙材料　　42 400

　　　　在途物资——丁材料　　78 600

该经济业务不涉及库存现金和银行存款，应填制转账凭证，如表 5-24 所示。

表 5-24 转账凭证

转 账 凭 证

总字第 9 号

2014 年 12 月 9 日　　　　转字第 5 号

摘要	会计科目		借方金额											贷方金额											记账符号
	总账科目	明细科目	亿	千	百	十	万	千	百	十	元	角	分	亿	千	百	十	万	千	百	十	元	角	分	
材料验收入库	原材料	丙材料					4	2	4	0	0	0	0												
	原材料	丁材料					7	8	6	0	0	0	0												
	在途物资	丙材料																4	2	4	0	0	0	0	
	在途物资	丁材料																7	8	6	0	0	0	0	
合计金额					¥	1	2	1	0	0	0	0	0			¥	1	2	1	0	0	0	0	0	

附单据 1 张

会计主管：章玉芬　记账：赵蔚然　复核：王惠玲　制单：秦卫国

【业务 5-10】12 月 10 日，签发转账支票，以银行存款支付大洋公司购料款 319 896 元。原始凭证（转账支票存根）略。

该项经济业务，企业支付大洋公司货款后，使企业的应付债务减少了 319 896 元，应记入负债类账户“应付账款”的借方；根据“转账支票存根”，企业银行存款减少了 319 896 元，应记入资产类账户“银行存款”的贷方。该业务引起企业负债要素和资产要素同时减少。编制会计分录如下：

借：应付账款——大洋公司　　319 896

　贷：银行存款　　319 896

该经济业务导致企业银行存款减少，应填制付款凭证，如表 5-25 所示。

表 5-25　付款凭证

付　款　凭　证

总字第 10 号

贷方科目：银行存款　　2014 年 12 月 10 日　　付字第 3 号

摘　要	借方科目		借方金额											记账符号
	总账科目	明细科目	亿	千	百	十	万	千	百	十	元	角	分	
支付前欠货款	应付账款	大洋公司				3	1	9	8	9	6	0	0	
合　计　金　额					¥	3	1	9	8	9	6	0	0	

附单据 1 张

会计主管：章玉芬　记账：赵蔚然　出纳：徐玲玲　复核：王惠玲　制单：秦卫国

【业务 5-11】12 月 10 日，签发转账支票，向金昌公司预付购买甲材料货款 120 000 元。原始凭证（转账支票存根）略。

该项经济业务，企业预付金昌公司 120 000 元，使企业的应收债权增加，应记入资产类账户“预付账款”的借方；根据“转账支票存根”，企业银行存款减少了 120 000 元，应记入资产类账户“银行存款”的贷方。该业务引起企业资产要素内部发生变化。编制会计分录如下：

借：预付账款——金昌公司　　120 000

　贷：银行存款　　120 000

该经济业务引起企业银行存款减少，应填制付款凭证，如表 5-26 所示。

表 5-26 付款凭证

付 款 凭 证

总字第 11 号

贷方科目：银行存款　　　　2014 年 12 月 10 日　　　　付字第 4 号

摘要	借方科目		借方金额											记账符号
	总账科目	明细科目	亿	千	百	十	万	千	百	十	元	角	分	
预付材料款	预付账款	金昌公司				1	2	0	0	0	0	0	0	
合 计 金 额					¥	1	2	0	0	0	0	0	0	

附单据 1 张

会计主管：章玉芬　　记账：赵蔚然　　出纳：徐玲玲　　复核：王惠玲　　制单：秦卫国

【业务 5-12】12 月 13 日，向金昌公司购入的甲材料 20 000 千克，单价 6.1 元，计买价 122 000 元，增值税计 20 740 元，已按实际成本验收入库。余款尚未结清。原始凭证（增值税专用发票、收料单）略。

该项经济业务，根据“增值税专用发票”“收料单”，企业的甲材料增加了 122 000 元，应记入资产类账户“原材料”的借方，支付给供应单位的增值税 20 740 元属于进项税额，要抵减销项税额，应记入负债类账户“应交税费——应交增值税（进项税额）”的借方；同时，原来的预付账款产生的债权减少了 142 740 元，应记入资产类账户“预付账款”的贷方。该业务引起企业资产要素和负债要素发生变化。编制会计分录如下：

借：原材料——甲材料　　　　122 000

　　应交税费——应交增值税（进项税额）　　20 740

　　贷：预付账款——金昌公司　　　　142 740

该经济业务不涉及库存现金和银行存款，应填制转账凭证，如表 5-27 所示。

表 5-27　转账凭证

转　账　凭　证

总字第 12 号

2014 年 12 月 13 日

转字第 6 号

摘　要	会计科目		借方金额（亿千百十万千百十元角分）	贷方金额（亿千百十万千百十元角分）	记账符号
	总账科目	明细科目			
材料验收入库	原材料	甲材料	12200000		
	应交税费	应交增值税（进项税额）	2074000		
	预付账款	金昌公司		14274000	
合　计　金　额			¥14274000	¥14274000	

附单据 2 张

会计主管：章玉芬　　记账：赵蔚然　　复核：王惠玲　　制单：秦卫国

供应过程业务核算账户关系如图 5-2 所示。

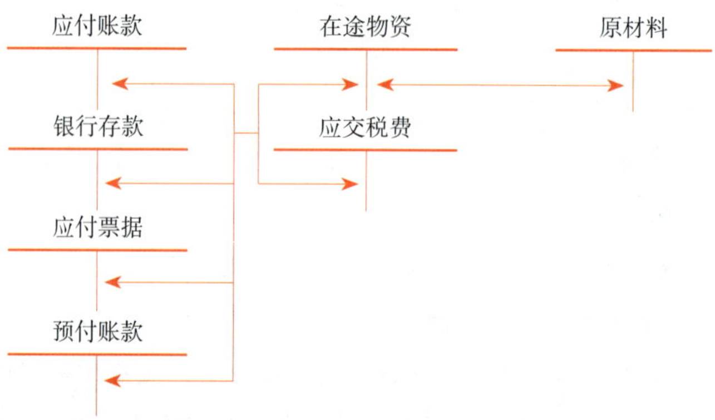

图 5-2　供应过程业务核算账户关系图

任务拓展

某企业购入钢管 5 吨，单价 5 200 元；钢板 10 吨，单价 3 800 元；圆钢 25 吨，单价 3 700 元。取得通汇公司“增值税专用发票”。同时取得鸿运物流公司“货物运输业增值税专用发票”，列明运输费 9 600 元，增值税税率 11%。款项以银行存款支付，材料已经验收入库。

1. 分析该笔经济业务涉及的原始凭证有哪些。
2. 分别计算钢管、钢板、圆钢的总成本和单位成本。

3. 编制会计分录，并填写记账凭证。

任务 3　生产过程的核算

任务布置

请具体分析天齐电子设备有限责任公司生产过程业务（【业务 5-13】至【业务 5-24】），根据生产过程业务核算的相关知识，完成生产领用材料、分配职工薪酬、计提折旧、制造费用的归集与分配、完工产品入库等生产业务的账务处理，并编制记账凭证。

教学组织

建议 5 人一组，模拟天齐电子设备有限责任公司的财务科，分别扮演制单员秦卫国、复核员王惠玲、记账员赵蔚然、出纳员徐玲玲、会计主管章玉芬。讨论完成生产过程业务的账务处理，并编制记账凭证。每人或每组发放收款凭证 1 张、付款凭证 4 张、转账凭证 8 张。

知识学习

一、生产过程的核算内容

生产过程是指制造业从材料投入生产起直到产品完工入库止的全部过程，它是企业再生产过程的中心环节。在这一过程中劳动者利用劳动资料对劳动对象进行加工，制成劳动产品，因此生产过程既是产品制造过程，又是物化劳动（劳动资料和劳动对象）和活劳动的消耗过程。

企业在一定时期为生产产品而发生的各种耗费称为生产费用，主要包括为生产产品消耗的材料费、生产工人工资及职工福利费、厂房和机器设备等固定资产折旧费以及为组织和管理生产等而发生的其他各种费用。生产费用包括直接费用和间接费用。直接费用是指直接用于产品生产的费用，如直接用于产品生产所消耗的原材料、辅助材料、燃料和动力费、支付给生产工人的工资及福利费等。间接费用是指企业为生产产品和提供劳务而发生的，须采用适当方法分配计入各种产品成本的费用，如车间管理人员的工资、车间固定资产的折旧费、修理费、劳动保护费和机物料消耗等。这些生产费用要按一定种类的产品进行归集和分配，以计算产品的生产成本。

二、产品成本的构成

企业在产品生产过程中发生的各项耗费（如材料费用、工资费用、折旧费用、修理费用、办公费用等）的货币表现，称为生产费用。

产品生产成本的计算，就是将企业在生产经营过程中所发生的生产费用，按照生产的各种产品进行归集和分配，计算出该产品的实际总成本和单位成本的一种会计核算方法。

生产费用按其经济用途或与产品成本的关系，又可分为生产成本和期间费用两大类。

生产成本是指企业为生产产品或提供劳务而发生的、计入产品成本的费用。产品生产成本构成项目包括直接材料、直接人工和制造费用。

（1）直接材料是指企业在生产产品和提供劳务过程中所消耗的，直接用于产品生产，构成产品实体的原料及主要材料、外购半成品及有助于产品形成的辅助材料等。

（2）直接人工是指企业在生产产品和提供劳务过程中，直接参加生产产品的工人薪酬以及按生产工人工资总额和规定比例计提的职工福利费等。

（3）制造费用是指应由产品生产成本负担的，不能直接计入各产品成本的各项费用。它主要是指企业各生产单位（分厂、生产车间）为组织和管理生产而发生的各项间接费用，包括生产单位发生的管理人员工资及福利费、折旧费、修理费、水电费、机物料消耗、劳动保护费以及其他费用。

对于各种间接费用应采用一定的标准进行分配后再计入相关产品生产成本。

三、产品成本计算的程序

产品生产成本计算是指将企业生产过程中为制造产品所发生的各种费用按照成本计算对象进行归集和分配，以便计算各种产品的总成本和单位成本。企业应设置产品成本明细账，用来归集应计入各种产品的生产费用。

（一）材料费用的归集与分配

直接用于产品生产、构成产品实体的材料，应直接记入相应产品成本的“直接材料”项目。对于不能分产品领用的，需要采用适当的分配方法，分配记入各相关产品成本的“直接材料”成本项目。

（二）职工薪酬的归集与分配

直接进行产品生产的生产工人的职工薪酬，应直接记入产品成本的“直接人工”成本项目，不能直接计入产品成本的职工薪酬，按生产工时、产品产量、产值比例等方式进行合理分配，记入各有关产品成本的“直接人工”项目。

（三）制造费用的归集与分配

应当按生产车间分别汇总各车间的制造费用，按照合理的分配标准分配计入各成本核算对象的生产成本。制造费用分配标准很多，通常采用生产工时、机器工时、生产工人工资、计划分配率分配法等。

（四）计算完工产品成本

如果月末某种产品全部完工，该种生产成本明细账户归集的所有费用就是该种完工产品的总成本，用该种产品的总成本除以该种产品的完工总产量就是该种产品的单位成本。

如果月末该种产品全部未完工，该种生产成本明细账户归集的所有费用就是该种产品在产品的总成本。

如果月末某种产品一部分完工，一部分未完工，这时该种生产成本明细账户归集的所有费用还要采用适当的方法在完工产品和在产品之间进行分配，然后计算完工产品的总成本和单位成本。此时：

完工产品生产成本 = 期初在产品成本 + 本期发生的生产费用 − 期末在产品成本

当产品完工验收入库时，根据“产成品入库单”借记“库存商品”账户，贷记“生产成本”账户。

四、期间费用

期间费用，是指企业在生产经营过程中发生的，不计入产品生产成本，而应直接计入当期损益的各种费用。期间费用主要包括管理费用、财务费用和销售费用。期间费用与产品的生产没有直接的联系，不能计入产品生产成本，其发生与一定时期实现的收入相关，因此，应直接计入当期损益。

管理费用，是指企业为组织和管理企业生产经营所发生的各种费用，包括公司经费、工会经费、职工教育经费、劳动保险费、待业保险费、董事会费、咨询费、审计费、诉讼费、排污费、绿化费、税金、土地使用税、土地损失补偿费、技术转让费、技术开发费、无形资产摊销、开办费摊销、业务招待费，存货盘亏、毁损和报废（减盘盈）损失，以及其他管理费用。

销售费用，是指企业在销售商品和材料、提供劳务等日常经营过程中发生的各项费用及专设销售机构的各项费用。

财务费用，是指企业为筹集生产所需资金等而发生的各项费用，包括利息支出（减利息收入）、汇兑损失（减汇兑收益）以及相关的手续费等。

【知识窗】

会计核算基础

会计核算基础，是指会计确认、计量和报告的基础，包括权责发生制和收付实现制。

1. 权责发生制

权责发生制也称应收应付制，是指收入、费用的确认应当以收入和费用的实际发生作为确认标准，合理确认当期损益的一种会计基础。权责发生制下，凡是在本期内已经收到和已经发生或应当负担的一切费用，不论其款项是否收到或付出，都作为本期的收入和费用处理；反之，凡不属于本期的收入和费用，即使款项在本期收到或付出，也不应作为本期的收入和费用处理。

在我国，企业会计核算应当采用权责发生制。

2. 收付实现制

收付实现制，也称现金制，是以收到或者支付现金作为确认收入和费用的标准，是与权责发生制相对应的一种会计基础。收付实现制下，凡在本期实际以现款付出的费用，不论其应否在本期收入中获得补偿，均应作为本期应计费用处理；凡在本期实际收到的现款收入，不论其是否属于本期，均应作为本期应计的收入处理；反之，凡本期还没有以现款收到的收入和没有用现款支付的费用，即使它归属于本期，也不作为本期的收入和费用处理。

在我国，事业单位会计核算一般采用收付实现制。

五、账户设置

（一）“生产成本”账户

“生产成本”账户属于成本类账户，也是产品成本计算账户，用来核算企业生产各种产品（产成品、自制半成品等）、自制材料、自制工具、自制设备等发生的各项生产成本。该账户借方登记应计入产品生产成本的各项费用，包括直接计入产品生产成本的直接材料费、直接人工费和其他直接支出，以及期末按照一定的方法分配计入产品生产成本的制造费用；贷方登记结转完工入库产成品的生产成本；期末余额在借方，表示企业尚未加工完成的在产品成本。该账户应设置“基本生产成本”和“辅助生产成本”两个明细账户进行明细核算，基本生产成本应当按照基本生产车间和成本核算对象（如产品的品种、类别、订单、批别、生产阶段等）设置明细账户（或成本计算单），并按成本项目设置专栏，进行明细核算。

借方	生产成本　　　　贷方
直接材料 直接人工 其他直接支出 期末分配转入的制造费用	验收入库产品的实际生产成本
期末尚未完工的在产品的实际成本	

（二）“制造费用”账户

“制造费用”账户属于成本类账户，用来归集核算企业生产车间（部门）未生产产品和提供劳务而发生的不能直接计入产品成本的各项间接费用。该账户借方登记实际发生的各项制造费用；贷方登记期末按照一定标准分配转入“生产成本”账户借方的制造费用，结转后一般无余额。该账户应按不同的生产车间、部门和具体费用项目设置明细账户，进行明细核算。

想一想： 企业发生的制造费用能否直接计入生产成本？

借方	制造费用　　　　贷方
本期发生的各项间接费用	期末分配转入“生产成本”账户

（三）“应付职工薪酬”账户

“应付职工薪酬”账户属于负债类账户，用来核算企业根据有关规定应付给职工的各种薪酬，包括工资、奖金、津贴、五险一金、工会经费、职工教育经费等。该账户贷方登记当期计算的应付给职工的各种薪酬总额；借方登记实际支付给职工的各种薪酬；期末余额在贷方，表示企业应付未付的职工薪酬。该账户可按“工资”“职工福利”“社会保险”“住房公积金”“工会经费”“职工教育经费”等设置明细账户，进行明细核算。

借方	应付职工薪酬　　　　贷方
实际支付的职工薪酬	应付给职工的薪酬总额
	期末尚未支付的应付职工薪酬

（四）“累计折旧”账户

“累计折旧”账户属于资产类账户，实际是固定资产的备抵调整账户，用来核算固定资产因磨损而减少的价值。该账户贷方登记按月提取的折旧额；借方登记因减少固定资产而减少的累计折旧；期末余额在贷方，表示现有固定资产已提累计折旧额。

借方	累计折旧　　　　贷方
固定资产折旧的转销	计提的固定资产折旧额
	期末固定资产已提取的累计折旧

（五）“库存商品”账户

“库存商品”账户属于资产类账户，用来核算企业库存的各种商品（库存产成品、外购商品、存放在门市部准备出手的商品、发出展览的商品以及寄存在外的商品）的实际成本。该账户借方登记验收入库的库存商品的实际成本；贷方登记已销售商品的销售成本；期末余额在借方，表示企业期末库存商品的实际成本。该账户应按库存商品的种类、品种和规格设置明细账户，进行明细核算。

借方　　　　库存商品	贷方
已完工入库的库存商品的实际成本	已出售商品的实际成本
期末库存商品的实际成本	

（六）“管理费用”账户

“管理费用”账户属于损益类账户，用来核算企业为组织和管理企业生产经营活动所发生的各种管理费用。该账户借方登记发生的各项管理费用；贷方登记期末转入“本年利润”账户的管理费用数额；期末结转后无余额。该账户应按费用项目设置明细账户，进行明细核算。

借方　　　　管理费用	贷方
发生的各项管理费用	结转本年利润

（七）“销售费用”账户

“销售费用”账户属于损益类账户，用来核算企业发生的各项销售费用。该账户借方登记发生的各项销售费用；贷方登记期末转入“本年利润”账户的销售费用数额；期末结转后无余额。该账户应按费用项目设置明细账户，进行明细核算。

借方　　　　销售费用	贷方
发生的各项销售费用	结转本年利润

（八）“财务费用”账户

“财务费用”账户属于损益类账户，用来核算企业为筹集生产所需资金等而发生的各项费用。该账户借方登记发生的各项财务费用；贷方登记期末转入“本年利润”账户的财务费用数额；期末结转后无余额。该账户应按费用项目设置明细账户，进行明细核算。

借方　　　　财务费用	贷方
发生的各项财务费用	结转本年利润

任务实施

一、材料费用的归集与核算

【业务 5-13】12 月 13 日，领用甲、乙、丙、丁材料各一批，价值共计 178 710 元。原始凭证（发出材料汇总表）见表 5-28。

表 5-28　发出材料汇总表

发出材料汇总表

2014 年 12 月 13 日

项　目	甲材料			乙材料			丙材料			丁材料			合计
	数量（千克）	单价	金额（元）	数量（千克）	单价	金额（元）	数量（吨）	单价	金额（元）	数量（吨）	单价	金额（元）	金额（元）
生产A型设备耗用	4 000	6.1	24 400	2 000	9.12	18 240	9	2 120	19 080	17	2 620	44 540	106 260
生产B型设备耗用	3 000	6.1	18 300	3 000	9.12	27 360	5	2 120	10 600	2	2 620	5 240	61 500
车间一般耗用	200	6.1	1 220	500	9.12	4 560			0			0	5 780
管理部门耗用	100	6.1	610	300	9.12	2 736			0			0	3 346
专设销售机构				200	9.12	1 824			0			0	1 824
合计	7 300	6.1	44 530	6 000	9.12	54 720	14	2 120	29 680	19	2 620	49 780	178 710

会计主管：章玉芬　　复核：王惠玲　　记账：赵蔚然　　保管：孙淑英　　制单：秦卫国

【注意】

企业在实际工作中，领用材料业务并不是每次领用都要进行账务处理，通常做法是月末根据材料领料单汇总编制“发出材料汇总表”。

企业在生产经营过程中领用的各种材料，应根据领料凭证区分车间、部门和不同用途，将发出材料的成本分别记入有关账户。

（1）直接用于某种产品生产的各种材料费用，应借记“生产成本”账户，并记入生产成本明细账中的“直接材料”项目；

（2）各生产部门（车间）为维护生产设备和管理生产等间接耗用的各种材料费用，借记“制造费用”账户；

（3）行政管理部门为组织管理企业经营活动而耗用的各种材料费用，借记“管理费用”账户；

（4）专设销售机构耗用的各种材料费用，应借记“销售费用”账户。

该项经济业务，根据“发出材料汇总表”，生产A型设备耗用材料106 260元，生产B型设备耗用材料61 500元，使产品成本增加，应记入成本类账户“生产成本”的借方；车间一般耗用的材料5 780元，应记入成本类账户“制造费用”的借方；管理部门耗用的材料3 346元，应记入“管理费用”账户的借方；专设销售机构耗用的材料1 824元，应记入“销售费用”账户的借方。同时，库存的甲、乙、丙、丁材料分别减少44 530元、54 720元、29 680元、49 780元，应记入资产类账户“原材料”的贷方。该业务引起企业成本费用要素和资产要素发生变化。编制会计分录如下：

借：生产成本——A型设备　　106 260
　　　　　　——B型设备　　61 500
　　制造费用　　5 780
　　管理费用　　3 346
　　销售费用　　1 824
　　贷：原材料——甲材料　　44 530
　　　　　　　——乙材料　　54 720
　　　　　　　——丙材料　　29 680
　　　　　　　——丁材料　　49 780

小提示： 实际工作中，如需要多张记账凭证，则编号用“分数编号法”。

该经济业务不涉及库存现金和银行存款，应填制转账凭证，如表5-29。

表5-29　转账凭证

转　账　凭　证

总字第 13 号

转字第 7 号

2014年12月13日

摘要	会计科目		借方金额											贷方金额											记账符号
	总账科目	明细科目	亿	千	百	十	万	千	百	十	元	角	分	亿	千	百	十	万	千	百	十	元	角	分	
领用材料	生产成本	A型设备				1	0	6	2	6	0	0	0												
	生产成本	B型设备					6	1	5	0	0	0	0												
	制造费用							5	7	8	0	0	0												
	管理费用							3	3	4	6	0	0												
	销售费用							1	8	2	4	0	0												
	原材料	甲材料																4	4	5	3	0	0	0	
	原材料	乙材料																5	4	7	2	0	0	0	
	原材料	丙材料																2	9	6	8	0	0	0	
	原材料	丁材料																4	9	7	8	0	0	0	
合　计　金　额					¥	1	7	8	7	1	0	0	0			¥	1	7	8	7	1	0	0	0	

附单据1张

会计主管：章玉芬　　记账：赵蔚然　　复核：王惠玲　　制单：秦卫国

二、人工费用的归集与分配

【业务 5-14】12 月 20 日，结算本月份应付职工薪酬共 490 000 元，其中车间生产工人工资 400 000 元（车间生产工人工资按生产工时比例分配），车间管理人员工资 36 000 元，厂部管理人员工资 24 000 元，专设销售机构人员工资 30 000 元。原始凭证（职工薪酬费用分配汇总表）见表 5-30。

表 5-30　职工薪酬费用分配汇总表

职工薪酬费用分配汇总表

2014 年 12 月 20 日

车间及部门		应付职工薪酬		
		生产工时（小时）	分配率	分配额（元）
基本生产车间	A型设备生产工人	12 000		240 000
	B型设备生产工人	8 000		160 000
	小计	20 000	20	400 000
	车间管理人员	—	—	36 000
厂部管理部门		—	—	24 000
专设销售机构人员		—	—	30 000
合计		—	—	490 000

会计主管：章玉芬　　复核：王惠玲　　制单：秦卫国

【注意】

人工费用也就是企业支付的职工薪酬，是指企业为获得职工提供的服务或者解除劳动关系而给予各种形式的报酬或者补偿。具体包括：短期薪酬、离职后福利、辞退福利和其他长期职工福利。企业提供给职工配偶、子女、受赡养人、已故员工遗属及其他受益人等的福利，也属于职工薪酬。

企业应根据职工提供服务的受益对象，分别以下情况处理：

（1）直接从事产品生产的生产工人的职工薪酬，借记“生产成本”账户；

（2）生产部门（车间）管理人员、技术人员、服务人员的职工薪酬，借记“制造费用”账户；

（3）企业行政管理部门人员的职工薪酬，借记“管理费用”账户。

（4）专设销售机构人员的职工薪酬，借记“销售费用”账户。

该项经济业务，根据“职工薪酬费用分配汇总表”，生产A型设备工人的工资240 000元，生产B型设备工人的工资160 000元，使产品成本增加了，应记入成本类账户“生产成本”的借方，车间管理人员工资36 000元，应记入成本类账户“制造费用”的借方，厂部管理部门人员工资24 000元，应记入“管理费用”账户的借方，专设销售机构人员工资30 000元，应记入“销售费用”账户的借方，同时，企业对职工的负债增加了490 000元，应记入负债类账户“应付职工薪酬”的贷方。该业务引起企业成本费用要素和负债要素发生变化。编制会计分录如下：

借：生产成本——A设备　　240 000

　　　　　　——B设备　　160 000

　　制造费用　　36 000

　　管理费用　　24 000

　　销售费用　　30 000

　　贷：应付职工薪酬　　490 000

该经济业务不涉及库存现金和银行存款，应填制转账凭证，如表5-31所示。

表5-31　转账凭证

转　账　凭　证

总字第 14 号

转字第 8 号

2014年12月20日

摘要	会计科目		借方金额											贷方金额											记账符号
	总账科目	明细科目	亿	千	百	十	万	千	百	十	元	角	分	亿	千	百	十	万	千	百	十	元	角	分	
计提工资	生产成本	A型设备				2	4	0	0	0	0	0	0												
	生产成本	B型设备				1	6	0	0	0	0	0	0												
	制造费用						3	6	0	0	0	0	0												
	管理费用						2	4	0	0	0	0	0												
	销售费用						3	0	0	0	0	0	0												
	应付职工薪酬																4	9	0	0	0	0	0	0	
合　计　金　额					¥	4	9	0	0	0	0	0	0			¥	4	9	0	0	0	0	0	0	

附单据1张

会计主管：章玉芬　　记账：赵蔚然　　复核：王惠玲　　制单：秦卫国

【业务5-15】12月20日，按工资总额30%的比例计提职工各种社会保险及住房公积金。原始凭证（社会保险及住房公积金提取表）见表5-32。

表 5-32　社会保险及住房公积金提取表

社会保险及住房公积金提取表

2014 年 12 月 20 日　　单位：元

部　门		应付职工薪酬	各种社会保险及住房公积金
基本生产车间	A型设备生产工人	240 000	72 000
	B型设备生产工人	160 000	48 000
	车间管理人员	36 000	10 800
厂部管理人员		24 000	7 200
专设销售机构人员		30 000	9 000
合计		490 000	147 000

会计主管：章玉芬　　复核：王惠玲　　制单：秦卫国

该项经济业务，根据“社会保险及住房公积金提取表”，按生产 A 型设备工人工资提取的 72 000 元，按生产 B 型设备工人工资提取的 48 000 元，使产品成本增加了，应记入成本类账户“生产成本”的借方，按车间管理人员工资提取的 10 800 元，应记入成本类账户“制造费用”的借方，按厂部管理部门人员工资提取的 7 200 元，应记入“管理费用”的借方，按专设销售机构人员工资提取的 9 000 元，应记入“销售费用”的借方，同时，企业对职工的负债增加了 147 000 元，应记入负债类账户“应付职工薪酬”的贷方。该业务引起企业成本费用要素和负债要素发生变化。编制会计分录如下：

借：生产成本——A 型设备　　72 000
　　　　　　——B 型设备　　48 000
　　制造费用　　10 800
　　管理费用　　7 200
　　销售费用　　9 000
　　贷：应付职工薪酬——职工福利　　147 000

该经济业务不涉及库存现金和银行存款，应填制转账凭证，如表 5-33 所示。

表 5-33　转账凭证

转　账　凭　证

总字第 15 号

2014 年 12 月 20 日　　　　转字第 9 号

摘要	会计科目		借方金额											贷方金额											记账符号
	总账科目	明细科目	亿	千	百	十	万	千	百	十	元	角	分	亿	千	百	十	万	千	百	十	元	角	分	
计提社保及公积金	生产成本	A型设备					7	2	0	0	0	0	0												
	生产成本	B型设备					4	8	0	0	0	0	0												
	制造费用						1	0	8	0	0	0	0												
	管理费用							7	2	0	0	0	0												
	销售费用							9	0	0	0	0	0												
	应付职工薪酬	职工福利															1	4	7	0	0	0	0	0	
合　计　金　额					¥	1	4	7	0	0	0	0	0			¥	1	4	7	0	0	0	0	0	

附单据 1 张

会计主管：章玉芬　　记账：赵蔚然　　复核：王惠玲　　制单：秦卫国

三、制造费用的归集与分配

（一）制造费用的归集

动　画：制造费用的归集与分配

制造业的生产耗费，除了前述的材料费、人工费以外，还有其他一些费用，如固定资产折旧费、办公费、水电费、保险费、劳动保护费等，这些费用按用途和发生地点进行归集，生产车间发生的应记入“制造费用”账户，期末应将其全部分配转入“生产成本”账户，“制造费用”账户没有余额。

【业务 5-16】12 月 31 日，计提本月固定资产折旧 43 000 元，其中车间固定资产折旧 32 000 元，厂部管理部门固定资产折旧 8 000 元，专设销售机构固定资产折旧 3 000 元。原始凭证（固定资产折旧计算表）见表 5-34。

表 5-34　固定资产折旧计算表

固定资产折旧计算表

2014 年 12 月 31 日　　　　单位：元

使用部门	固定资产项目	上月折旧额	上月增加固定资产		上月减少固定资产		本月折旧额
			原价	折旧额	原价	折旧额	
基本生产车间	厂房	21 000.00					21 000.00
	机器设备	11 000.00					11 000.00
	小计	32 000.00					32 000.00
厂部管理部门	房屋建筑物	6 000.00					6 000.00
	办公设备	2 000.00					2 000.00
	小计	8 000.00					8 000.00
专设销售机构	房屋建筑物	2 000.00					2 000.00
	办公设备	1 000.00					1 000.00
	小计	3 000.00					3 000.00
合计		43 000.00					43 000.00

会计主管：章玉芬　　　复核：王惠玲　　　制单：秦卫国

【注意】

固定资产折旧，是指固定资产在使用过程中，因使用磨损、技术进步和其他原因而减少的价值。企业计提生产用固定资产折旧，应记入“制造费用”账户的借方；计提非生产用固定资产折旧时，应记入“管理费用”账户的借方。

该项经济业务，企业计提生产用固定资产折旧应计入产品成本，但该费用属于间接的生产费用，应记入成本类账户“制造费用”的借方，计提厂部管理部门用固定资产折旧，应记入损益类账户“管理费用”的借方，计提专设销售机构固定资产折旧，应记入损益类账户“销售费用”的借方；同时，企业计提折旧固定资产价值减少，累计折旧增加，应记入资产类备抵账户“累计折旧”的贷方。编制会计分录如下：

借：制造费用　　32 000
　　管理费用　　8 000
　　销售费用　　3 000
　贷：累计折旧　　43 000

该业务不涉及库存现金和银行存款，应填制转账凭证，如表 5-35 所示。

表 5-35　转账凭证

转　账　凭　证

总字第 28 号

2014 年 12 月 31 日　　　　转字第 15 号

摘　要	会计科目		借方金额	贷方金额	记账符号
	总账科目	明细科目	亿千百十万千百十元角分	亿千百十万千百十元角分	
计提折旧	制造费用		3200000		
	管理费用		800000		
	销售费用		300000		
	累计折旧			4300000	
合　计　金　额			¥4300000	¥4300000	

附单据 1 张

会计主管：章玉芬　　记账：赵蔚然　　复核：王惠玲　　制单：秦卫国

【业务 5-17】12 月 21 日，开出转账支票支付电费 20 000 元，增值税计 3 400 元，其中基本生产车间耗用 13 100 元，厂部管理部门耗用 4 900 元，专设销售机构耗用 2 000 元。原始凭证（增值税专用发票、电费分割单）见表 5-36、表 5-37 所示（银行支付凭单略）。

表 5-36　增值税专用发票

山东增值税专用发票

发　票　联

No. 2000877

开票日期：2014年12月21日

购买方	名　　称：天齐电子设备有限责任公司 纳税人识别号：370101000786666 地 址、电 话：山东济南泉城路896号 0531-2827368 开户行及账号：中国工商银行历城支行 36030300583638033089	密码区	4+0996720709967207/+50/*8 加密版本 6<7<4322<4327<4327<4327<4320026>0/51* 047<437<4324327<4327<4327<4327<432099 67207/+09

货物或应税劳务、服务名称	规格型号	单位	数量	单价	金额	税率	税额
电费		千瓦时	8 000	2.50	20 000.00	17%	3 400.00
合　计			8 000	2.50	¥20 000.00		¥3 400.00
价税合计（大写）	⊗ 贰万叁仟肆佰元整				（小写）¥23 400.00		

销售方	名　　称：济南汇通电业有限责任公司 纳税人识别号：370101386795656 地 址、电 话：山东济南市经八路1785号 0531-5789964 开户行及账号：中国工商银行经八路支行 370303005798874	备注	济南汇通电业有限责任公司 370101386795656 发票专用章

收款人：高强强　　复核：赵维卫　　开票人：张通　　销售方：（章）

第三联：发票联　购买方记账凭证

表 5-37　电费分割单

电费分割单

2014 年 12 月 21 日

使用部门	数量（千瓦时）	单价	合计
基本生产车间	5 240	2.50	13 100
厂部管理部门	1 960	2.50	4 900
专设销售机构	800	2.50	2 000
合计	8 000	2.50	20 000

会计主管：章玉芬　　复核：王惠玲　　制单：秦卫国

该项经济业务，企业生产车间电费应计入产品成本，但该费用属于间接的生产费用，应记入成本类账户“制造费用”的借方，厂部管理部门用电费，应记入损益类账户“管理费用”的借方，专设销售机构的电费，应记入损益类账户“销售费用”的借方，支付的增值税，记入“应交税费——应交增值税（进项税额）账户借方；同时，支付电费，应记入“银行存款”的贷方。编制会计分录如下：

借：制造费用　　13 100

　　管理费用　　4 900

　　销售费用　　2 000

　　应交税费——应交增值税（进项税额）　　3 400

　　贷：银行存款　　23 400

该经济业务涉及银行存款减少，应填制付款凭证，如表 5-38 所示。

表 5-38　付款凭证

付　款　凭　证

总字第 16 号

贷方科目：银行存款　　2014 年 12 月 21 日　　付字第 5 号

摘　要	借方科目		借方金额											记账符号
	总账科目	明细科目	亿	千	百	十	万	千	百	十	元	角	分	
支付电费	制造费用						1	3	1	0	0	0	0	
	管理费用							4	9	0	0	0	0	
	销售费用							2	0	0	0	0	0	
	应交税费	应交增值税（进项税额）						3	4	0	0	0	0	
合　计　金　额						¥	2	3	4	0	0	0	0	

附单据 3 张

会计主管：章玉芬　　记账：赵蔚然　　出纳：徐玲玲　　复核：王惠玲　　制单：秦卫国

【业务 5-18】12 月 21 日，开出转账支票支付购买零星办公用品 888.9 元，其中基本生产车间耗用 320 元，厂部管理部门耗用 568.9 元。原始凭证（普通发票、转账支票存根）略。

该项经济业务，企业生产车间耗用办公用品应计入产品成本，但该费用属于间接的生产费用，应记入成本类账户“制造费用”的借方，厂部管理部门耗用办公用品费，应记入损益类账户“管理费用”的借方；同时，开出转账支票支付，应记入“银行存款”的贷方。编制会计分录如下：

借：制造费用　　320

　　管理费用　　568.9

　　贷：银行存款　　888.9

该经济业务涉及银行存款减少，应填制付款凭证，如表 5-39 所示。

表 5-39　付款凭证

付　款　凭　证

总字第 17 号

贷方科目：银行存款　　2014 年 12 月 21 日　　付字第 6 号

摘要	借方科目		借方金额											记账符号
	总账科目	明细科目	亿	千	百	十	万	千	百	十	元	角	分	
购办公用品	制造费用								3	2	0	0	0	
	管理费用								5	6	8	9	0	
合　计　金　额								¥	8	8	8	9	0	

附单据 2 张

会计主管：章玉芬　记账：赵蔚然　出纳：徐玲玲　复核：王惠玲　制单：秦卫国

（二）制造费用的分配

【业务 5-19】12 月 31 日，归集分配本月制造费用。原始凭证（制造费用分配表）见表 5-40。

表 5-40 制造费用分配表

制造费用分配表

2014 年 12 月 31 日　　　　单位：元

产品名称、项目	分配标准（生产工时）	分配率	分配金额
A 型设备——制造费用	12 000		58 800
B 型设备——制造费用	8 000		39 200
合计	20 000	4.9	98 000

会计主管：章玉芬　　复核：王惠玲　　制单：秦卫国

注：制造费用总额 = 材料费（5 780）+ 职工薪酬（36 000）+ 各种社保及住房公积金（10 800）+ 折旧费（32 000）+ 水电费（13 100）+ 办公费（320）= 98 000（元）

【注意】

在生产一种产品的车间中，制造费用可直接计入其生产的产品成本，在生产多种产品的车间中，应当选择合理的分配标准，将制造费用分配计入产品生产成本。制造费用的分配标准可以根据企业的具体情况来确定，包括生产工时、机器工时、生产工人薪酬等。

$$\text{制造费用分配率} = \frac{\text{归集的制造费用总额}}{\text{各种产品机器工时（或生产工时、生产工人薪酬）之和}}$$

$$\text{该种产品应分配的制造费用} = \text{该种产品生产工时（或机器工时、生产工人薪酬）数} \times \text{分配率}$$

该项经济业务，根据“制造费用分配表”，A 型设备应分配制造费用 58 800 元，B 型设备应分配制造费用 39 200 元，应记入成本类账户“生产成本”的借方；同时，制造费用分配转入产品成本，应记入“制造费用”账户的贷方。编制会计分录如下：

借：生产成本——A 型设备　　58 800
　　　　　　——B 型设备　　39 200
　贷：制造费用　　98 000

该业务不涉及库存现金和银行存款增加，应填制转账凭证，如表 5-41 所示。

表 5-41　转账凭证

转 账 凭 证

总字第 29 号
转字第 16 号

2014 年 12 月 31 日

摘要	总账科目	明细科目	借方金额	贷方金额	记账符号
分配结转制造费用	生产成本	A型设备	5880000		
	生产成本	B型设备	3920000		
	制造费用			9800000	
合　计　金　额			¥9800000	¥9800000	

附单据 1 张

会计主管：章玉芬　　记账：赵蔚然　　复核：王惠玲　　制单：秦卫国

【业务 5-20】12 月 31 日，本月 A 型设备 200 台全部生产完工，并已验收入库；B 型设备完工 150 台，尚有在产品成本 14 700 元（全部为直接材料）。原始凭证（生产成本明细账、完工产品成本计算单、库存商品入库单）见表 5-42 至表 5-45。

表 5-42　生产成本明细账

生产成本明细账

产品名称：A型设备

2014年 月	日	凭证号数	摘要	直接材料	直接人工	制造费用		合计
12	1		月初在产品成本	4094000				4094000
	13		分配材料费用	10626000				10626000
	20		分配职工薪酬费用		24000000			24000000
	20		分配社会保险费等		7200000			7200000
	31		分配制造费用			5880000		5880000
	31		合计	14720000	31200000	5880000		51800000
	31		转出完工产品	14720000	31200000	5880000		51800000

表 5-43 生产成本明细账

生产成本明细账

产品名称：B型设备

2014年 月	日	凭证号数	摘要	直接材料	直接人工	制造费用		合计
				千百十万千百十元角分	百十万千百十元角分	十万千百十元角分	十万千百十元角分	亿千百十万千百十元角分
12	13		分配材料费用	6150000				6150000
	20		分配职工薪酬费用		16000000			16000000
	20		分配社会保险费等		4800000			4800000
	31		分配制造费用			3920000		3920000
	31		合计	6150000	20800000	3920000		30870000
	31		转出完工产品	4680000	20800000	3920000		29400000
	31		在产品成本	1470000				1470000

表 5-44 完工产品成本计算单

完工产品成本计算单

2014 年 12 月 31 日

项目	A型设备（完工200台）		B型设备（完工150台）	
	总成本	单位成本	总成本	单位成本
直接材料	147 200	736.00	46 800	312.00
直接人工	312 000	1 560.00	208 000	1 386.67
制造费用	58 800	294.00	39 200	261.33
合计	518 000	2 590.00	294 000	1 960.00

会计主管：章玉芬　　复核：王惠玲　　制单：秦卫国

表 5-45 库存商品入库单

库存商品入库单

交库单位：生产车间　　2014 年 12 月 31 日　　编号：68754

产品名称	规格	计量单位	交付数量	入库数量	单价	金额	备注
A型设备		台	200	200	2 590.00	518 000.00	
B型设备		台	150	150	1 960.00	294 000.00	

检验：李华琳　　仓库验收：丁大永　　车间交件人：高名玲

该项经济业务，根据“完工产品成本计算单”“库存商品入库单”，A 型设备总成本 518 000 元，B 型设备总成本 294 000 元，并已经验收入库，应记入资产类账户“库存商品”的借方；同时，完工入库后，在产品减少，应记入成本类账户“生产成本”账户的贷方。编制会计分录如下：

借：库存商品——A 型设备　　518 000

　　　　　　——B 型设备　　294 000

　贷：生产成本——A 型设备　　518 000

　　　　　　　——B 型设备　　294 000

该业务不涉及库存现金和银行存款，应填制转账凭证，如表 5-46 所示。

表 5-46　转账凭证

转　账　凭　证

总字第 30 号

2014 年 12 月 31 日　　　　转字第 17 号

摘　要	会计科目		借方金额											贷方金额											记账符号
	总账科目	明细科目	亿	千	百	十	万	千	百	十	元	角	分	亿	千	百	十	万	千	百	十	元	角	分	
设备完工入库	库存商品	A型设备				5	1	8	0	0	0	0	0												
	库存商品	B型设备				2	9	4	0	0	0	0	0												
	生产成本	A型设备															5	1	8	0	0	0	0	0	
	生产成本	B型设备															2	9	4	0	0	0	0	0	
合　计　金　额					¥	8	1	2	0	0	0	0	0			¥	8	1	2	0	0	0	0	0	

附单据 4 张

会计主管：章玉芬　　记账：赵蔚然　　复核：王惠玲　　制单：秦卫国

生产过程业务核算账户关系如图 5-3 所示。

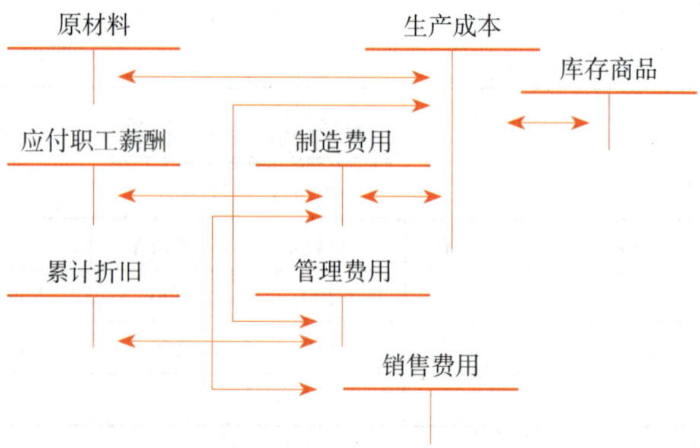

图 5-3　生产过程业务核算账户关系图

【业务 5-21】12 月 26 日，采购员王伟山出差预借差旅费 3 000 元，以库存现金支付。原始凭证（借款单）见表 5-47。

表 5-47 借款单

借 款 单

2014 年 12 月 26 日

借款单位：采购科		
借款理由：出差借款		
借款数额：人民币（大写）叁仟元整 ¥3 000.00元 现金付讫		
本单位负责人意见：同意 赵宏伟		借款人：王伟山
会计主管核批：章玉芬	付款方式：现金	出纳：徐玲玲

该项经济业务，根据“借款单”，预借差旅费，将来要收回，所以企业应收的债权增加，应记入资产类账户“其他应收款”的借方；同时，库存现金减少，应记入“库存现金”账户的贷方。编制会计分录如下：

借：其他应收款——王伟山　　3 000

　贷：库存现金　　3 000

该经济业务涉及库存现金减少，应填制付款凭证，如表 5-48 所示。

表 5-48 付款凭证

付 款 凭 证

总字第 23 号

贷方科目：库存现金　　2014 年 12 月 26 日　　付字第 8 号

摘 要	借方科目		借方金额										记账符号
	总账科目	明细科目	亿	千	百	十	万	千	百	十	元	角	分	
预借差旅费	其他应收款	王伟山						3	0	0	0	0	0	
合 计 金 额								¥	3	0	0	0	0	0	

附单据 1 张

会计主管：章玉芬　记账：赵蔚然　出纳：徐玲玲　复核：王惠玲　制单：秦卫国

【业务5-22】12月28日，王伟山报销差旅费2 850元，余款150元交回现金。原始凭证（差旅费报销单）见表5-49。

表5-49 差旅费报销单

差旅费报销单

2014年12月28日　　附件　张

姓名	王伟山	出差地点	广州	出差事由	参加订货会	日期	12月26日起 12月28日止

项目			金额		说明
乘火车费	自济南站至广州站	自广州站至济南站	金额	1 300.00	说明： 原借款3 000元，抵扣后交回现金。 现金收讫
乘汽车费	自　站至　站	自　站至　站	金额		
乘飞机费	自　站至　站	自　站至　站	金额		
行李运费	千克	每千克　元	金额		
出差补助费	3天	定额 120.00	金额	360.00	
旅馆费	2天	定额 300.00	金额	600.00	
其他				590.00	
合计金额	小写	¥2 850.00			单位负责人：赵宏伟
	大写	贰仟捌佰伍拾元整			2014年12月28日

会计主管：章玉芬　　出纳：徐玲玲　　报销人：王伟山

该项经济业务，根据“差旅费报销单”，实际报销差旅费2 850元，应记入损益类账户“管理费用”的借方，余款交回现金，使库存现金增加，应记入“库存现金”账户的借方，原预借款项减少，应记入“其他应收款”账户的贷方。编制会计分录如下：

借：管理费用　　2 850

　　库存现金　　150

　　贷：其他应收款——王伟山　　3 000

该项经济业务既涉及库存现金增加，又涉及转账业务，应填制收款凭证、转账凭证，如表5-50、表5-51所示。

表 5-50 转账凭证

转 账 凭 证

总字第 $27\frac{1}{2}$ 号

2014 年 12 月 28 日　　转字第 14 号

摘要	会计科目		借方金额											贷方金额											记账符号
	总账科目	明细科目	亿	千	百	十	万	千	百	十	元	角	分	亿	千	百	十	万	千	百	十	元	角	分	
报销差旅费	管理费用							2	8	5	0	0	0												
	其他应收款	王伟山																	2	8	5	0	0	0	
合 计 金 额							¥	2	8	5	0	0	0					¥	2	8	5	0	0	0	

附单据 1 张

会计主管：章玉芬　　记账：赵蔚然　　复核：王惠玲　　制单：秦卫国

表 5-51 收款凭证

收 款 凭 证

总字第 $27\frac{2}{2}$ 号

借方科目：库存现金　　2014 年 12 月 28 日　　收字第 6 号

摘要	贷方科目		贷方金额											记账符号
	总账科目	明细科目	亿	千	百	十	万	千	百	十	元	角	分	
报销差旅费	其他应收款	王伟山							1	5	0	0	0	
合 计 金 额								¥	1	5	0	0	0	

附单据 1 张

会计主管：章玉芬　　记账：赵蔚然　　出纳：徐玲玲　　复核：王惠玲　　制单：秦卫国

【业务 5-23】12 月 22 日，签发转账支票，以银行存款支付广告费 10 000 元。暂不考虑增值税。原始凭证（转账支票存根等）略。

该项经济业务，支付广告费属于销售费用，应记入损益类账户“销售费用”的借方；同时，支付后银行存款减少，应记入“银行存款”账户的贷方。编制会计分录如下：

借：销售费用　　　　　　　　　　　　　　　　10 000

　　贷：银行存款　　　　　　　　　　　　　　　　10 000

该经济业务涉及银行存款减少，应填制付款凭证，如表 5-52 所示。

表 5-52　付款凭证

付　款　凭　证

总字第 18 号

贷方科目：银行存款　　　　2014 年 12 月 22 日　　　　付字第 7 号

摘　要	借方科目		借方金额											记账符号
	总账科目	明细科目	亿	千	百	十	万	千	百	十	元	角	分	
支付广告费	销售费用						1	0	0	0	0	0	0	
合　计　金　额						¥	1	0	0	0	0	0	0	

附单据 2 张

会计主管：章玉芬　　记账：赵蔚然　　出纳：徐玲玲　　复核：王惠玲　　制单：秦卫国

【业务 5-24】12 月 31 日，计提应付短期借款利息，月末计算本月利息[①]= 1 000 000×7.2%/12＝6 000（元）。原始凭证（预提借款利息计算表）见表 5-53。

表 5-53　预提借款利息计算表

预提借款利息计算表

2014 年 12 月 31 日

借款种类	借款额	年利率	本月应提利息	备　注
生产周转借款	1 000 000	7.20%	6 000.00	
合　计			6 000.00	

会计主管：章玉芬　　复核：王惠玲　　制单：秦卫国

① 注：天齐电子设备有限责任公司 11 月借入 50 000 元，期限 3 个月；12 月 4 日借入 500 000 元，期限 6 个月，均应计提利息。

该项经济业务的发生，使企业的利息费用增加了 6 000 元，应记入损益类账户“财务费用”的借方；同时使企业应支付银行的利息增加了 6 000 元，应记入负债类账户“应付利息”的贷方。因此，该经济业务引起费用要素和负债要素同时增加。编制会计分录如下：

借：财务费用　　6 000

　　贷：应付利息　　6 000

该业务不涉及库存现金和银行存款，应填制转账凭证，如表 5-54 所示。

表 5-54　转账凭证

转　账　凭　证

总字第 31 号

转字第 18 号

2014 年 12 月 31 日

摘　要	会计科目		借方金额											贷方金额											记账符号
	总账科目	明细科目	亿	千	百	十	万	千	百	十	元	角	分	亿	千	百	十	万	千	百	十	元	角	分	
计提借款利息	财务费用							6	0	0	0	0	0												
	应付利息																		6	0	0	0	0	0	
合　计　金　额							¥	6	0	0	0	0	0					¥	6	0	0	0	0	0	

附单据 1 张

会计主管：章玉芬　　记账：赵蔚然　　复核：王惠玲　　制单：秦卫国

任务拓展

2014 年 9 月，企业向银行借款 500 000 元，年利率 7.2%，利息按季支付。请就以下两笔业务编制会计分录，并填写记账凭证。

1. 10 月末、11 月末预提借款利息；
2. 12 月末支付本金及借款利息。

任务4 销售过程的核算

任务布置

请具体分析天齐电子设备有限责任公司销售过程业务（【业务5-25】至【业务5-33】），根据销售过程业务核算的相关知识，完成销售产品收到货款、销售产品未收到货款、销售产品收到票据、预收账款销售产品、销售材料、结转销售材料成本、结转销售产品成本、支付销售费用等销售业务的账务处理，并编制记账凭证。

教学组织

建议5人一组，模拟天齐电子设备有限责任公司的财务科，分别扮演制单员秦卫国、记账员赵蔚然、出纳员徐玲玲、复核员王惠玲、会计主管章玉芬。讨论完成销售过程业务的账务处理，并编制记账凭证。每人或每组发放收款凭证3张、转账凭证6张。

知识学习

一、销售过程的核算内容

销售过程是企业将已验收入库的合格产品，按照销售合同规定的条件送交订货单位，并按销售价格和结算制度规定，办理结算手续，及时收取价款，取得销售产品收入的过程。通过销售过程，企业将产品销售出去并收回货币，补偿生产产品的资金耗费，保证再生产正常进行的资金需要。

销售过程核算主要包括销售商品收入的核算和销售商品成本的结转，对于其他如材料销售业务收入和结转相关的成本，要按国家规定计算应交城市维护建设税及教育费附加等。

二、账户设置

（一）“主营业务收入”账户

“主营业务收入”账户属于损益类账户，用来核算企业销售产品、提供劳务及让渡资产使用权等日常活动中产生的收入。该账户贷方登记企业销售商品、提供劳务等日常活动实现的收入，即主营业务收入的增加额；借方登记期末转入“本年利润”账户的主营业务收入；期末结转后无余额。该账户应按照主营业务种类设置明细账户，进行明细核算。

借方　　主营业务收入　　贷方	
期末转入“本年利润”账户的数额	本期实现的主营业务收入

（二）“其他业务收入”账户

“其他业务收入”账户属于损益类账户，用来核算企业确认的除主营业务活动以外的其他经营活动实现的收入，包括出租固定资产、出租无形资产、出租包装物和商品、销售材料等。该账户贷方登记企业实现的其他业务收入；借方登记期末转入“本年利润”账户的其他业务收入；期末结转后无余额。该账户应按照其他业务种类设置明细账户，进行明细核算。

借方　　其他业务收入　　贷方	
期末转入“本年利润”账户的数额	本期实现的其他业务收入

（三）“应收账款”账户

“应收账款”账户属于资产类账户，用来核算企业因销售商品、提供劳务等经营活动而应收取的款项。该账户借方登记由于销售商品、提供劳务等发生的应收款项，包括应收的价款、税额和代垫款等；贷方登记已经收回的应收账款。期末余额通常在借方，反映企业尚未收回的应收账款；期末余额如果在贷方，反映企业预收的账款。该账户应按不同的债务人设置明细账，进行明细核算。

借方　　应收账款　　贷方	
因销售商品、提供劳务应收的款项	已经收回的应收款项
期末尚未收回的应收账款	期末预收的账款

（四）“应收票据”账户

“应收票据”账户属于资产类账户，用来核算企业因销售商品、提供劳务等经营活动而收到的商业汇票。该账户借方登记企业收到的商业汇票；贷方登记票据到期收回的应收票据。期末余额在借方，反映企业持有的商业汇票。该账户应按开出、承兑商业汇票的单位设置明细账户，进行明细核算。

借方	应收票据　　　　贷方
因销售商品、提供劳务收到的商业汇票	票据到期收回的应收票据
期末企业持有的商业汇票	

（五）“预收账款”账户

“预收账款”账户属于负债类账户，用来核算企业按合同规定预售的款项。该账户贷方登记企业向购货单位预收的款项等；借方登记销售实现时按实现的收入转销的预收款项等。该账户期末余额在贷方，反映企业预收的款项；如期末余额在借方，表示企业已转销但尚未收取的款项。该账户应按购货单位设置明细账户，进行明细核算。

借方	预收账款　　　　贷方
销售实现时按实现的收入转销的预收款项	向购货单位预收的款项
期末已转销但尚未收取的款项	期末预收的款项

（六）“主营业务成本”账户

“主营业务成本”账户属于损益类账户，用来核算企业因销售商品、提供劳务或让渡资产使用权等日常活动而发生的实际成本。该账户借方登记本期销售各种商品、提供劳务计算应结转的主营业务成本；贷方登记期末转入“本年利润”账户的主营业务成本；期末结转后无余额。该账户应按主营业务的种类设置明细账户，进行明细核算。

借方	主营业务成本　　　　贷方
本期结转已销售产品的实际生产成本	期末转入“本年利润”账户的数额

（七）“其他业务成本”账户

“其他业务成本”账户属于损益类账户，用来核算企业确认的除主营业务活动以外的其他经营活动而发生的支出，包括销售材料的成本、出租固定资产的折旧额、出租无形资产的摊销额、出租包装物成本或摊销额等。该账户借方登记其他业务的支出额；贷方登记期末转入“本年利润”账户的其他业务支出额。期末结转后无余额。该账户应按其他业务的种类设置明细账户，进行明细核算。

借方	其他业务成本	贷方
本期结转已发生的其他业务支出额		期末转入“本年利润”账户的数额

（八）“营业税金及附加”账户

“营业税金及附加”账户属于损益类账户，用来核算企业经营活动应负担的税金及附加，包括营业税、消费税、城市维护建设税、资源税、土地增值税和教育费附加等。但不包括在“管理费用”账户核算的房产税、车船税、土地使用税、印花税等。该账户借方登记企业按税法的有关规定计算确定的与经营活动相关的税费；贷方登记期末转入“本年利润”账户的数额；期末结转后无余额。

借方	营业税金及附加	贷方
按规定计算应负担的有关营业税金及附加		期末转入“本年利润”账户的数额

（九）“销售费用”账户

“销售费用”账户属于损益类账户，用来核算企业销售商品过程中发生的费用，包括运输费、装卸费、包装费、保险费、展览费和广告费，以及为销售本企业商品而专设的销售机构（含销售网点、售后服务网点）等的职工薪酬。该账户借方登记发生的各种销售费用；贷方登记期末转入“本年利润”账户的数额；期末结转后无余额。该账户应按费用项目设置明细账户，进行明细核算。

借方	销售费用	贷方
发生的各种销售费用		期末转入“本年利润”账户的数额

任务实施

【业务 5–25】12 月 22 日，向光明公司销售 A 型设备 80 台，每台售价 4 200 元，计价款 336 000 元，增值税 57 120 元，产品已发出，价款及增值税税款已收到存入银行。原始凭证（增值税专用发票、银行收账通知）见表 5–55 和表 5–56。

表 5-55 增值税专用发票

山东增值税专用发票

此联不作报销、扣税凭证使用

No. 2000877

开票日期：2014年12月22日

购买方	
名称	光明机械制造有限责任公司
纳税人识别号	370101000786543
地址、电话	山东高密西八路37号 0536-57843777
开户行及账号	中国工商银行高密支行 37565477881332

密码区：4+0996720709967207/+50/*8 加密版本 6<7<4322<4327<4327<4327<4320026>0/51* 047<437<4324327<4327<4327<4327<432099 67207/+09

货物或应税劳务、服务名称	规格型号	单位	数量	单价	金额	税率	税额
A型设备		台	80	4 200.00	336 000.00	17%	57 120.00
合计			80	4 200.00	¥336 000.00		¥57 120.00
价税合计（大写）	⊗ 叁拾玖万叁仟壹佰贰拾元整				（小写） ¥393 120.00		

销售方	
名称	天齐电子设备有限责任公司
纳税人识别号	370101000786666
地址、电话	山东济南泉城路896号 0531-2827368
开户行及账号	中国工商银行历城支行 36030300583638033089

备注：（印章）天齐电子设备有限责任公司 370101000786666 发票专用章

收款人：徐玲玲 复核：李双成 开票人：陈宏宇 销售方：

第一联：记账联 销售方记账凭证

表 5-56 进账单

ICBC 中国工商银行 进账单（收账通知） 3

No 97266742

2014年12月22日 第 号

付款人		收款人	
全称	光明机械制造有限责任公司	全称	天齐电子设备有限责任公司
账号	37565477881332	账号	36030300583638033089
开户银行	中国工商银行高密支行	开户银行	中国工商银行历城支行

金额 人民币（大写）：叁拾玖万叁仟壹佰贰拾元整

亿	千	百	十	万	千	百	十	元	角	分
		¥	3	9	3	1	2	0	0	0

票据种类		票据张数	
票据号码			

复核 记账

（印章）中国工商银行股份有限公司历城支行 2014.12.22 业务核算（1）

收款人开户银行盖章

此联是收款人开户银行交给收款人的收账通知

该项经济业务，根据“增值税专用发票”，产品已售出，销售已实现，收入增加，应记入收入类账户“主营业务收入”的贷方，收取的增值税 57 120 元，属于销项税额，应记入“应交税费——应交增值税（销项税额）”账户的贷方；根据“银行进账单”，企业收到款项，银行存款增加，应记入“银行存款”账户的借方。编制如下会计分录：

借：银行存款　　393 120

　贷：主营业务收入——A 型设备　　336 000

　　　应交税费——应交增值税（销项税额）　　57 120

该经济业务涉及银行存款增加，应填制收款凭证，如表 5-57 所示。

小提示：

销售货物时，销售方开具一式三联的“增值税专用发票”，并根据第一联记账联进行账务处理。

表 5-57　收款凭证

收　款　凭　证

总字第 19 号

收字第 3 号

借方科目：银行存款　　2014 年 12 月 22 日

摘　要	贷方科目		贷方金额											记账符号
	总账科目	明细科目	亿	千	百	十	万	千	百	十	元	角	分	
销售A型设备	主营业务收入	A型设备				3	3	6	0	0	0	0	0	
	应交税费	应交增值税（销项税额）					5	7	1	2	0	0	0	
合　计　金　额						¥	3	9	3	1	2	0	0	

附单据 2 张

会计主管：章玉芬　　记账：赵蔚然　　出纳：徐玲玲　　复核：王惠玲　　制单：秦卫国

【业务 5-26】12 月 23 日，向宏图公司销售 B 型设备 70 台，每台售价 3 300 元，计价款 231 000 元，增值税计 39 270 元，产品已发出，价款及增值税税款尚未收到。原始凭证（增值税专用发票）略。

该项经济业务，根据开出的“增值税专用发票”，产品已售出，销售已实现，收入增加，应记入收入类账户“主营业务收入”的贷方，收取的增值税 39 270 元，属于销项税额，应记入“应交税费——应交增值税（销项税额）”账户的贷方；款项尚未收到，应收债权增加，应记入“应收账款”账户的借方。编制如下会计分录：

借：应收账款——宏图公司　　270 270

　贷：主营业务收入——B 型设备　　231 000

　　　应交税费——应交增值税（销项税额）　　39 270

该业务不涉及库存现金和银行存款，应填制转账凭证，如表 5-58 所示。

表 5-58 转账凭证

转 账 凭 证

总字第 20 号

2014 年 12 月 23 日　　　　转字第 10 号

摘要	会计科目		借方金额											贷方金额											记账符号
	总账科目	明细科目	亿	千	百	十	万	千	百	十	元	角	分	亿	千	百	十	万	千	百	十	元	角	分	
赊销B型设备	应收账款	宏图公司				2	7	0	2	7	0	0	0												
	主营业务收入	B型设备															2	3	1	0	0	0	0	0	
	应交税费	应交增值税（销项税额）																3	9	2	7	0	0	0	
合计金额					¥	2	7	0	2	7	0	0	0			¥	2	7	0	2	7	0	0	0	

附单据 1 张

会计主管：章玉芬　　记账：赵蔚然　　复核：王惠玲　　制单：秦卫国

【业务 5-27】12 月 23 日，销售给红星公司 B 型设备 20 台，每台售价 3 300 元，计价款 66 000 元，计增值税 11 220 元，产品已发出，收到对方签发并承兑的商业汇票一张价值 77 220 元。原始凭证（增值税专用发票、商业承兑汇票）略。

该项经济业务，根据“增值税专用发票”，产品已售出，销售已实现，收入增加 66 000 元，应记入收入类账户“主营业务收入”的贷方；收取的增值税 11 220 元，属于销项税额，应记入“应交税费——应交增值税（销项税额）”账户的贷方；收到一张商业承兑汇票，应收债权增加，应记入“应收票据”账户的借方。编制如下会计分录：

借：应收票据　　77 220

　　贷：主营业务收入——B 型设备　　66 000

　　　　应交税费——应交增值税（销项税额）　　11 220

该业务不涉及库存现金和银行存款，应填制转账凭证，如表 5-59 所示。

表 5-59　转账凭证

转　账　凭　证

总字第 21 号

转字第 11 号

2014 年 12 月 23 日

摘　要	会计科目		借方金额											贷方金额											记账符号
	总账科目	明细科目	亿	千	百	十	万	千	百	十	元	角	分	亿	千	百	十	万	千	百	十	元	角	分	
赊销B型设备	应收票据						7	7	2	2	0	0	0												
	主营业务收入	B型设备																6	6	0	0	0	0	0	
	应交税费	应交增值税（销项税额）																1	1	2	2	0	0	0	
合　计　金　额						¥	7	7	2	2	0	0	0				¥	7	7	2	2	0	0	0	

附单据 2 张

会计主管：章玉芬　记账：赵蔚然　复核：王惠玲　制单：秦卫国

【业务 5-28】12 月 24 日，预收江河公司购买 A 型设备货款 150 000 元。原始凭证（银行收账通知）略。

该项经济业务，根据“银行收账通知”，收到款项，存款增加，应记入“银行存款”账户的借方；同时预收的款项使企业负债增加，应记入“预收账款”账户的贷方。编制如下会计分录：

借：银行存款　　150 000

　贷：预收账款——江河公司　　150 000

该经济业务涉及银行存款增加，应填制收款凭证，如表 5-60 所示。

表 5-60　收款凭证

收　款　凭　证

总字第 22 号

借方科目：银行存款　　2014 年 12 月 24 日　　收字第 4 号

摘　要	贷方科目		贷方金额											记账符号
	总账科目	明细科目	亿	千	百	十	万	千	百	十	元	角	分	
预收B型设备货款	预收账款	江河公司				1	5	0	0	0	0	0	0	
合　计　金　额					¥	1	5	0	0	0	0	0	0	

附单据 1 张

会计主管：章玉芬　记账：赵蔚然　出纳：徐玲玲　复核：王惠玲　制单：秦卫国

【业务 5-29】12 月 27 日，销售给江河公司 A 型设备 30 台，单价 4 200 元，计价款 126 000 元，增值税计 21 420 元，共计 147 420 元，余款尚未结清。原始凭证（增值税专用发票）略。

该项经济业务，根据“增值税专用发票”，产品已售出，销售已实现，收入增加 126 000 元，应记入收入类账户“主营业务收入”的贷方，收取的增值税 21 420 元，属于销项税额，应记入“应交税费——应交增值税（销项税额）”账户的贷方；同时企业承担的负债减少，应记入“预收账款”账户的借方。编制如下会计分录：

借：预收账款——江河公司　　　　147 420

　　贷：主营业务收入——A 型设备　　　　126 000

　　　　应交税费——应交增值税（销项税额）　　　　21 420

该业务不涉及库存现金和银行存款，应填制转账凭证，如表 5-61 所示。

表 5-61　转账凭证

转　账　凭　证

总字第 24 号

2014 年 12 月 27 日

转字第 12 号

摘　要	会计科目		借方金额											贷方金额											记账符号
	总账科目	明细科目	亿	千	百	十	万	千	百	十	元	角	分	亿	千	百	十	万	千	百	十	元	角	分	
销售A型设备	预收账款	江河公司				1	4	7	4	2	0	0	0												
	主营业务收入	A型设备															1	2	6	0	0	0	0	0	
	应交税费	应交增值税(销项税额)																2	1	4	2	0	0	0	
合　计　金　额					¥	1	4	7	4	2	0	0	0			¥	1	4	7	4	2	0	0	0	

附单据 1 张

会计主管：章玉芬　　记账：赵蔚然　　复核：王惠玲　　制单：秦卫国

【业务 5-30】12 月 27 日，出售丁材料 5 吨，售价 3 500 元，计价款 17 500 元，增值税计 2 975 元，货款存入银行。原始凭证（增值税专用发票、银行进账单）略。

该项经济业务，根据“增值税专用发票”，出售材料属于企业的其他业务，销售材料使企业的其他业务收入增加 17 500 元，应记入“其他业务收入”账户的贷方，收取的增值税销项税额 2 975 元应记入“应交税费——应交增值税（销项税额）”的贷方；款项收到，增加银行存款，记入“银行存款”账户的借方。编制会计分录如下：

借：银行存款　　　　20 475

　　贷：其他业务收入　　　　17 500

　　　　应交税费——应交增值税（销项税额）　　　　2 975

该经济业务涉及银行存款增加，应填制收款凭证，如表 5-62 所示。

表 5-62　收款凭证

收　款　凭　证

总字第 25 号

收字第 5 号

借方科目：银行存款　　2014 年 12 月 27 日

摘　要	贷方科目		贷方金额											记账符号
	总账科目	明细科目	亿	千	百	十	万	千	百	十	元	角	分	
出售丁材料	其他业务收入						1	7	5	0	0	0	0	
	应交税费	应交增值税（销项税额）						2	9	7	5	0	0	
合　计　金　额						¥	2	0	4	7	5	0	0	

附单据 2 张

会计主管：章玉芬　记账：赵蔚然　出纳：徐玲玲　复核：王惠玲　制单：秦卫国

【业务 5-31】12 月 27 日，结转出售丁材料成本，每吨 2 620 元。原始凭证（销售材料成本计算单）略。

该项经济业务，根据“销售材料成本计算单”，销售材料的成本属于其他业务成本，结转销售成本应记入“其他业务成本”账户的借方；同时，企业原材料的减少，应记入“原材料”账户的贷方。编制会计分录如下：

借：其他业务成本　　13 100

　　贷：原材料——丁材料　　13 100

该业务不涉及库存现金和银行存款，应填制转账凭证，如表 5-63 所示。

表 5-63　转账凭证

转　账　凭　证

总字第 26 号

转字第 13 号

2014 年 12 月 27 日

摘　要	会计科目		借方金额											贷方金额											记账符号
	总账科目	明细科目	亿	千	百	十	万	千	百	十	元	角	分	亿	千	百	十	万	千	百	十	元	角	分	
结转已售材料成本	其他业务成本						1	3	1	0	0	0	0												
	原材料	丁材料																1	3	1	0	0	0	0	
合　计　金　额						¥	1	3	1	0	0	0	0				¥	1	3	1	0	0	0	0	

附单据 1 张

会计主管：章玉芬　记账：赵蔚然　复核：王惠玲　制单：秦卫国

【业务 5-32】12 月 31 日，结转已销售产品成本。本月销售 A 型设备 110 台，B 型设备 90 台，原始凭证（销售商品成本计算单）见表 5-64。

表 5-64　销售商品成本计算单

销售商品成本计算单

2014 年 12 月 31 日　　　　第 001 号

商品名称及规格	单位	数量	单价	金额									备　注
				百	十	万	千	百	十	元	角	分	
A型设备	台	110	2 590		2	8	4	9	0	0	0	0	
B型设备	台	90	1 960		1	7	6	4	0	0	0	0	
合　计				¥	4	6	1	3	0	0	0	0	

会计主管：章玉芬　　复核：王惠玲　　制单：秦卫国

该项经济业务，根据“销售商品成本计算单”，销售商品的成本属于主营业务成本，结转已经销售商品成本，应记入“主营业务成本”账户的借方；同时，商品销售后，企业的库存商品减少，应记入“库存商品”账户的贷方。编制会计分录如下：

借：主营业务成本——A 型设备　　284 900
　　　　　　　——B 型设备　　176 400
　贷：库存商品——A 型设备　　284 900
　　　　　　　——B 型设备　　176 400

该业务不涉及库存现金和银行存款，应填制转账凭证，如表 5-65 所示。

表 5-65　转账凭证

转　账　凭　证

总字第 32 号

2014 年 12 月 31 日　　　　转字第 19 号

摘　要	会计科目		借方金额											贷方金额											记账符号
	总账科目	明细科目	亿	千	百	十	万	千	百	十	元	角	分	亿	千	百	十	万	千	百	十	元	角	分	
结转已售产品成本	主营业务成本	A型设备				2	8	4	9	0	0	0	0												
	主营业务成本	B型设备				1	7	6	4	0	0	0	0												
	库存商品	A型设备															2	8	4	9	0	0	0	0	
	库存商品	B型设备															1	7	6	4	0	0	0	0	
合　计　金　额					¥	4	6	1	3	0	0	0	0			¥	4	6	1	3	0	0	0	0	

附单据 2 张

会计主管：章玉芬　　记账：赵蔚然　　复核：王惠玲　　制单：秦卫国

【业务 5-33】12 月 31 日，计算本月应交城市维护建设税和教育费附加。原始凭证（应交城建税及教育费附加计算表）见表 5-66。

表 5-66　应交城建税及教育费附加计算表

应交城建税及教育费附加计算表

2014 年 12 月 31 日　　　　单位：元

税　　种	计税依据				税率	应纳税金额
	增值税	营业税	消费税	合计		
城市维护建设税	33 111	—	—		7%	2 317.77
教育费附加	33 111	—	—		3%	993.33
合　　计						3 311.10

会计主管：章玉芬　　　　复核：王惠玲　　　　制单：秦卫国

该项经济业务，根据“应交城建税及教育费附加计算表”，企业应上交的城市维护建设税及教育费附加增加，应记入“营业税金及附加”账户的借方；同时，已提取尚未缴纳的城市维护建设税和教育费附加，导致负债增加，应记入“应交税费”账户的贷方。编制会计分录如下：

借：营业税金及附加　　　　3 311.10

　　贷：应交税费——应交城建税　　　　2 317.77

　　　　　　　——应交教育费附加　　　　993.33

【注意】

本月应交增值税 = 增值税销项税额 − 增值税进项税额 =（57 120 + 39 270 + 11 220 + 21 420 + 2 975）−（8 248 + 46 296 + 19 550 + 660 + 20 740 + 3 400）= 132 005 − 98 894 = 33 111（元）

该业务不涉及库存现金和银行存款，应填制转账凭证，如表 5-67 所示。

表 5-67　转账凭证

转　账　凭　证

总字第 33 号

转字第 20 号

2014 年 12 月 31 日

摘　要	会计科目		借方金额（亿千百十万千百十元角分）	贷方金额（亿千百十万千百十元角分）	记账符号
	总账科目	明细科目			
计提城建税等	营业税金及附加		331110		
	应交税费	应交城建税		231777	
		应交教育费附加		99333	
合　计　金　额			¥331110	¥331110	

附单据 1 张

会计主管：章玉芬　　记账：赵蔚然　　复核：王惠玲　　制单：秦卫国

销售过程业务核算账户关系如图 5-4 所示。

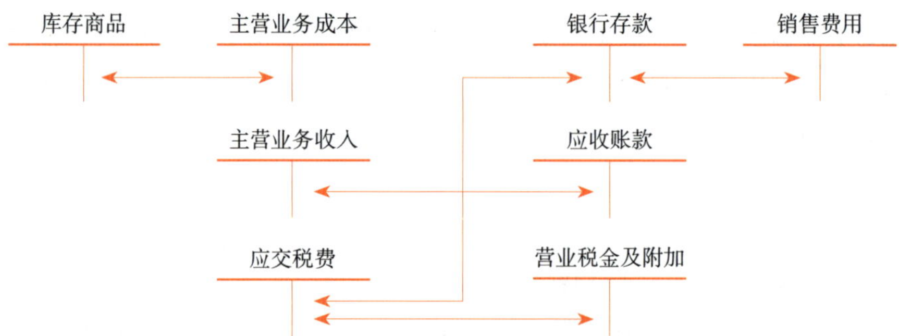

图 5-4　销售过程业务核算账户关系图

任务拓展

请分析以下经济业务应如何编制会计分录，并编制记账凭证。

1. 10 月 10 日，销售 A 产品 30 件，单价 1 400 元，增值税税率 17%，款项尚未收到。

2. 10 月 13 日销售 B 产品 50 件，单价 2 000 元，增值税税率 17%，款项已收。

3. 10 月 30 日，结转已销产品成本，A 产品 15 000 元，B 产品 75 000 元。

任务 5　利润形成的核算

任务布置

请具体分析天齐电子设备有限责任公司利润形成业务（【业务 5-34】至【业务 5-39】），根据利润形成业务核算的相关知识，完成营业外收支、利润结转、所得税费用计算与结转等利润形成业务的账务处理，并编制记账凭证。

教学组织

建议 5 人一组，模拟天齐电子设备有限责任公司的财务科，分别扮演制单员秦卫国、记账员赵蔚然、出纳员徐玲玲、复核员王惠玲、会计主管章玉芬。讨论完成利润形成业务的账务处理，并编制记账凭证。每人或每组发放收款凭证 1 张、付款凭证 1 张、转账凭证 4 张。

知识学习

一、利润形成的核算内容

利润，是指企业在一定会计期间的经营成果，包括收入减去费用后的净额、直接计入当期损益的利得和损失等。利润是企业生产经营活动最终的财务成果，也是衡量一个企业经营成果的重要指标。利润由营业利润、利润总额和净利润三部分组成。

（一）营业利润

营业利润是指企业在一定时期内进行生产经营活动取得的利润，反映企业管理者的经营业绩，其计算公式为：

营业利润 = 营业收入 − 营业成本 − 营业税金及附加 − 销售费用 − 管理费用 −
财务费用 − 资产减值损失 + 公允价值变动收益
（− 公允价值变动损失）+ 投资收益（− 投资损失）

其中：

营业收入 = 主营业务收入 + 其他业务收入

营业成本 = 主营业务成本 + 其他业务成本

（二）利润总额

利润总额又称会计利润，或税前利润，是营业利润加上营业外收入减去营业外支出后的金额，其计算公式为：

利润总额 = 营业利润 + 营业外收入 − 营业外支出

（三）净利润

净利润，也叫税后利润，是利润总额扣除所得税费用后的净额，其计算公式为：

净利润 = 利润总额 − 所得税费用

应纳所得税 = 应纳税所得额 × 适用税率

二、账户设置

（一）"本年利润"账户

"本年利润"账户属于所有者权益类账户，用来核算企业在本年度实现的净利润（或发生的净亏损）。该账户贷方登记企业期末"主营业务收入""其他业务收入""投资收益（贷）""营业外收入""公允价值变动损益（贷）"账户转入的数额；借方登记企业期末"主营业务成本""其他业务成本""营业税金及附加""销售费用""管理费用""财务费用""投资收益（借）""营业外支出""资产减值损失""公允价值变动收益（借）""所得税费用"账户转入的数额；上述结转后，余额在贷方，表示当期实现的净利润；余额在借方，即为当期发生的净亏损。

年度终了，企业应将本年实现的净利润（或发生的净亏损）从该账户全部转入"利润分配——未分配利润"账户贷方（或借方），结转后该账户无余额。

借方　　　　本年利润	贷方
转入的费用支出	转入的收入
净亏损	净利润
年末净利润转入利润分配——未分配利润	年末净亏损转入利润分配——未分配利润

（二）"投资收益"账户

"投资收益"账户属于损益类账户，用来核算企业确认的投资收益或投资损失。该账户贷方登记企业实现的投资收益和期末转入"本年利润"账户的投资净损失；借方登记企业发生的投资损失和期末转入"本年利润"账户的投资净收益；期末结转后本账户无余额。

借方　　　　投资收益	贷方
对外投资发生的损失 转入"本年利润"账户净收益	对外投资取得的收益 转入"本年利润"账户净损失

（三）“营业外收入”账户

“营业外收入”账户属于损益类账户，用来核算企业发生的与经营无直接关系的各项收益，包括：罚款收入、非流动资产处置利得、非货币性资产交换利得、债务重组利得、盘盈利得、捐赠利得等。该账户贷方登记发生的营业外收入，即营业外收入的增加额；借方登记期末结转入“本年利润”账户的营业外收入额；期末结转后无余额。该账户可按营业外收入项目设置明细账户，进行明细核算。

借方 营业外收入	贷方
转入“本年利润”账户的数额	营业外收入的增加额

（四）“营业外支出”账户

“营业外支出”账户属于损益类账户，用于核算企业发生的与其生产经营无直接关系的各项支出，包括：非流动资产处置损失、非货币性资产交换损失、债务重组损失、公益性捐赠支出、非常损失、盘亏损失等。该账户借方登记发生的营业外支出额；贷方登记期末转入“本年利润”账户的营业外支出额；期末结转后无余额。该账户可按营业外支出项目设置明细账户，进行明细核算。

借方 营业外支出	贷方
发生的营业外支出额	转入“本年利润”账户的数额

（五）“所得税费用”账户

“所得税费用”账户属于损益类账户，用来核算企业按规定当期确认的应从当期利润总额中扣除的所得税费用。该账户借方登记企业应计入当期损益的所得税费用额；贷方登记期末转入“本年利润”账户的所得税费用额；期末结转后无余额。

借方 所得税费用	贷方
当期所得税费用发生额	转入“本年利润”账户的数额

三、利润形成主要经济业务的核算

企业当期实现的收入，记入有关收入类账户的贷方；发生的费用记入有关费用支出类账户的借方。利润的形成，即用当期的收入减去当期的费用。月末将所有损益类账户的余额转入“本年利润”。该账户贷方余额为盈利，借方余额为亏损。

任务实施

【业务 5-34】12 月 31 日，以银行存款捐赠东海市希望小学 30 000 元。原始凭证（转账支票存根）略。

该项经济业务，企业对外的公益性捐赠与企业的生产经营活动没有关系，属于企业的一项营业外支出，对外捐赠时，营业外支出增加，应记入“营业外支出”账户的借方；银行存款减少，应记入“银行存款”账户的贷方。编制会计分录如下：

借：营业外支出　　　　30 000

　　贷：银行存款　　　　30 000

该经济业务涉及银行存款减少，应填制付款凭证，如表 5-68 所示。

表 5-68　付款凭证

付　款　凭　证

总字第 34 号

付字第 9 号

贷方科目：银行存款　　　　2014 年 12 月 31 日

摘　要	借方科目		借方金额											记账符号
	总账科目	明细科目	亿	千	百	十	万	千	百	十	元	角	分	
捐赠希望小学	营业外支出						3	0	0	0	0	0	0	
合　计　金　额						¥	3	0	0	0	0	0	0	

附单据 1 张

会计主管：章玉芬　记账：赵蔚然　出纳：徐玲玲　复核：王惠玲　制单：秦卫国

【业务 5-35】12 月 31 日，职工刘明超违章交来罚款 500 元。原始凭证（现金收款收据）见表 5-69 所示。

表5-69　现金收款收据

现金收款收据

2014年12月31日　　№ 1200231

收款单位	天齐电子设备有限责任公司	交款单位	刘明超	金额								
				百	十	万	千	百	十	元	角	分
金额（大写）	人民币伍佰元整						¥	5	0	0	0	0
事由	职工违章罚款　现金收讫			备注：								

会计主管：章玉芬　　复核：王惠玲　　出纳：徐玲玲　　制单：秦卫国

第三联　记账联

该项经济业务导致企业库存现金增加，应记入“库存现金”账户的借方；该款项属于企业职工交来的罚款，与企业的生产经营没有关系，属于企业的一项利得，应计入营业外收入，营业外收入增加，应记入“营业外收入”账户的贷方。编制会计分录如下：

借：库存现金　　500

　　贷：营业外收入　　500

该经济业务涉及库存现金增加，应填制收款凭证，如表5-70所示。

表5-70　收款凭证

收　款　凭　证

借方科目：库存现金　　2014年12月31日　　总字第 35 号　收字第 7 号

摘　要	贷方科目		贷方金额											记账符号
	总账科目	明细科目	亿	千	百	十	万	千	百	十	元	角	分	
罚款收入	营业外收入								5	0	0	0	0	
合　计　金　额								¥	5	0	0	0	0	

附单据1张

会计主管：章玉芬　　记账：赵蔚然　　出纳：徐玲玲　　复核：王惠玲　　制单：秦卫国

【业务5-36】12月31日，将损益类中有关收入类账户的余额转入"本年利润"账户。原始凭证（损益类账户结转表）见表5-71所示。

表5-71　损益类账户结转表

损益类账户结转表

2014年12月31日　　　　单位：元

科目名称	借方发生额	贷方发生额
主营业务收入		759 000
其他业务收入		17 500
营业外收入		500
主营业务成本	461 300	
其他业务成本	13 100	
营业税金及附加	3 311.1	
销售费用	55 824	
管理费用	50 864.9	
财务费用	6 000	
营业外支出	30 000	
合计	620 400	777 000

会计主管：章玉芬　　审核：王惠玲　　制表：秦卫国

该项经济业务，企业各项收入的实现将增加企业的利润，因此月末结转收入，将其发生额转入"本年利润"账户的贷方；同时，减少收入类账户的发生额，应记入各收入类账户的借方。编制会计分录如下：

借：主营业务收入　　759 000

　　其他业务收入　　17 500

　　营业外收入　　500

　　贷：本年利润　　777 000

该业务不涉及库存现金和银行存款，应填制转账凭证，如表5-72所示。

表 5-72　转账凭证

转　账　凭　证

总字第 36 号

转字第 21 号

2014 年 12 月 31 日

摘　要	会计科目		借方金额											贷方金额											记账符号
	总账科目	明细科目	亿	千	百	十	万	千	百	十	元	角	分	亿	千	百	十	万	千	百	十	元	角	分	
结转损益类账户	主营业务收入					7	5	9	0	0	0	0	0												
	其他业务收入						1	7	5	0	0	0	0												
	营业外收入								5	0	0	0	0												
	本年利润																7	7	7	0	0	0	0	0	
合　计　金　额					¥	7	7	7	0	0	0	0	0			¥	7	7	7	0	0	0	0	0	

附单据 1 张

会计主管：章玉芬　　记账：赵蔚然　　复核：王惠玲　　制单：秦卫国

【业务 5-37】12 月 31 日，将损益类中有关费用类账户的余额转入“本年利润”账户。原始凭证（损益类账户结转表）见表 5-71 所示。

该项经济业务，费用支出的发生减少企业的本年利润，因此，期末将各费用类账户的余额转入“本年利润”账户的借方，同时计入各费用类账户的贷方。编制会计分录如下：

借：本年利润　　620 400

　　贷：主营业务成本　　461 300

　　　　其他业务成本　　13 100

　　　　营业税金及附加　　3 311.1

　　　　销售费用　　55 824

　　　　管理费用　　50 864.9

　　　　财务费用　　6 000

　　　　营业外支出　　30 000.0

【注意】

管理费用 = 3 346 + 24 000 + 7 200 + 8 000 + 4 900 + 568.9 + 2 850 = 50 864.9（元）

销售费用 = 材料费（1 824）+ 职工薪酬（30 000）+ 社保和住房公积金等（9 000）+ 折旧费（3 000）+ 水电费（2 000）+ 广告费（10 000）= 55 824（元）

该业务不涉及库存现金和银行存款，应填制转账凭证，如表 5-73 所示。

表 5-73 转账凭证

转 账 凭 证

2014 年 12 月 31 日

总字第 37 号

转字第 22 号

摘要	会计科目：总账科目	会计科目：明细科目	借方金额	贷方金额	记账符号
结转损益类账户	本年利润		620 400.00		
	主营业务成本			461 300.00	
	其他业务成本			13 100.00	
	营业税金及附加			3 311.10	
	销售费用			55 824.00	
	管理费用			50 864.90	
	财务费用			6 000.00	
	营业外支出			30 000.00	
合计金额			¥620 400.00	¥620 400.00	

附单据 1 张

会计主管：章玉芬　记账：赵蔚然　复核：王惠玲　制单：秦卫国

【业务 5-38】12 月 31 日，计算并结转所得税费用。原始凭证（所得税费用计算表）见表 5-74 所示。

表 5-74 所得税费用计算表

所得税费用计算表

2014 年 12 月 31 日

计税依据（本期利润总额）	税率	本期应交所得税金额
156 600.00	25%	39 150.00

会计主管：章玉芬　复核：王惠玲　制单：秦卫国

【注意】

应纳税所得额 = 777 000 − 620 400 = 156 600（元）

应交所得税 = 156 600 × 25% = 39 150（元）

该项经济业务使企业的所得税费用增加 39 150 元，应记入“所得税费用”账户的借方；同时，使企业应上缴国家的所得税增加 39 150 元，应记入“应交税费——应交所得税”账户的贷方。编制会计分录如下：

借：所得税费用　　39 150

　贷：应交税费——应交所得税　　39 150

该业务不涉及库存现金和银行存款，应填制转账凭证，如表 5–75 所示。

表 5–75　转账凭证

转　账　凭　证

总字第 38 号

转字第 23 号

2014 年 12 月 31 日

摘　要	会计科目		借方金额											贷方金额											记账符号
	总账科目	明细科目	亿	千	百	十	万	千	百	十	元	角	分	亿	千	百	十	万	千	百	十	元	角	分	
计算所得税费用	所得税费用						3	9	1	5	0	0	0												
	应交税费	应交所得税																3	9	1	5	0	0	0	
合　计　金　额						¥	3	9	1	5	0	0	0				¥	3	9	1	5	0	0	0	

附单据 1 张

会计主管：章玉芬　　记账：赵蔚然　　复核：王惠玲　　制单：秦卫国

【业务 5–39】12 月 31 日，将“所得税费用”账户余额结转“本年利润”账户。

该项经济业务使企业的利润减少 39 150 元，应记入“本年利润”账户借方；同时，所得税费用减少 39 150 元，应记入“所得税费用”账户贷方。编制会计分录如下：

借：本年利润　　39 150

　　贷：所得税费用　　39 150

该业务不涉及库存现金和银行存款，应填制转账凭证，如表 5–76 所示。

表 5–76　转账凭证

转　账　凭　证

总字第 39 号

转字第 24 号

2014 年 12 月 31 日

摘　要	会计科目		借方金额											贷方金额											记账符号
	总账科目	明细科目	亿	千	百	十	万	千	百	十	元	角	分	亿	千	百	十	万	千	百	十	元	角	分	
结转所得税费用	本利利润						3	9	1	5	0	0	0												
	所得税费用																	3	9	1	5	0	0	0	
合　计　金　额						¥	3	9	1	5	0	0	0				¥	3	9	1	5	0	0	0	

附单据　张

会计主管：章玉芬　　记账：赵蔚然　　复核：王惠玲　　制单：秦卫国

【注意】

结转完毕，各损益类账户余额为零。本年利润账户的余额即为当期实现的经营成果，当本年利润有贷方余额时，即为盈利；如果本年利润出现借方余额，则为当期的亏损额。

利润形成业务核算账户关系如图 5-5 所示。

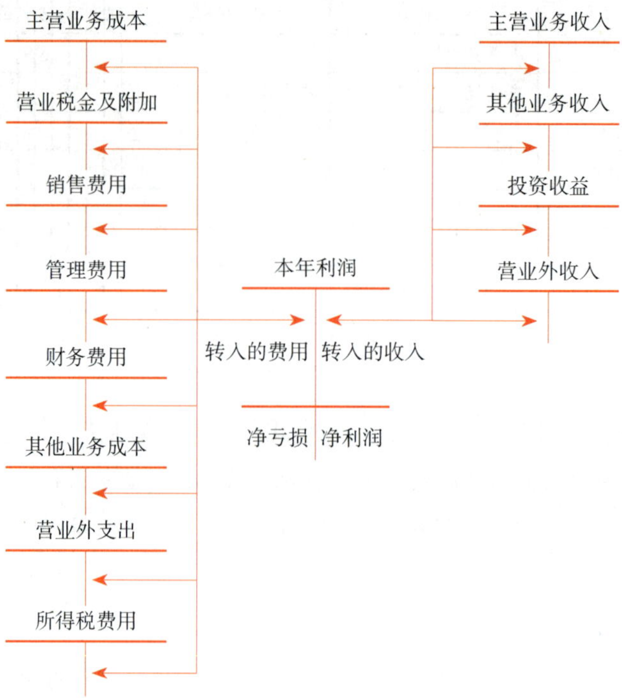

图 5-5　利润形成业务核算账户关系图

任务拓展

某企业 2014 年 12 月 30 日，有关损益类账户发生额如下：

主营业务收入（贷）：90 000 元

其他业务收入（贷）：20 000 元

营业外收入（贷）：3 000 元

主营业务成本（借）：60 000 元

其他业务成本（借）：12 000 元

销售费用（借）：10 000 元

管理费用（借）：8 000 元

财务费用（借）：4 000 元

（1）12月31日，按企业当月应交增值税5 000元、消费税2 000元，分别按7%、3%计算应交城市维护建设税和教育费附加。

（2）12月31日，将所有损益类账户中有关收入类账户的余额转入“本年利润”账户。

（3）12月31日，将所有损益类账户中有关费用类账户的余额转入“本年利润”账户。

（4）12月31日，按25%计算应交所得税，并结转所得税费用。

（5）12月31日，将“所得税费用”账户余额结转至“本年利润”账户。

请根据上述经济业务，编制会计分录。

任务6　利润分配的核算

任务布置

请具体分析天齐电子设备有限责任公司利润分配业务（【业务5-40】至【业务5-43】），根据利润分配业务核算的相关知识，完成净利润结转、提取法定盈余公积、向投资者分配利润、结转已分配利润等利润分配业务的账务处理，并编制记账凭证。

教学组织

建议5人一组，模拟天齐电子设备有限责任公司的财务科，分别扮演制单员秦卫国、记账员赵蔚然、出纳员徐玲玲、复核员王惠玲、会计主管章玉芬。讨论完成利润分配业务的账务处理，并编制记账凭证。每人或每组发放转账凭证4张。

知识学习

一、利润分配的核算内容

利润分配，是指企业根据国家有关规定和企业章程、投资者协议等，对企业当年可供分配利润指定其特定用途和分配给投资者的行为。利润分配的过程和结果不仅关系每个股东的合法权益，而且关系企业未来的发展。

企业向投资者分配利润是按一定顺序进行的，其顺序如下。

（一）计算可供分配的利润

可供分配利润＝净利润（或亏损）＋年初未分配利润－弥补以前年度亏损＋其他转入

如可供分配利润为负数（即累计亏损），则不能进行分配；如供分配利润为正数（即累计盈余），则可进行后续分配。

（二）提取法定盈余公积金

法定盈余公积金按照本年实现净利润 10% 的比例提取。企业提取的法定盈余公积金累计额达其注册资本的 50% 以上时，可不再提取。企业提取的法定盈余公积金主要用于弥补亏损和转增资本。转增资本后法定盈余公积金不得低于注册资本的 25%。

（三）提取任意盈余公积金

按照公司章程规定或股东大会决议可以提取任意盈余公积金。其提取比例每年由股东会或股东大会决议确定，用途与法定盈余公积金相同。

（四）向投资者分配利润（或股利）

企业提取盈余公积金后，形成可供投资者分配的利润。

可供投资者分配的利润 = 可供分配利润 − 提取的盈余公积

企业可以采用现金股利、股票股利和财产股利等形式向投资者分配利润（或股利）。

二、账户设置

（一）“利润分配”账户

“利润分配”账户属于所有者权益类账户，是“本年利润”账户的备抵账户，用来核算企业本年度利润的分配（或亏损的弥补）和历年利润（或亏损的弥补）的结余情况。该账户借方登记实际分配的利润额（提取的盈余公积、应付现金股利和利润），以及年末从“本年利润”账户转入的本年发生的净亏损额；贷方登记盈余公积弥补的亏损额等其他转入额，以及年末从“本年利润”账户转入的本年实现的净利润额。年末，应将“利润分配”账户下的其他明细账户的余额转入“未分配利润”明细账户，结转后，除“未分配利润”明细账户外，其他各个明细账户均无余额。年末若为贷方余额，表示历年积存的未分配利润，年末若为借方余额，表示历年积存的未弥补亏损。该账户可按利润分配的具体项目设置提取法定盈余公积、提取任意盈余公积、应付现金股利或利润、转作股本的股利、盈余公积补亏、未分配利润等明细账户，进行明细核算。

借方　　　　利润分配	贷方
实际分配利润额 转入的本年亏损	盈余公积补亏 转入的本年利润
期末累计未弥补亏损	期末累计未分配利润

例如：某企业 6 月末，“本年利润”账户贷方余额为 15 万元，“利润分配”账户借方余额为 8 万元，则其未分配利润 = 15 − 8 = 7（万元）。

若“本年利润”账户为借方余额 2 万元，则其未分配利润 = −2 − 8 = −10（万元），说明有未弥补亏损。

年末，将“本年利润”账户余额转入利润分配，则利润分配余额为截止到年末累计未分配利润或未弥补亏损。

（二）“盈余公积”账户

“盈余公积”账户属于所有者权益类账户，用来核算企业从净利润中提取的法定盈余公积金和任意盈余公积金。该账户贷方登记从净利润中提取的盈余公积，即盈余公积的增加额；借方登记盈余公积用于弥补企业亏损或转增资本数，即盈余公积的减少额；期末贷方余额，表示企业提取的盈余公积结余额。该账户应按法定盈余公积、任意盈余公积设置明细账户，进行明细核算。

借方　　　　盈余公积	贷方
盈余公积的减少额	盈余公积的增加额
	期末提取的盈余公积结余额

（三）“应付股利”账户

“应付股利”账户属于负债类账户，用来核算企业按规定应付给投资者的利润。该账户贷方登记按规定应分配给投资者的现金股利或利润；借方登记实际支付给投资者的现金股利或利润；期末贷方余额，表示企业尚未支付的现金股利或利润。该账户按投资者设置明细账户，进行明细核算。

借方　　　　应付股利	贷方
实际支付的现金股利或利润	应分配给投资者的现金股利或利润
	期末尚未支付的现金股利或利润

任务实施

【业务 5-40】12 月 31 日，将“本年利润”账户余额转入“利润分配”账户。原始凭证（内部转账单）见表 5-77 所示。

表 5-77 内部转账单

内部转账单

2014 年 12 月31日

应借科目	应贷科目	金额（元）	备 注
本年利润		117 450	
	利润分配——未分配利润	117 450	

会计主管：章玉芬　　复核：王惠玲　　制单：秦卫国

【注意】

"本年利润"账户如果1—11月有余额，应一并转入"利润分配"账户。此处假定无余额。

待分配利润＝156 600－39 150＝117 450（元）

该项经济业务，因实现的净利润结转到利润分配，使本年利润减少117 450元，应记入"本年利润"账户借方；另外，待分配利润增加117 450元，应记入"利润分配——未分配利润"账户贷方。编制会计分录如下：

借：本年利润　　117 450

　　贷：利润分配——未分配利润　　117 450

该业务不涉及库存现金和银行存款，应填制转账凭证，如表 5-78 所示。

表 5-78 转账凭证

转 账 凭 证

总字第 40 号

转字第 25 号

2014 年 12 月31日

摘 要	总账科目	明细科目	借方金额	贷方金额	记账符号
结转本年利润	本年利润		11745000		
	利润分配	未分配利润		11745000	
合 计 金 额			¥11745000	¥11745000	

附单据 1 张

会计主管：章玉芬　　记账：赵蔚然　　复核：王惠玲　　制单：秦卫国

【业务 5-41】12 月 31 日，按税后利润的 10% 提取盈余公积。原始凭证（提取盈余公积计算表）见表 5-79。

表 5-79 提取盈余公积计算表

提取盈余公积计算表

企业名称：天齐电子设备有限责任公司　　2014 年度　　单位：元

项目	金额
本年净利润	117 450
减：弥补企业以前年度亏损	0
计提盈余公积基数	117 450
本年应计提法定盈余公积	11 745

会计主管：章玉芬　　复核：王惠玲　　制单：秦卫国

该项经济业务，因提取法定盈余公积使未分配利润减少 11 745 元，应记入“利润分配”账户借方；同时，盈余公积金增加 11 745 元，应记入“盈余公积”账户贷方。编制会计分录如下：

借：利润分配——提取法定盈余公积　　11 745

　　贷：盈余公积　　11 745

该业务不涉及库存现金和银行存款，应填制转账凭证，如表 5-80 所示。

表 5-80 转账凭证

转　账　凭　证

总字第 41 号

转字第 26 号

2014 年 12 月 31 日

摘要	会计科目		借方金额											贷方金额											记账符号
	总账科目	明细科目	亿	千	百	十	万	千	百	十	元	角	分	亿	千	百	十	万	千	百	十	元	角	分	
提取盈余公积	利润分配	提取法定盈余公积					1	1	7	4	5	0	0												
	盈余公积																	1	1	7	4	5	0	0	
合计金额						¥	1	1	7	4	5	0	0				¥	1	1	7	4	5	0	0	

附单据 1 张

会计主管：章玉芬　　记账：赵蔚然　　复核：王惠玲　　制单：秦卫国

【业务 5-42】12 月 31 日，按当年净利润的 30% 计算应向投资者分配的现金股利。原始凭证（董事会决议）见表 5-81 所示。

表 5-81　董事会决议

天齐电子设备有限责任公司董事会会议决议

经全体董事会成员同意，决定对2014年度可供投资者分配利润117 450元的30%进行分配。共分配35 235元。

董事会成员：赵宏伟　　王思　　张江峰

天齐电子设备有限责任公司 财务专用章

2014年12月31日

该项经济业务，因向投资者分配利润使未分配利润减少 35 235 元，应记入“利润分配”账户的借方；另外，应付投资者利润增加 35 235 元，应记入“应付股利”账户的贷方。编制会计分录如下：

借：利润分配——应付股利　　35 235

　　贷：应付股利　　35 235

该业务不涉及库存现金和银行存款增加，应填制转账凭证，如表 5-82 所示。

表 5-82　转账凭证

转　账　凭　证

总字第 42 号

转字第 27 号

2014 年 12 月 31 日

摘　要	会计科目		借方金额（亿千百十万千百十元角分）	贷方金额（亿千百十万千百十元角分）	记账符号
	总账科目	明细科目			
分配现金股利	利润分配	应付股利	3523500		
	应付股利			3523500	
合　计　金　额			¥3523500	¥3523500	

附单据 1 张

会计主管：章玉芬　　记账：赵蔚然　　复核：王惠玲　　制单：秦卫国

【业务 5-43】12 月 31 日，年终决算时，将“利润分配”账户所属的各明细分类账户的借方合计数，结转到“利润分配——未分配利润”明细分类账户的借方。原始凭证（内部转账单）见表 5-83 所示。

表 5-83 内部转账单

内部转账单

2014 年 12 月 31 日　　　　单位：元

应借科目	应贷科目	金额	备　注
利润分配——未分配利润		46 980	
	利润分配——提取法定盈余公积	11 745	
	利润分配——应付股利	35 235	

会计主管：章玉芬　　复核：王惠玲　　制单：秦卫国

该项经济业务，“利润分配”账户的其他明细账户转入“利润分配——未分配利润”后，“利润分配”账户只有“未分配利润”明细账户有余额，其他明细账户均无余额。编制会计分录如下：

借：利润分配——未分配利润　　46 980

　贷：利润分配——提取法定盈余公积　　11 745

　　　　　　——应付股利　　35 235

该业务不涉及库存现金和银行存款，应填制转账凭证，如表 5-84 所示。

表 5-84 转账凭证

转　账　凭　证

总字第 43 号

2014 年 12 月 31 日　　　　转字第 28 号

摘　要	会计科目		借方金额	贷方金额	记账符号
	总账科目	明细科目	亿千百十万千百十元角分	亿千百十万千百十元角分	
结转利润分配	利润分配	未分配利润	4698000		
	利润分配	提取法定盈余公积		1174500	
		应付股利		3523500	
合　计　金　额			¥4698000	¥4698000	

附单据 1 张

会计主管：章玉芬　　记账：赵蔚然　　复核：王惠玲　　制单：秦卫国

【注意】

企业未分配利润 = 117 450 − 46 980 = 70 470（元）

利润分配业务核算账户关系如图 5-6 所示。

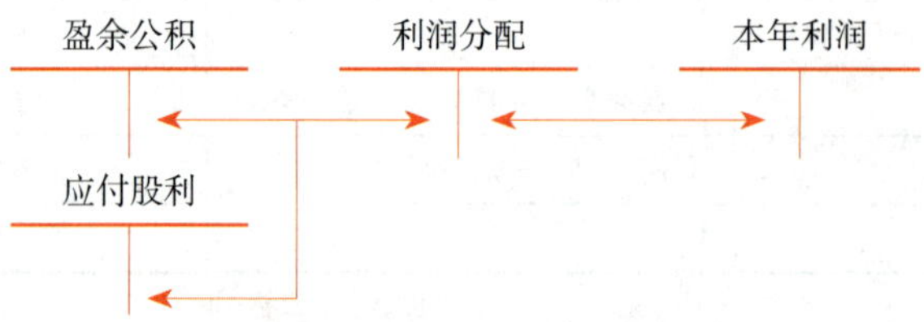

图 5-6　利润分配业务核算账户关系图

任务拓展

某企业主营业务收入 300 000 元，其他业务收入 240 000 元，营业外收入 1 000 元，主营业务成本 140 000 元，其他业务成本 46 000 元，销售费用 8 000 元，管理费用 30 000 元，财务费用 20 000 元。所得税税率 25%。

1. 计算该企业营业利润、利润总额、净利润；
2. 结转损益类账户；
3. 结转企业本年利润。

项目总结

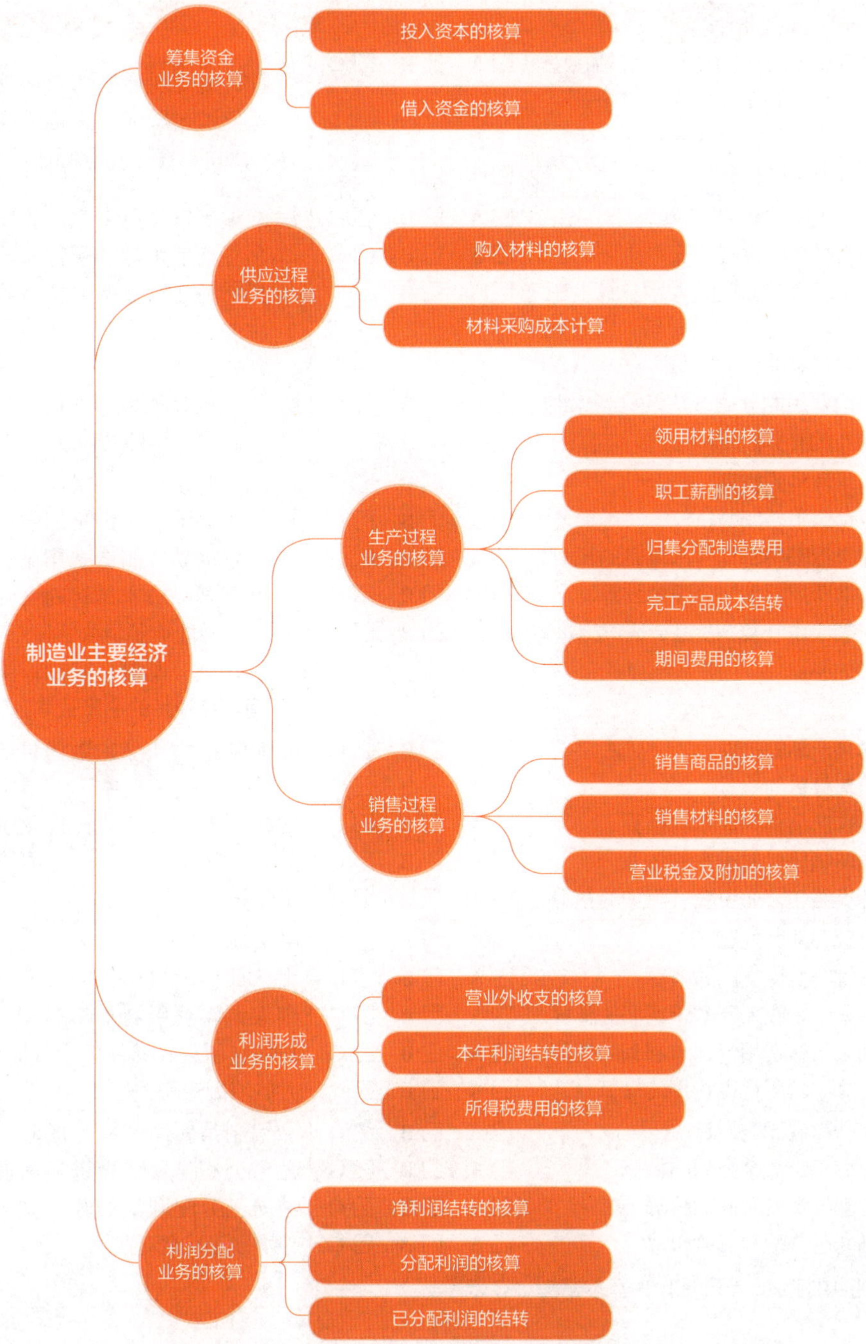
制造业主要经济业务的核算
筹集资金业务的核算
投入资本的核算
借入资金的核算
供应过程业务的核算
购入材料的核算
材料采购成本计算
生产过程业务的核算
领用材料的核算
职工薪酬的核算
归集分配制造费用
完工产品成本结转
期间费用的核算
销售过程业务的核算
销售商品的核算
销售材料的核算
营业税金及附加的核算
利润形成业务的核算
营业外收支的核算
本年利润结转的核算
所得税费用的核算
利润分配业务的核算
净利润结转的核算
分配利润的核算
已分配利润的结转

学习评价

▲专业能力测评表

业务能力	评价指标	自测结果	要求
筹资业务的核算	1. 投入资本投资的核算，包括接受货币资金投资，接受固定资产、无形资产投资等的核算 2. 借入资金的核算	□A □B □C □A □B □C	能编制接受现金投资、接受固定资产和无形资产投资的会计分录，并能填制记账凭证
供应过程的核算	1. 材料采购成本的构成 2. 购入材料应设置的账户 3. 以银行存款、签发并承兑商业汇票、预付账款购买材料，以及购入材料款未付的核算 4. 采购费用的分摊方法及材料采购成本的计算	□A □B □C □A □B □C □A □B □C □A □B □C	1. 能编制以银行存款、签发并承兑商业汇票、预付账款购买材料，以及购入材料款未付的会计分录，并能填制记账凭证。 2. 能正确分摊采购费用，并能正确计算材料采购成本
生产过程的核算	1. 领用材料的核算 2. 应付职工薪酬的核算 3. 计提折旧费、支付水电费的核算 4. 制造费用归集与分配的核算 5. 产品成本计算与完工产品成本结转的核算	□A □B □C □A □B □C □A □B □C □A □B □C □A □B □C	1. 能编制生产领用材料、应付职工薪酬、计提折旧费、支付水电费、制造费用结转、完工产品成本结转的会计分录，并能填制记账凭证。 2. 能正确分配制造费用，能正确计算产品的生产成本
销售过程的核算	1. 销售产品的核算 2. 销售材料的核算 3. 结转产品销售成本的核算 4. 结转销售材料成本的核算 5. 计算结转营业税金及附加的核算	□A □B □C □A □B □C □A □B □C □A □B □C □A □B □C	能编制销售产品、销售材料、结转产品销售成本、结转销售材料成本、计算结转营业税金及附加的会计分录，并能填制记账凭证
利润形成的核算	1. 收取罚款的核算 2. 支付公益性支出的核算 3. 期末结转收入到本年利润的核算 4. 期末结转费用到本年利润的核算 5. 计算结转所得税费用的核算	□A □B □C □A □B □C □A □B □C □A □B □C □A □B □C	能编制收取罚款、支付公益性支出、期末结转收入到本年利润、期末结转费用到本年利润、计算结转所得税费用的会计分录，并能填制记账凭证
利润分配的核算	1. 结转净利润的核算 2. 提取法定盈余公积的核算 3. 分配投资者利润的核算 4. 结转已分配利润的核算	□A □B □C □A □B □C □A □B □C □A □B □C	能编制结转净利润、提取法定盈余公积、分配投资者利润、结转已分配利润的会计分录，并填制记账凭证
说明	（在□中打√，A掌握，B基本掌握，C未掌握）		
教师评语：			
成绩		教师签字	

06

项目六

登记账簿

【职业能力目标】

- 掌握账簿的启用规则及方法；
- 能正确登记日记账、明细账、总账；
- 能规范进行错账更正；
- 能正确进行期末对账、结账。

【项目背景】

天齐电子设备有限责任公司 2014 年 12 月发生了 43 笔经济业务（见项目五），这些经济业务包括筹资业务、供应过程业务、生产过程业务、销售过程业务、利润形成及分配业务，公司财务科根据这些经济业务的原始凭证，运用借贷记账法编制了会计分录，填制了记账凭证（收款凭证、付款凭证和转账凭证）。

导问

记账凭证提供了什么信息？这些信息能满足企业经营管理的需要吗？还需要借助会计核算的哪种方法来提供更加详细的会计信息？会计账簿提供怎样的会计信息？会计账簿是如何登记的？

【项目分析】

由于会计凭证对经济业务的记录是分散的，每一张记账凭证通常只反映一项经济业务。为取得系统化的核算资料，必须对分散在会计凭证上的资料进行整理，从而全面、系统、连续地反映会计主体的经济活动和财务收支状况，为编制会计报表和企业内部管理提供必要的、有用的信息。这就要运用会计核算的专门方法——登记会计账簿来完成。

【项目分解】

登记账簿这一项目可分解为如下主要任务：

任务 1　启用账簿

任务 2　登记日记账

任务 3　登记分类账

任务 4　查找与更正错账

任务 5　对账与结账

【项目实施】

任务 1　启 用 账 簿

任务布置

根据天齐电子设备有限责任公司的情况，作为公司的财务人员为公司启用日记账、明细分类账和总分类账账簿，并以库存现金和银行存款日记账为例，按照启用账簿的要求，完成相关账簿启用工作。

教学组织

建议 5 人一组，分别完成天齐电子设备有限责任公司库存现金日记账、银行存款日记账、各种明细分类账、总分类账的启用。教学中可以每组发放库存现金日记账簿、银行存款日记账簿、总分类账各 1 本，三栏式、数量金额式、多栏式明细分类账簿各 1 本，并按照会计岗位职责分别不同的人员负责。库存现金日记账簿、银行存款日记账簿由出纳员徐玲玲负责，各种明细分类账由记账员赵蔚然负责，总分类账由会计主管章玉芬负责。

知识学习

一、账簿的概念及分类

（一）账簿的概念

会计账簿，是指由一定格式的账页组成的，以经过审核的会计凭证为依据，全面、系统、连续地记录各项经济业务的簿籍，简称账簿。设置和登记账簿，是编制财务报表的基础，是连接会计凭证和财务报表的中间环节，在会计核算中占有重要地位。

企业在会计核算中，对每一项经济业务都必须取得和填制会计凭证，但由于会计凭证数量很多，又很分散，而且每张凭证只能记载个别经济业务的内容，所提供的资料是零星的，不能全面、连续、系统地反映和监督一个经济单位在一定时期内某一类和全部经济业务活动的情况，不便于日后查阅。因此，为了给经济管理提供系统的会计核算资料，各单位都必须在编制记账凭证的基础上通过登记账簿的方法，把分散在会计凭证上的大量核算资料，加以集中和归类整理，生成有用的会计信息，从而为编制财务报表、进行会计分析提供主要依据。由此可见，设置和登记会计账簿具有如下作用：① 记载和储存会计信息；② 分类和汇总会计信息；③ 检查和校正会计信息。

【注意】

账簿和账户的关系是形式和内容的关系。账簿是由若干账页组成的一个整体，账簿中的每一账页就是账户的具体存在形式和载体，没有账簿，账户就无法存在；账簿序时、分类地记录经济业务，是在各个具体的账户中完成的。因此，账簿只是一个外在形式，账户才是它的实质内容。

（二）账簿的分类

1. 按账簿用途的不同，可分为序时账簿、分类账簿和备查账簿

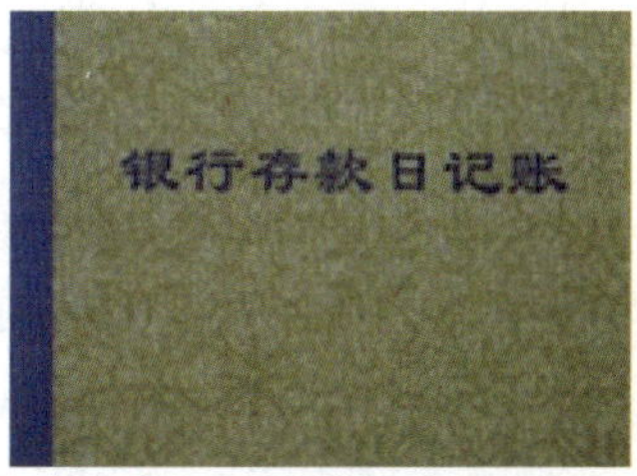

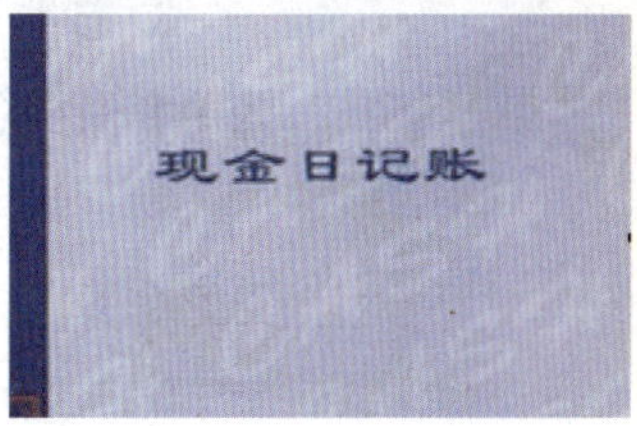

（1）序时账簿。序时账簿，又称日记账，是指按照经济业务发生时间的先后顺序逐日、逐笔登记的账簿。日记账按其记录的内容不同，又分为普通日记账和特种日记账两种。

普通日记账，也称会计分录簿，是对全部经济业务按其发生时间的先后顺序逐日、逐笔登记的账簿。普通日记账根据所发生经济业务的原始凭证，直接以会计分录的格式进行序时登记。

特种日记账，是对某一特定种类的经济业务按其发生时间的先后顺序逐日、逐笔顺序登记的账簿。如库存现金日记账、银行存款日记账、销货日记账、购货日记账等。在我国，大多数单位一般只设库存现金日记账和银行存款日记账。

（2）分类账簿。分类账簿，是指对经济业务按照会计要素的具体类别而设置的分类账户进行登记的账簿。分类账簿按其反映经济业务的详细程度又分为总分类账簿和明细分类账簿。总分类账簿，又称总账，是指按照总分类账户开设的，能全面地反映企业经济业务的账簿；明细分类账簿，又称明细账，是指按照明细分类账户开设的，分类登记业务的账簿。总账对所属明细账起统驭作用，明细账对总账起补充和说明的作用。

（3）备查账簿。备查账簿，又称备查簿、辅助登记簿或补充登记簿，是指对某些未能在序时账簿和分类账簿中进行登记或记载不够详细的经济业务进行补充登记的账簿。备查账簿只是对其他账簿记录的一种补充，与其他账簿之间不存在严密的依存和勾稽关系，各单位可根据企业实际需要确定是否需要设置备查账簿。如，租入固定资产备查账簿、受托加工材料登记簿等。

2. 按外观形式不同，可分为订本式账簿、活页式账簿和卡片式账簿

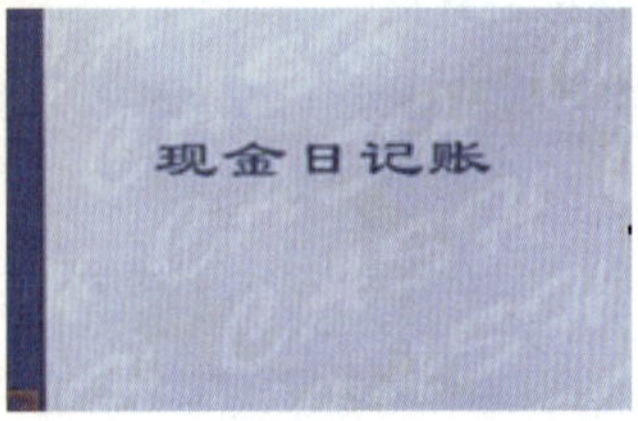

（1）订本式账簿。订本式账簿，简称订本账，是指在启用前就已经将账页装订在一起，并预先对页码进行连续编号的账簿。这种账簿的优点是：账页固定，既可防止账页散失，也可防止抽换账页。其缺点是：由于账页固定，预留账页数与实际需要量可能不一致，使用起来不够灵活，而且在同一时间内只能由一人登记账簿，不便于分工记账。订本账一般适用于日记账和总账。

（2）活页式账簿。活页式账簿，简称活页账，是指在账簿登记完毕之前不把账页固定装订在一起，而是装在活页账夹中的账簿。该种账簿的优点是：可根据几张内容的变化而随时增加或减少账页，并可同时由数人分工登记账簿；使用完毕（通常一个会计年度结束之后）不再登记时，才加具封面，给账页连续编号，并装订成册。其缺点是：账页容易散失和被随意抽换。活页账适用于明细账。

（3）卡片式账簿。卡片式账簿，简称卡片账，是指用印有记账格式的卡片，详细登记各项经济业务的账簿。卡片不固定在一起，数量可根据经济业务量增减。使用完毕不再登记时，将卡片穿孔固定保管。卡片账的优缺点与活页账相同，一般适用于不常更换账页的账簿。如，固定资产的明细核算一般采用卡片账。

3. 按账页格式不同，可分为两栏式账簿、三栏式账簿、多栏式账簿、数量金额式账簿和横线登记式账簿

（1）两栏式账簿。两栏式账簿，是指其账页格式只有借方、贷方两个基本金额栏目的账簿。

（2）三栏式账簿。三栏式账簿，是指其账页格式设有借方、贷方和余额三个金额栏目的账簿。一般适用于只需记录金额的账户，如库存现金日记账、银行存款日记账、总分类账，以及资本、债权债务明细账等。如表6-1所示。

表 6-1　三栏式账簿

总　　账

会计科目＿＿＿＿＿＿

年		凭证		摘　要	借　方	贷　方	借或贷	余　额	核对
月	日	种类	号数		亿千百十万千百十元角分	亿千百十万千百十元角分		亿千百十万千百十元角分	

（3）多栏式账簿。多栏式账簿，是指在账页的两个基本栏目借方和贷方按需要分设若干专栏的账簿。多栏式账簿借方和贷方栏目按照明细科目或某明细科目的各明细项目下设专栏，用于反映所记经济业务或事项的构成内容，以便为经济管理提供详细资料。多栏式账簿又分为借方多栏式明细账和贷方多栏式明细账。如，制造费用明细分类账、生产成本明细分类账等。如表 6-2 所示。

表 6-2　多栏式账簿

制造费用明细账

年		凭证号数	摘　要	借　方（实际发生额）									贷　方（结转）	余　额
				材料费	工资	社会保险费	水电费	折旧费	职工教育经费	工会经费	其他	合　计		
月	日			千百十万千百十元角分	百十万千百十元角分	十万千百十元角分	十万千百十元角分	十万千百十元角分	十万千百十元角分	十万千百十元角分	十万千百十元角分	千百十万千百十元角分	亿千百十万千百十元角分	亿千百十万千百十元角分

（4）数量金额式账簿。数量金额式账簿，是指在账页借方、贷方和余额三个栏目内，每个栏目再分设数量、单价和金额三个小栏目，用以反映财产物资的实物数量和价值量的账簿。如，原材料明细分类账、库存商品明细分类账等。如表 6-3 所示。

表 6-3　数量金额式账簿

编号	
名称	
材质	
规格	

原材料　　明细账

储备天数 ________　最高存量 ________　计划价格 ________　总页 ________

最低存量 ________　计量单位 ________　分页 ________

年		凭证号数	摘要	借方			贷方			核对号	余额		
月	日			数量	单价	金额 亿千百十万千百十元角分	数量	单价	金额 亿千百十万千百十元角分		数量	单价	金额 亿千百十万千百十元角分

（5）横线登记式账簿。横线登记式账簿，又称平行式账簿，是指在账簿账页的借方和贷方，根据需要分设若干栏次，在账页借贷双方同一行内记录某一经济业务或事项的发生至结束全过程的账簿。横线登记式账簿一般适用于需要逐笔结算的经济业务或事项的明细账。如材料采购明细分类账。

二、会计账簿的基本内容与启用

（一）账簿的基本内容

会计账簿包括总分类账、明细分类账、日记账和备查账。其格式也多种多样，总分类账、明细分类账和日记账等主要账簿一般由封面、扉页和账页等构成。

1. 封面

主要用来载明记账单位的名称和账簿的名称。

2. 扉页

主要有“账簿启用表及经管人员一览表”和账户目录（即科目索引）。“经管人员一览表”的内容有：① 单位名称；② 账簿名称；③ 账簿页数；④ 启用日期；⑤ 单位领导人；⑥ 会计主管人员；⑦ 经管人员；⑧ 移交人和移交日期；⑨ 接管人员和接管日期。如表 6-4 所示。

表 6-4　账簿启用表及经管人员一览表

<table>
<caption>账簿启用表及经管人员一览表　　监制号：</caption>
<tr><td colspan="2">单位名称</td><td colspan="9"></td><td colspan="4">公　章</td></tr>
<tr><td colspan="2">账簿名称</td><td colspan="9"></td><td colspan="4" rowspan="4"></td></tr>
<tr><td colspan="2">账簿编号</td><td colspan="9"></td></tr>
<tr><td colspan="2">账簿页数</td><td colspan="9"></td></tr>
<tr><td colspan="2">启用日期</td><td colspan="9"></td></tr>
<tr><td rowspan="3">经管人员</td><td colspan="2">单位主管</td><td colspan="4">财务主管</td><td colspan="4">复核</td><td colspan="4">记账</td></tr>
<tr><td>姓名</td><td>盖章</td><td colspan="2">姓名</td><td colspan="2">盖章</td><td colspan="2">姓名</td><td colspan="2">盖章</td><td colspan="2">姓名</td><td colspan="2">盖章</td></tr>
<tr><td></td><td></td><td colspan="2"></td><td colspan="2"></td><td colspan="2"></td><td colspan="2"></td><td colspan="2"></td><td colspan="2"></td></tr>
<tr><td rowspan="5">接交记录</td><td colspan="2">经管人员</td><td colspan="4">接管人员</td><td colspan="4">交出人员</td><td colspan="4">监交人员</td></tr>
<tr><td>职别</td><td>姓名</td><td>年</td><td>月</td><td>日</td><td>盖章</td><td>年</td><td>月</td><td>日</td><td>盖章</td><td>年</td><td>月</td><td>日</td><td>盖章</td></tr>
<tr><td></td><td></td><td></td><td></td><td></td><td></td><td></td><td></td><td></td><td></td><td></td><td></td><td></td><td></td></tr>
<tr><td></td><td></td><td></td><td></td><td></td><td></td><td></td><td></td><td></td><td></td><td></td><td></td><td></td><td></td></tr>
<tr><td></td><td></td><td></td><td></td><td></td><td></td><td></td><td></td><td></td><td></td><td></td><td></td><td></td><td></td></tr>
<tr><td>备注</td><td colspan="14"></td></tr>
</table>

3. 账页

账页是账簿的主体。在每张账页上应载明：账户名称（即会计科目或明细科目）和相关栏次。其中，相关栏次有：① 记账日期栏；② 记账凭证种类和号数栏；③ 摘要栏；④ 金额栏；⑤ 总页次和分页次。

（二）账簿启用

为了保证会计账簿记录的合法性和会计资料的完整，明确记账责任，会计账簿应当由专人负责登记。启用会计账簿时，应当注意以下几点：

> **小提示：**启用新账簿一般在年初更换新账。

1. 填写账簿封面与“账簿启用表及经管人员一览表”

启用会计账簿时，应在账簿封面上填写单位名称和账簿名称。账簿启用表附在账簿扉页上，会计人员应认真填写“账簿启用表及经管人员一览表”，加盖单位公章和有关个人名章。

2. 粘贴印花税票

按照我国现行税法规定，启用会计账簿要缴纳印花税，其中：记载资金的账簿，按实收资本和资本公积的合计金额万分之五贴花，其他账簿按件贴花五元。凡是记载资金的账簿，启用新账时，按照“实收资本”和“资本公积”增加额贴花，资金未增加的，不再按件定额贴花。其他账簿按件五元贴花。在营业账簿上贴印花税票，必须在账簿首页右上角粘贴，不准粘贴在账夹上。印花税票应当粘贴在应纳税凭证上，并由纳税人在每枚税票的骑缝处盖戳注销或者划线注销。

图 6-1　印花税票

【知识窗】

印花税票

印花税票是缴纳印花税的完税凭证，由国家税务总局负责监制。其票面金额以人民币为单位，分为壹角、贰角、伍角、壹元、贰元、伍元、拾元、伍拾元、壹佰元 9 种。如图 6-1 所示。

3. 顺序编定页码

启用订本式账簿，应当从第一页到最后一页顺序编定页数，不得跳页、缺号；启用活页式账簿，应定期装订成册，活页账装订成册后再按实际使用的账页顺序编定页码，另加目录，记明每个账户的名称和页次。

4. 结转上年结金额

年度开始启用新账簿时，应将上年有年末余额的账户结转到新账簿的第一行，并在摘要栏注明“上年结转”。

想一想：
一般情况下，哪些账户期末有余额？哪些账户期末没有余额？

5. 严格交接手续

记账人员或者会计机构负责人、会计主管人员调动工作时，应当注明交接日期、接办人员或者监交人员姓名，并由交接双方人员签名或盖章，以明确有关人员责任，强化有关人员的责任感，维护会计记录的严肃性。

任务实施

动 画：
会计账簿的启用

步骤 1： 填写账簿封面及账簿启用表及经管人员一览表（以“库存现金日记账”为例）。

步骤 2： 粘贴印花税票，并划线注销，以示交纳印花税，如表 6-5 所示。

步骤 3： 对于订本式账簿，按库存现金日记账、银行存款日记账、总账顺序编定页码，粘贴口取纸。

表 6-5 账簿启用表及经管人员一览表

账簿启用表及经管人员一览表

监制号：00210

单位名称		天齐电子设备有限责任公司									公章			
账簿名称		库存现金日记账									天齐电子设备有限责任公司 财务专用章			
账簿编号		NO.20140101												
账簿页数		100页												
启用日期		2014年1月1日												
经管人员	单位主管		财务主管				复核				记账			
	姓名	盖章	姓名		盖章		姓名		盖章		姓名		盖章	
	赵宏伟	赵宏伟	章玉芬		章玉芬		王惠玲		王惠玲		徐玲玲		徐玲玲	
接交记录	经管人员		接管人员				交出人员				监交人员			
	职别	姓名	年	月	日	盖章	年	月	日	盖章	年	月	日	盖章
备注														

步骤 4： 结转日记账、明细账、总账上年期末余额。以“银行存款日记账”为例，如表 6-6 所示。

表 6-6 银行存款日记账

银行存款日记账

账号：36030300583638033089

户名：天齐电子设备有限责任公司

2014年 月	日	凭证 种类	凭证 号数	摘要	对方科目	支票号码	借方	贷方	借或贷	余额	核对
1	1			上年结转					借	95000000	

任务拓展

完成天齐电子设备有限责任公司总账、有关明细账簿的启用工作。

任务2　登记日记账

任务布置

天齐电子设备有限责任公司2014年12月1日库存现金日记账余额为6 500元，银行存款日记账余额为457 200元，12月份发生的经济业务见项目五【业务5-1】至【业务5-43】，请你以公司财务人员的身份，完成库存现金和银行存款日记账登记工作。

教学组织

建议5人一组，协作完成天齐电子设备有限责任公司库存现金日记账、银行存款日记账登记工作。按照会计岗位职责分别不同的人员负责。库存现金日记账、银行存款日记账由出纳员徐玲玲负责，也可以通过交换岗位完成。每人或每组发放库存现金日记账、银行存款日记账各1页。

知识学习

一、会计账簿登记规则

为了保证账簿记录的正确性，必须根据审核无误的会计凭证登记会计账簿，并遵循以下规则：

（1）登记会计账簿时，应当将会计凭证日期、编号、摘要、金额和其他有关资料逐项记入账内，做到数字准确、摘要清楚、登记及时、字迹工整。

（2）登记完毕后，要在记账凭证上签名或盖章，并标明已经登记的符号，表示已经记账。

（3）账簿中书写的文字和数字上面要留有适当的空格，不要写满格，一般应占格距的1/2，最多不超过2/3。

（4）登记账簿要用蓝黑墨水或碳素墨水书写，不得使用圆珠笔（银行的复写账簿除外）或者铅笔书写。

（5）特殊记账使用红色墨水。下列情况可以用红色墨水记账：

① 按照红字冲账的记账凭证，冲销错误记录；

② 在不设减少金额栏的多栏式账页中，登记减少数；

③ 在三栏式账户的余额栏前，如未印明余额方向的，在余额栏内登记负数余额；

④ 根据国家统一会计制度的规定可以用红字登记的其他会计记录。

（6）各种账簿按页次顺序连续登记，不得跳行、隔页。如果发生跳行、隔页，应当将空行、空页划一斜线注销，或者注明“此行空白”“此页空白”字样，记账人员签名或盖章。

（7）凡需要结出余额的账户，结出余额后，应当在“借或贷”栏内写明“借”或“贷”等字样。没有余额的账户，应当在“借或贷”栏内写“平”字，并在余额栏内元位上用“　”表示。库存现金日记账和银行存款日记账必须逐日结出余额。

（8）每一账页登记完毕结转下页时，应当结出本页合计数及余额，写在本页最后一行和下页第一行有关栏内，并在摘要栏内注明“过次页”和“承前页”字样；也可以不做“过次页”，将本页合计数及余额只写在下页第一行有关栏内，并在摘要栏内注明“承前页”字样。

需要结计本日发生额的账户，结计“过次页”的本页合计数应当为本日发生额合计数；对需要结计本月发生额的账户，结计“过次页”的本页合计数应当为自本月初起至本页末止的发生额合计数；对需要结计本年累计发生额的账户，结计“过次页”的本页合计数应当为自年初起至本页末止的累计数；对既不需要结计本月发生额又不需要结计本年累计发生额的账户，可以只将每页末的余额结账次页。

二、库存现金日记账的格式及登记方法

（一）库存现金日记账的格式

库存现金日记账是指用来核算和监督库存现金日常收、付和结存情况的序时账簿。其格式有三栏式和多栏式两种。无论采用三栏式还是多栏式库存现金日记账，都必须使用订本账。如表 6-7 所示。

表 6-7　库存现金日记账

库存现金日记账

年		凭证		摘要	对方科目	借方											贷方											借或贷	余额											核对
月	日	种类	号数			亿	千	百	十	万	千	百	十	元	角	分	亿	千	百	十	万	千	百	十	元	角	分		亿	千	百	十	万	千	百	十	元	角	分	

（二）库存现金日记账的登记方法

库存现金日记账由出纳人员根据库存现金的收、付款凭证，银行存款的付款凭证，逐日逐笔顺序登记，并根据“上日余额 + 本日收入 − 本日支出 = 本日余额”的公式，逐日结出库存现金余额，并与库存现金实存数核对，以检查每日库存现金收付是否有误。对于从银行提取现金的业务，由于规定只填制银行存款付款凭证，所以从银行提取现金的收入数，应根据银行存款付款凭证登记。具体登记方法如下：

1. 日期栏

日期栏，是指记账凭证的日期，应与库存现金实际收付日期一致。

2. 凭证号数栏

凭证号数栏，是指登记入账的库存现金收付凭证和从银行提取现金编制的银行付款凭证的种类和号数，如现金收款凭证 1 号，即简写为“现金 1”；现金付款凭证 3 号，即简写为“现付 3”；银行付款凭证 5 号，即简写为“银付 5”。

3. 摘要栏

摘要栏，简要说明登记入账的库存现金收付业务的内容。所谓“简要”是指其文字既要简练，又要说明问题。

4. 对方科目栏

对方科目栏是指现金收入的来源科目或现金支出的用途科目，如从银行提取现金，其来源科目（即对方科目）为“银行存款”；其作用在于了解现金收付的来龙去脉。

5. 收入金额、支出金额和结余金额栏

收入金额栏（借方栏）、支出金额栏（贷方栏）和结余金额栏（余额栏）是指现金实际收、付、余的金额。收到现金记入“收入金额”栏，付出现金记入“付出金额”栏。每日终了，应在“结余金额”栏结出余额，月终要计算本月现金收付金额的合计数，并在“结余金额”栏结出本月余额。

三、银行存款日记账的格式及登记方法

（一）银行存款日记账的格式

银行存款日记账，是指用来核算和监督银行存款每日的收入、支出和结余情况的账簿。银行存款日记账应按企业在银行开立的账户和币种分别设置，每个银行账户设置一本日记账。如表 6-8 所示。

表 6-8　银行存款日记账

银行存款日记账

账号：________

户名：________

年		凭证		摘要	对方科目	支票号码	借方											贷方											借或贷	余额											核对
月	日	种类	号数				亿	千	百	十	万	千	百	十	元	角	分	亿	千	百	十	万	千	百	十	元	角	分		亿	千	百	十	万	千	百	十	元	角	分	

（二）银行存款日记账的登记方法

银行存款日记账由出纳人员根据审核后的银行存款收、付款凭证，库存现金付款凭证，逐日逐笔顺序登记。对于将现金存入银行的业务，由于规定只填制现金付款凭证，因而这种业务的存款收入数应根据有关现金付款凭证登记。每日终了，应分别计算出当日银行存款收入、支出的合计数及账面余额。本日余额的计算方法与现金相同。每日结出银行存款余额，并定期与银行对账单核对。

银行存款日记账的具体登记方法如下：

1. 日期栏

日期栏是指记账凭证的日期，应与现金实际收付日期一致。

2. 凭证号数栏

凭证号数栏是指登记入账的银行存款收付凭证种类和号数（与现金日记账的登记方法一致）。

3. 摘要栏

简要说明登记入账的现金收付业务的内容。

4. 对方科目栏

对方科目栏是指现金收入的来源科目或现金支出的用途科目，如从银行提取现金，其来源科目（即对方科目）为“银行存款”；其作用在于了解现金收付的来龙去脉。

5. 支票号码栏

如果所记录的经济业务事项是以支票付款结算的，应在这栏内填写相应的支票号数，以便与开户银行对账。

6. 收入金额、支出金额

收入金额、支出金额是指银行存款实际收、付、余的金额。每日终了，分别计算银行存款的收入和支出合计数，结出余额，做到日清；月终应计算银行存款全月的收入、支出金额的合计数，做到月结。

任务实施

步骤 1：根据审核无误的记账凭证逐笔登记库存现金日记账。登记完成的“库存现金日记账”见表 6-9 所示。

表 6-9　库存现金日记账

库存现金日记账

2014年		凭证		摘要	对方科目	借方											贷方											借或贷	余额											核对
月	日	种类	号数			亿	千	百	十	万	千	百	十	元	角	分	亿	千	百	十	万	千	百	十	元	角	分		亿	千	百	十	万	千	百	十	元	角	分	
12	1			期初余额																								借						6	5	0	0	0	0	
	26	现付	8	预借差旅费	其他应收款																	3	0	0	0	0	0	借						3	5	0	0	0	0	
	28	现收	6	报销差旅费	其他应收款							1	5	0	0	0												借						3	6	5	0	0	0	
	31	现收	7	罚款收入	营业外收入							5	0	0	0	0												借						4	1	5	0	0	0	

【注意】

因账簿启用在每年的 1 月 1 日，此处仅仅列出的是 12 月份的账务处理，公司 1—11 月份的账簿登记不再体现，实际工作中应该是连续登记的，这里限于篇幅，故省略。

步骤 2：根据审核无误的记账凭证登记银行存款日记账。登记完成的“银行存款日记账”见表 6-10 所示。

表 6-10　银行存款日记账

银行存款日记账

账号：36030300583638033089

户名：天齐电子设备有限责任公司

2014年 月	日	凭证 种类	凭证 号数	摘　要	对方科目	支票号码	借方（亿千百十万千百十元角分）	贷方（亿千百十万千百十元角分）	借或贷	余额（亿千百十万千百十元角分）	核对
12	1			期初余额					借	45720000	
	1	银收	1	收到投资款	实收资本		80000000		借	125720000	
	4	银收	2	借款	短期借款		50000000		借	175720000	
	5	银付	1	购入材料	在途物资等			5704800	借	170015200	
	9	银付	2	购入材料	在途物资等			666000	借	169349200	
	10	银付	3	付欠款	应付账款			31989600	借	137359600	
	10	银付	4	预付货款	预付账款			12000000	借	125359600	
	21	银付	5	支付电费	制造费用等			2340000	借	123019600	
	21	银付	6	购办公用品	管理费用等			88890	借	122930710	
	22	银付	7	支付广告费	销售费用			1000000	借	121930710	
	22	银收	3	销售机床	主营业务收入等		39312000		借	161242710	
	24	银收	4	预收货款	预收账款		15000000		借	176242710	
	27	银收	5	出售丁材料	其他业务收入等		2047500		借	178290210	
	31	银付	9	捐赠希望小学	营业外支出			3000000	借	175290210	

【注意】

对于库存现金和银行存款业务发生比较频繁的企业，每日终了，需要计算银行存款的收入和支出合计数，结出余额，做到日清。余额可以每日结束后结出，也可以在每笔经济业务登账后直接结出。

任务拓展

完成天齐电子设备有限责任公司其他明细账的登记工作。

任务3　登记分类账

任务布置

天齐电子设备有限责任公司12月1日有关账户余额如下：“原材料”总分类账余额为88 560元，其中甲材料4 000千克，单价6.1元；乙材料3 000千克，单价9.12元；丙材料5吨，单价2 120元；丁材料10吨，单价2 620元。

请开设原材料总分类账和明细分类账，并根据项目五【业务5-1】至【业务5-43】经济业务会计凭证，完成“原材料”总分类账及明细分类账的登记。

教学组织

建议5人一组，分别完成天齐电子设备有限责任公司原材料明细分类账和总分类账的登记工作。分发三栏式总分类账账页每人2页（原材料），数量金额式明细分类账页每人6页（原材料甲、乙、丙、丁）。明细分类账由记账员赵蔚然负责，总分类账由会计主管章玉芬负责，也可以通过交换岗位完成。

知识学习

一、明细分类账的格式及登记方法

（一）明细分类账的格式

明细分类账，简称明细账，是根据明细科目设置，用来分类、连续地记录有关经济业务或事项的详细情况的账簿。它对总账起补充、说明作用。

明细账一般为活页账，主要有两栏式、三栏式、多栏式、数量金额式、横线登记式等各种明细账。除少数由国家统一的会计制度明确规定设置明细科目名称外，大部分明细科目只规定设置的方法和原则，主要用于为单位内部管理服务。

1. 三栏式明细分类账

三栏式明细分类账的格式与三栏式总分类账簿的格式基本相同，设有“借、贷、余”三个基本栏次，但一般不设置反映对应科目的栏次。适用于只进行金额核算的资本、债权、债务明细账，如“应收账款”“应付账款”“其他应收款”“其他应付款”等科目的明细分类核算。如表6-11所示。

表 6-11　三栏式明细分类账

明细账

明细科目____________

年		凭证		摘要	借方											贷方											借或贷	余额											核对
月	日	种类	号数		亿	千	百	十	万	千	百	十	元	角	分	亿	千	百	十	万	千	百	十	元	角	分		亿	千	百	十	万	千	百	十	元	角	分	

2. 多栏式明细分类账

多栏式明细分类账是将属于同一个总账科目的多个明细科目合并在一张账页上，进行登记，适用于收入、成本、费用、利润和利润分配明细账，如“生产成本”“制造费用”“管理费用”“营业外收入”“利润分配”等科目的明细分类核算。如表 6-12 所示。

表 6-12　多栏式明细分类账

明细账

产品名称____________　　完工数量____________

年		凭证号数	摘要	直接材料										直接人工								制造费用														合计										
月	日			千	百	十	万	千	百	十	元	角	分	百	十	万	千	百	十	元	角	分	十	万	千	百	十	元	角	分	十	万	千	百	十	元	角	分	亿	千	百	十	万	千	百	十	元	角	分

3. 数量金额式明细分类账

数量金额式明细分类账其借方（收入）、贷方（发出）和余额（结存）都分别设有数量、单价和金额三个专栏，适用于既要进行金额核算，又要进行数量核算的各种财产物资类科目的明细分类核算。例如对“原材料”“库存商品”等总账科目的明细分类核算，可采用数量金额式明细账。如表 6-13 所示。

表 6-13　数量金额式明细分类账

编号	
名称	
材质	
规格	

明细账

储备天数 ________　最高存量 ________　最低存量 ________　计划价格 ________　计量单位 ________　总页 ________　分页 ________

年		凭证号数	摘要	借方			贷方			核对号	余额		
月	日			数量	单价	金额 亿千百十万千百十元角分	数量	单价	金额 亿千百十万千百十元角分		数量	单价	金额 亿千百十万千百十元角分

（二）明细分类账的登记方法

不同类型经济业务的明细分类账可根据管理需要，依据记账凭证、原始凭证或汇总原始凭证逐日逐笔或定期汇总登记。固定资产、债权、债务等明细账应逐日逐笔登记；原材料、库存商品收发明细账以及收入、费用明细账可逐笔登记，也可定期汇总登记。

对于只设有借方的多栏式明细账，平时在借方登记“制造费用”“管理费用”“主营业务成本”等账户的发生额，贷方登记月末将借方发生额一次转出的数额，所以平时如果发生贷方发生额，应该用红字在多栏式账页的借方栏中登记表示冲减；对于只设有贷方的多栏式明细账，平时在贷方登记“主营业务收入”“营业外收入”等账户的发生额，借方登记月末将贷方发生额一次转出的数额，所以平时如果发生借方发生额，应该用红字在多栏式账页的贷方栏中登记表示冲减。

明细分类账一般应于会计期末结算出当期发生额及期末余额。

二、总分类账的格式和登记方法

想一想：
总账为什么一般只能采用三栏式？

（一）总分类账的格式

总分类账简称总账，是单位按照总分类账户分类登记以提供总括会计信息的账簿。企业一般采用订本式账簿，采用三栏式账页。如表 6-14 所示。

表 6-14　总分类账

总　　账

会计科目＿＿＿＿＿＿

年		凭证		摘要	借方											贷方											借或贷	余额											核对
月	日	种类	号数		亿	千	百	十	万	千	百	十	元	角	分	亿	千	百	十	万	千	百	十	元	角	分		亿	千	百	十	万	千	百	十	元	角	分	

（二）总分类账登记方法

由于所采用的账务处理程序不同，总分类账的登记依据可以是记账凭证，也可以是科目汇总表（记账凭证汇总表）或汇总记账凭证。月终，在全部经济业务事项登记入账后，结出各账户的本期发生额和期末余额，在与明细账余额核对相符后，作为编制会计报表的主要依据。

总分类账具体登记方法如下：

会计科目：是指开设的总账账户名称。实际工作中，单位可以把开设的账户填在口取纸上，依次粘贴到账页上方，作为总账目录。这样，既不妨碍查找账页页次，又便于检索翻阅。

日期栏：指登记总账的凭证编制日期。如，记账凭证核算形式下，是指编制记账凭证的日期；科目汇总表核算形式下，是指科目汇总表编制的日期。

凭证栏：是指据以登记总账的凭证。如，记账凭证核算形式下，是指编制记账凭证的种类和编号；汇总记账凭证核算形式下，是指汇总记账凭证编制的种类和编号。

摘要栏：是指对所记经济业务或事项的简要说明。

“借方”“贷方”及“余额”三栏：是指所开设账户实际登记的增加数、减少数及余额。

“借或贷”栏：是指开设账户所记余额的方向。

三、总分类账与明细分类账的平行登记

（一）总分类账与明细分类账平行登记的要点

总分类账户与其所属明细账户的记录是采用平行登记的方法进行的。平行登记是

指对所发生的每项经济业务事项都要以会计凭证为依据，一方面记入有关总分类账户，另一方面记入有关总分类账户所属明细分类账户的方法。总分类账户与明细分类账户平行登记要求做到：

1. 凭证相同

凭证相同即依据的会计凭证相同。对每一项经济业务，一方面要记入有关总账账户，另一方面要在其所属的明细账账户中进行明细分类核算，即进行明细登记，由于是同一项业务，因此登记时依据的是同一会计凭证。

2. 方向一致

方向一致即记入的借贷方向相同。记入总账账户和记入其所属的明细账账户的方向应当一致，即在总账中记借方，在其所属的明细账中也应记借方；在总账中记贷方，则在其所属明细账户中也记贷方。

3. 期间相同

期间相同即记入的会计期间相同。在平行登记时，总账和明细账的登记应登记在同一个会计期间的账簿上，否则，不同会计期间的总账和明细账的发生额合计和余额数字就不相等，就不符合总账和明细账的基本关系。

4. 金额相等

金额相等即记入总分类账户的金额与记入其所属明细分类账户的合计金额相等。记入总账的金额应当与记入其所属明细账的金额相等。如果一个总分类账户同时涉及几个明细分类账户，则记入总分类账户的金额与记入其所属的几个明细分类账户的金额之和应当相等。

（二）总分类账与明细分类账的核对

平行登记的结果使总账与其所属明细账之间在数量上存在着如下的勾稽关系：

总账账户的期初余额 = 所属明细账户期初余额合计

总账账户的本期发生额 = 所属明细账户本期发生额合计

总账账户的期末余额 = 所属明细账户期末余额合计

总分类账户与其所属的明细分类账可以根据上述的勾稽关系，定期进行核对，及时发现可能存在的错误。

总分类账和明细分类账平行登记可以通过“总分类账和明细分类账试算平衡表”检查。见表 6-15 所示。

表 6-15　总分类账和明细分类账试算平衡表

明细分类账户	期初余额		本期发生额		期末余额	
	借方	贷方	借方	贷方	借方	贷方

续表

明细分类账户	期初余额		本期发生额		期末余额	
	借方	贷方	借方	贷方	借方	贷方

任务实施

步骤 1：根据审核无误的记账凭证登记原材料——甲材料、乙材料、丙材料、丁材料明细分类账，如表 6-16 至表 6-19 所示。

表 6-16 原材料明细分类账

原材料 明细账

编号	
名称	甲材料
材质	
规格	

储备天数 ________ 最高存量 ________ 最低存量 ________ 计划价格 ________ 计量单位 千克 总页 ________ 分页 ________

2014年 月	日	凭证号数	摘要	借方 数量	借方 单价	借方 金额	贷方 数量	贷方 单价	贷方 金额	核对号	余额 数量	余额 单价	余额 金额
12	1		期初余额								4 000	6.10	2440000
	7	转2	材料验收入库	8 000	6.10	4880000					12 000	6.10	7320000
	13	转6	材料验收入库	20 000	6.10	12200000					32 000	6.10	19520000
	15	转7	领用材料				7 300	6.10	4453000		24 700	6.10	15067000

表 6-17 原材料明细分类账

原材料 明细账

编号	
名称	乙材料
材质	
规格	

储备天数 ________ 最高存量 ________ 最低存量 ________ 计划价格 ________ 计量单位 千克 总页 ________ 分页 ________

2014年 月	日	凭证号数	摘要	借方 数量	借方 单价	借方 金额	贷方 数量	贷方 单价	贷方 金额	核对号	余额 数量	余额 单价	余额 金额
12	1		期初余额								3 000	9.12	2736000
	7	转3	材料验收入库	30 000	9.12	27360000					33 000	9.12	30096000
	15	转7	领用材料				6 000	9.12	5472000		27 000	9.12	24624000

表 6-18　原材料明细分类账

原材料　明细账

编号	
名称	丙材料
材质	
规格	

储备天数 ______　最高存量 ______　最低存量 ______　计划价格 ______　计量单位 吨　总页 ______　分页 ______

2014年 月	日	凭证号数	摘要	借方 数量	借方 单价	借方 金额	贷方 数量	贷方 单价	贷方 金额	核对号	余额 数量	余额 单价	余额 金额
12	1		期初余额								5	2 120.00	1060000
	9	转5	材料验收入库	20	2 120.00	4240000					25	2 120.00	5300000
	15	转7	领用材料				14	2 120.00	2968000		11	2 120.00	2332000

表 6-19　原材料明细分类账

原材料　明细账

编号	
名称	丁材料
材质	
规格	

储备天数 ______　最高存量 ______　最低存量 ______　计划价格 ______　计量单位 吨　总页 ______　分页 ______

2014年 月	日	凭证号数	摘要	借方 数量	借方 单价	借方 金额	贷方 数量	贷方 单价	贷方 金额	核对号	余额 数量	余额 单价	余额 金额
12	1		期初余额								10	2 620.00	2620000
	9	转5	材料验收入库	30	2 620.00	7860000					40	2 620.00	10480000
	15	转7	领用材料				19	2 620.00	4978000		21	2 620.00	5502000
	27	转31	销售材料				5	2 620.00	1310000		16	2 620.00	4192000

步骤 2：登记原材料总分类账，见表 6-20 所示。

表 6-20　原材料总分类账

总　账

会计科目 原材料

2014年 月	日	凭证 种类	凭证 号数	摘要	借方	贷方	借或贷	余额	核对
12	1			期初余额			借	8856000	
	7	转	2	材料验收入库	4880000		借	13736000	
	7	转	3	材料验收入库	27360000		借	41096000	
	9	转	5	材料验收入库	12100000		借	53196000	
	13	转	6	材料验收入库	12200000		借	65396000	
	15	转	7	领用材料		17871000	借	47525000	
	27	转	31	销售材料		1310000	借	46215000	

步骤 3：将原材料总分类账和明细分类账进行核对，编制总分类账与明细分类账试算平衡表，见表 6-21。

表 6-21 总分类账和明细分类账试算平衡表 单位：元

明细分类账户	期初余额		本期发生额		期末余额	
	借方	贷方	借方	贷方	借方	贷方
原材料——甲材料	24 400		170 800	44 530	150 670	
原材料——乙材料	27 360		273 600	54 720	246 240	
原材料——丙材料	10 600		42 400	29 680	23 320	
原材料——丁材料	26 200		78 600	62 880	41 920	
合计	88 560		565 400	191 810	462 150	

由此可以看出，原材料总分类账账户的期初余额、本期借方发生额、本期贷方发生额、期末余额，分别与甲、乙、丙、丁材料明细分类账户的期初余额、本期借方发生额、本期贷方发生额、期末余额相加之和是相等的。

任务拓展

1. 天齐电子设备有限责任公司 12 月份“库存商品”总账账户余额 123 900 元，其中 A 型设备 10 台，单价 2 590 元，B 型设备 50 台，单价 1 960 元。请据此开设“库存商品”总账和明细账，并根据项目五【业务 5-1】至【业务 5-43】的记账凭证，完成“库存商品”总分类账及明细分类账的登记。

2. 天齐电子设备有限责任公司 12 月份“生产成本”总账账户余额 40 940 元，其中 A 型设备直接材料项目 40 940 元，B 型设备无期初余额。请据此开设“生产成本”总账和明细账，并根据项目五【业务 5-1】至【业务 5-43】的记账凭证，完成“生产成本”总分类账及明细分类账的登记。

3. 根据天齐电子设备有限责任公司 12 月份其他有关明细账账户的余额，开设有关总账和明细账，并根据项目五【业务 5-1】至【业务 5-43】的记账凭证，完成其他有关总分类账及明细分类账的登记。

任务4　查找与更正错账

任务布置

假定2014年12月31日，天齐电子设备有限责任公司计提短期借款利息6 000元，已经编制了正确的记账凭证，登记“财务费用”“应付利息”账户时误记为600元，并已登记入账，应如何更正呢？

教学组织

建议5人一组，分别完成天齐电子设备有限责任公司各自负责账目的错账查找和更正工作。日记账由出纳员徐玲玲负责，明细分类账由记账员赵蔚然负责，总分类账由会计主管章玉芬负责。其他人员协助完成。也可以通过交换岗位完成。

知识学习

一、错账的查找

（一）错账的种类

1. 方向记错

方向记错，即记账时把会计账簿中借方和贷方的记账方向颠倒，把借方记成贷方或把贷方记成借方。

2. 账户记错

账户记错，即记账时没有登记在正确的账户下，如应登记库存现金日记账，却误记入了银行存款日记账。

3. 数字移位

数字移位，即登记会计账簿时将数字位数（或小数点）向前或向后移动。如将100.00元写成1 000.00元，将500.00元写成50.00元。

4. 邻位数字颠倒

邻位数字颠倒，即登记会计账簿时将一个数字中的相邻两位数字颠倒。如将32元写成23元，将152元写成512元。

5. 重记

重记，即将已经记入会计账簿的金额又重复登记入账。

6. 漏记

漏记，即在登记会计账簿时将记账凭证上的金额遗漏，未记入账簿。

（二）错账的查找方法

1. 按错账查找的顺序分

（1）顺查法，就是依据记账程序，按照查找会计凭证→会计账簿→账户余额进行逐笔检查的一种方法。这种方法主要用于期末对账簿进行全面核对检查。

（2）逆查法，就是按照查找账户余额→会计账簿→会计凭证进行检查的一种方法。这种方法能快速查找错误。

2. 按错账查找的技术方法分

（1）差数法，是指按照错账的差数查找错账的方法。这种方法主要用于查找重记或漏记的错误。如某日库存现金日记账的余额为 135 元，实有库存现金为 95 元，其差额为 40 元，即可根据其差额查找库存现金日记账中是否有收入重记 40 元或付出漏记 40 元。

（2）尾数法，是指对于发生的差错只需查找末位数，以提高差错效率的方法。这种方法适合于借贷方金额其他位数都一致，而只有末位数出现差错的情况。

（3）除 2 法，是指以差数除以 2 来查找错账的方法。当某个借方金额记入贷方金额或者贷方金额记入借方金额时，出现错账的差数表现为错账的 2 倍，将此差数用 2 去除，得出的商数即是反方向的金额。如错账的差数为 956 元，将此数除以 2，其商为 478 元，即可从账簿记录中查找是否有 478 元这个数字，如果有此数，再看其借贷方向是否记错。

（4）除 9 法，是指以差数除以 9 来查找错账的方法。这种方法主要用于数字错位而写大数字或写小数字、邻位数字颠倒而引起的错误。① 数字错位。如 500 元写成 50 元，两数相差 450 元，将此数除以 9，其商为 50，即从账簿记录中查找 500 或 50 的数字，再看它是否有错位情况。② 邻位数字颠倒。如将 745 元写成 754 元，其差数为 9，除以 9，其商为 1，即可能是 1 与 0、2 与 1、3 与 2、4 与 3、5 与 4、6 与 5、7 与 6、8 与 7、9 与 8，相差 1 的两个邻位数字颠倒，由于商数是个位数，即可能是十位与个位数字颠倒；又如将 745 元写成 475 元，其差数为 270，除以 9，其商为 30，即可能是 3 与 0、4 与 1、5 与 2、6 与 3、7 与 4、8 与 5、9 与 6，相差 3 的两个邻位数字颠倒，由于商数为十位数，即可能是百位与十位数字颠倒，依次类推。

二、错账更正方法

账簿记录发生错误时，不能刮擦、挖补、涂抹或用化学药水更改字迹，应根据错账的不同情况，按照规定的方法进行更正。更正错账的方法主要有划线更正法、红字更正法、补充登记法三种。

（一）划线更正法

在结账前，如果发现账簿记录有文字或者数字错误，而记账凭证没有错误，应采用划线更正法。

更正的方法是：在错误的文字或数字正中划红色横线，表示注销；再在划线的上方用蓝字或黑字写上正确的文字或者数字；在划线处加盖更正人名章，以明确责任。但要注意划掉错误数字时，应将整笔数字划掉，不能只划掉其中一个或几个写错的数字，并保持被划去的字迹仍可清晰辨认。

（二）红字更正法

红字更正法，是指记账后，在当年内发现由于记账凭证中会计科目名称、记账方向及金额错误而导致账簿记录发生错误而采用的一种错账更正方法。红字更正法具体分为红字全额更正法和红字差额更正法。

视 频：错账更正方法

1. 红字全额更正法

记账以后，如果发现账簿记录中的错误，是由于记账凭证中应借、应贷会计科目名称、借贷方向错误而引起的，应用红字全额更正法进行更正。

更正的方法是：先用红字金额填写一张会计科目与原错误记账凭证完全相同的记账凭证，在“摘要”栏中写明“冲销 × 月 × 日第 × 号凭证错账”，并据以用红字金额登记入账，以冲销原来错误的账簿记录；然后，再用蓝字或黑字填写一张正确的记账凭证，在“摘要”栏中写明“补记 × 月 × 日账”，并据以用蓝字或黑字登记入账。

【例 6–1】假定某企业 2014 年 11 月 30 日，发现 11 月 10 日生产车间一般性耗费领用甲材料 6 100 元，编制如下记账凭证（用会计分录代替，下同）：

借：生产成本　　6 100

　　贷：原材料——甲材料　　6 100

并根据上述记账凭证，登记生产成本、原材料账户。

发现错误后，更正的方法是：

（1）先用红字金额填写一张会计科目与原错误记账凭证完全相同的记账凭证，在“摘要”栏中写明“冲销 11 月 10 日第 × 号凭证错账”。

借：生产成本　　6 100

　　贷：原材料——甲材料　　6 100

（2）根据上述记账凭证，据以用红字登记生产成本、原材料账户，以冲销原来错误的账簿记录。

（3）再用蓝字或黑字填写一张正确的记账凭证，在“摘要”栏中写明“补记 11 月 10 日账”。

借：制造费用　　　　　　　　　　　　　　　　　　　　6 100

　　贷：原材料——甲材料　　　　　　　　　　　　　　　　6 100

（4）根据上述记账凭证，据以用蓝字或黑字登记制造费用、原材料材料账户。

2. 红字差额更正法

记账以后，如果发现记账凭证和账簿记录中应借、应贷的会计科目名称、记账方向没有错误，只是所记金额大于应记的正确金额，应采用红字差额更正法进行更正。

更正的方法是：将多记的金额用红字填制一张应借、应贷会计科目与原错误记账凭证相同的记账凭证，在“摘要”栏写明“冲销 × 月 × 日第 × 号多记金额”，并据以用红字金额登记入账，以冲销多记的金额。

【例 6–2】假定某企业 2014 年 11 月 30 日，发现 11 月 15 日采购的甲材料 900 元验收入库，误记金额为 9 000 元，编制如下记账凭证（用会计分录代替，下同）：

借：原材料——甲材料　　　　　　　　　　　　　　　　9 000

　　贷：在途物资——甲材料　　　　　　　　　　　　　　　9 000

并据以登记原材料和在途物资账户。发现错误后，更正的方法是：

（1）只填制一张红字金额凭证，红字金额为多记的金额 8 100 元，在“摘要”栏写明“冲销 11 月 15 日第 × 号多记金额”。

借：原材料——甲材料　　　　　　　　　　　　　　　　8 100

　　贷：在途物资——甲材料　　　　　　　　　　　　　　　8 100

（2）根据上述记账凭证，据以用红字登记原材料、在途物资账户，以冲销原来多记的账簿记录。

（三）补充登记法

记账以后，如果发现记账凭证和账簿记录中应借、应贷的会计科目名称、记账方向没有错误，只是所记金额小于应记的正确金额，应采用补充登记法进行更正。

更正的方法是：将少记的金额用蓝字或黑字填制一张应借、应贷会计科目与原错误记账凭证相同的记账凭证，在“摘要”栏中写明“补记 × 月 × 日第 × 号少记金额”，并据以登记入账，以补充登记原来少记的金额。

【例 6–3】假定某企业 2014 年 11 月 30 日，发现本月 28 日预提应由本月财务费用负担但尚未支付的短期借款利息 1 600 元，误记金额为 600 元，编制如下记账凭证（用会计分录代替，下同）：

借：财务费用　　　　　　　　　　　　　　　　　　　　600

　　贷：应付利息　　　　　　　　　　　　　　　　　　　　600

并据以登记财务费用、应付利息账户。发现错误后，更正的方法是：

（1）用蓝字或黑字填制一张记账凭证，金额为少记的金额 1 000 元，在“摘要”栏写明“补记 11 月 28 日第 × 号少记金额”。

借：财务费用　　　　　　　　　　　　　　　　1 000

　　贷：应付利息　　　　　　　　　　　　　　　　1 000

（2）根据上述记账凭证，据以登记财务费用、应付利息账户，以补充原来少记的金额。

任务实施

步骤 1： 因记账凭证无误，账簿记录有误，因此采用划线更正法。在错误的金额正中划单红线。如表 6-22 所示。

表 6-22　应付利息总分类账

总　　账

会计科目 应付利息

2014年 月	日	凭证 种类	凭证 号数	摘　要	借方（亿千百十万千百十元角分）	贷方（亿千百十万千百十元角分）	借或贷	余额（亿千百十万千百十元角分）	核对
12	1			期初余额			贷	226000	
	31	转	18	计提短期借款利息		~~60000~~	贷	~~286000~~	

步骤 2： 在错误记录上方空白处用蓝字填写正确的数字。如表 6-23 所示。

表 6-23　应付利息总分类账

总　　账

会计科目 应付利息

2014年 月	日	凭证 种类	凭证 号数	摘　要	借方（亿千百十万千百十元角分）	贷方（亿千百十万千百十元角分）	借或贷	余额（亿千百十万千百十元角分）	核对
12	1			期初余额			贷	226000	
	31	转	18	计提短期借款利息		600000 ~~60000~~	贷	826000 ~~266000~~	

步骤 3： 由会计人员和会计机构负责人在更正处盖章以明确责任。如表 6-24 所示。

表 6-24　应付利息总分类账

总　账

会计科目 应付利息

2014年 月	日	凭证 种类	号数	摘要	借方	贷方	借或贷	余额	核对
12	1			期初余额			贷	226000	
	31	转	18	计提短期借款利息		600000 ~~60000~~ 章玉芬	贷	826000 ~~266000~~ 赵蔚然 章玉芬	赵蔚然

任务拓展

某企业2014年12月31日发现，12月5日，领用材料12 000元用于生产车间一般性耗费。

1. 若编制如下记账凭证（以会计分录代替，下同）：

借：生产成本　　12 000

　　贷：原材料　　12 000

并已登记“生产成本”和“原材料”账户，请予以更正。

2. 若编制如下记账凭证：

借：制造费用　　22 000

　　贷：原材料　　22 000

并已登记“制造费用”和“原材料”账户，请予以更正。

3. 若编制如下记账凭证：

借：制造费用　　1 200

　　贷：原材料　　1 200

并已登记“制造费用”和“原材料”账户，请予以更正。

任务5　对账与结账

任务布置

请对天齐电子设备有限责任公司2014年12月的各种账簿记录进行核对，以银行存款、库存商品总分类账和明细分类账为例进行核对，并办理结账。

教学组织

建议5人一组，分别完成天齐电子设备有限责任公司月末对账和结账工作。日记账由出纳员徐玲玲负责，明细分类账由记账员赵蔚然负责，总分类账由会计主管章玉芬负责，其他人员协助完成。也可以通过交换岗位完成。

知识学习

一、对账

对账，就是核对账目，是指在本期内对账簿记录所进行的核对工作。在实际工作中，由于种种原因，账簿记录难免会出现错记、漏记的情况，因此，各单位应当定期对会计账簿记录的有关数字与库存实物、货币资金、有价证券、往来单位或者个人等进行相互核对，尤其是在结账之前，更要对账，以保证账证相符、账账相符、账实相符、账表相符。对账工作每年至少进行一次。对账包括账证核对、账账核对、账实核对。

（一）账证核对

账证核对，是指各种账簿的记录与有关会计凭证进行核对。核对会计账簿记录与原始凭证、记账凭证的时间、凭证字号、内容、金额是否一致，记账方向是否相符。一般在日常编制凭证和记账过程中进行，检查所记账目是否正确。

（二）账账核对

账账核对，是指将各种账簿之间的有关数字进行核对。主要包括：

1. 总分类账之间的核对

核对总分类账各账户本月借方发生额合计数与贷方发生额合计数是否相等，核对总分类账期末借方余额合计数与贷方余额合计数是否相等，以检查总分类账的登记是否正确。

2. 总分类账与所属明细分类账之间的核对

核对总分类账与其所属各明细分类账的本期借、贷方发生额合计数及期末余额合计数是否相等，以检查各明细分类账的登记是否正确。

3. 总分类账与序时账之间的核对

核对总分类账与库存现金日记账和银行存款日记账的本期借、贷方发生额合计数及期末余额合计数是否相符，以检查日记账的登记是否正确。

4. 明细分类账之间的核对

核对会计部门有关财产物资的明细分类账结存数，与财产物资保管或使用部门的有关保管账的账存数是否相符，以检查双方记录是否正确。

（三）账实核对

账实核对，是指各种财产物资、债权债务等账面余额与实存有数额之间的核对。具体内容包括：

（1）库存现金日记账账面余额与库存现金实有存数逐日核对是否相符；

（2）银行存款日记账账面余额与开户银行对账单的余额核对是否相符；

（3）各种财产物资明细分类账账面余额与财产物资的实有数是否相符；

（4）有关债权债务明细分类账账面余额与有关债务、债权单位的账面记录核对是否相符。

账实核对一般是通过财产清查进行的。对此，将在项目七财产清查中做详细说明。

二、结账

结账，是指在将本期内所发生的经济业务全部登记入账的基础上，于会计期末（月末、季末、年末）按照规定的方式结算账目，并作出结账记录的一项工作。结账包括月结、季结和年结。结账的内容包括两个方面：一是结清各种损益类账户，并据以计算确定本期利润；二是结出资产、负债和所有者权益账户的本期发生额合计和期末余额。

（一）结账的程序

（1）结账前，必须将本期内发生的各项经济业务全部登记入账，并在对账的基础上，做到账证、账账、账实核对，如发现错账，应在结账前及时更正。

（2）按照权责发生制的要求，及时调整需进行期末调整的账项，合理确定本期应计的收入和费用。编制有关调整账项的会计分录，并据以登记入账。

（3）在结账前，应认真核对和及时清理往来账目，妥善处理应收、应付及暂收、暂付款项的清偿事宜，力争减少呆账和坏账损失的发生。

（4）在确认当期发生的经济业务、调整账项及有关转账业务已全部登记入账后，可办理结账手续。

（二）结账的主要方法

视 频：
结账方法

结账时，不同的账户记录应分别采用不同的方法：

1. 月结

每月结账时，应在各账户本月份最后一笔记录下面划一条通栏红线，表示本月结束；然后，在红线下面结出本月发生额和月末余额，如果没有余额，在余额栏内写上“平”或“0”符号。同时，在摘要栏内注明“本月合计”或“× 月份发生额及余额”字样，最后，再在下面划一条通栏红线，表示完成月结工作。

2. 季结

季结的结账方法与月结基本相同，应在各账户本季度最后一个月月结红线下结出本季度发生额和季末余额，如果没有余额，在余额栏内写上“平”或“0”符号，并在摘要栏内注明“本季合计”或“第 × 季度发生额及余额”字样，最后，在下面划一条通栏红线，表示完成季结工作。

3. 年结

办理年结时，应在 12 月份月结下面（需办理季结的，应在第四季度的季结下面）结算填列全年 12 个月的月结发生额和年末余额，如果没有余额，在余额栏内写上“平”或“0”符号，并在摘要栏内注明“本年累计”或“年度发生额及余额”字样，最后在合计数下面划通栏双红线表示封账，完成了年结工作。需要更换新账的，有余额的账户应将其余额结转下年，在摘要栏注明“结转下年”字样；并在新账有关账户的第一行摘要栏内注明“上年结转”或“年初余额”字样，将上年的年末余额以相同方向记入新账中的余额栏内。如表 6-25、表 6-26 所示。

表 6-25 结账

总 账

会计科目 银行存款

2014年 月	日	凭证 种类	凭证 号数	摘要	借方	贷方	借或贷	余额	核对
1	1			上年结转			借	3650000.00	
1	5	略	略		50000.00		借	3700000.00	
1	31			本月合计	250000.00	300000.00	借	3600000.00	
3	31			本季合计	550000.00	450000.00	借	3750000.00	
12	31			本年累计	2055000.00	1900000.00	借	3805000.00	
12	31			结转下年		3805000.00	平		

表 6-26 更换新账

总 账

会计科目 银行存款

2015年 月	日	凭证 种类	凭证 号数	摘要	借方	贷方	借或贷	余额	核对
1	1			上年结转			借	3805000.00	

三、账簿的更换与保管

（一）账簿的更换

会计账簿的更换是指在会计年度终了，将上年旧账更换为次年新账。

更换新账的程序是：年度终了，在本年有余额的账户“摘要”栏内注明“结转下年”字样。在更换的新账中，注明各账户的年份，在第一行“日期”栏内写明 1 月 1 日；“凭证种类、号数”栏空置不填；将各账户的年末余额直接抄入新账余额栏内，并注明余额的借贷方向。过入新账的有关账簿余额的事项不需要编制记账凭证。在新的会计年度建账并不是所有的账簿都更换为新的，一般来说，库存现金日记账、银行存款日记账、总分类账、大多数明细分类账应每年更换一次。有些财产物资明细账和债权债务明细账，由于材料品种、规格和往来单位较多，更换新账，重抄一遍，工作量较大，因此，可以跨年度使用，不必每年更换一次。第二年使用时，可直接在上年终了的双红线下面记账。各种备查簿也可以连续使用。

（二）账簿的保管

会计账簿是各单位重要的经济资料，必须建立管理制度，妥善保管。账簿管理分为平时管理和归档保管两部分。

各种账簿要分工明确，指定专人管理，账簿经管人员既要负责记账、对账、结账等工作，又要负责保证账簿安全。会计账簿未经领导和会计负责人或者有关人员批准，非经管人员不能随意翻阅查看会计账簿。会计账簿除需要与外单位核对外，一般不能携带外出，对携带外出的账簿，一般应由经管人员或会计主管指定专人负责。会计账簿不能随意交与其他人员管理，以保证账簿安全和防止任意涂改账簿等问题发生。

年度终了更换并启用新账后，对更换下来的旧账要整理装订，造册归档。归档前旧账的整理工作包括：检查和补齐应办的手续，如改错盖章、注销空行及空页、结转余额等。活页账应撤出未使用的空白账页，再装订成册，并注明各账页号数。旧账装订时应注意：活页账一般按账户分类装订成册，一个账户装订成一册或数册；某些账户账页较少，也可以合并装订成一册。装订时应检查账簿扉页的内容是否填写齐全。装订后应由经办人员及装订人员、会计主管人员在封口处签名或盖章。旧账装订完毕应编制目录和编写移交清单，然后按期移交档案部门保管。各种账簿同会计凭证和会计报表一样，都是重要的经济档案，必须按照制度统一规定的保存年限妥善保管，不得丢失和任意销毁。根据《会计档案管理办法》的规定，总分类账、明细分类账、辅助账、日记账均应保存 15 年。其中，库存现金日记账、银行存款日记账要保存 25 年，涉外和对私改造账簿应永久保存。保管期满后，应按照规定的审批程序报经批准后才能销毁。

任务实施

步骤 1：总分类账与总分类账进行核对，所有总账账户的期初借方余额合计应等于所有总账账户的期初贷方余额合计。

步骤 2：总分类账与日记账进行核对（以银行存款日记账与银行存款总分类账为例，见表 6-27 和表 6-28）。

表 6-27　银行存款日记账

银行存款日记账

账号：36030300583638033089

户名：天齐电子设备有限责任公司

2014年 月	日	凭证 种类	凭证 号数	摘要	对方科目	支票号码	借方（亿千百十万千百十元角分）	贷方（亿千百十万千百十元角分）	借或贷	余额（亿千百十万千百十元角分）	核对
12	1			期初余额					借	45720000	√
	1	银收	1	收到投资款	实收资本		80000000		借	125720000	
	4	银收	2	借款	短期借款		50000000		借	175720000	
	5	银付	1	购入材料	在途物资等			5704800	借	170015200	
	9	银付	2	购入材料	在途物资等			666000	借	169349200	
	10	银付	3	付欠款	应付账款			31989600	借	137359600	
	10	银付	4	预付货款	预付账款			12000000	借	125359600	
	21	银付	5	支付电费	制造费用等			2340000	借	123019600	
	21	银付	6	购办公用品	管理费用等			88890	借	122930710	
	22	银付	7	支付广告费	销售费用			1000000	借	121930710	
	22	银收	3	销售机床	主营业务收入等		39312000		借	161242710	
	24	银收	4	预收货款	预收账款		15000000		借	176242710	
	27	银收	5	出售丁材料	其他业务收入等		2047500		借	178290210	
	31	银付	9	捐赠希望小学	营业外支出			3000000	借	175290210	
	31			本月合计			186359500	56789290	借	175290210	√

表 6-28 银行存款总分类账

总 账

会计科目 银行存款

2014年 月	日	凭证 种类	凭证 号数	摘要	借方	贷方	借或贷	余额	核对
12	1			期初余额			借	45720000	√
	1	银收	1	收到投资款	80000000		借	125720000	
	4	银收	2	借款	50000000		借	175720000	
	5	银付	1	购入材料		5704800	借	170015200	
	9	银付	2	购入材料		666000	借	169349200	
	10	银付	3	付欠款		31989600	借	137359600	
	10	银付	4	预付货款		12000000	借	125359600	
	21	银付	5	支付电费		2340000	借	123019600	
	21	银付	6	购办公用品		88890	借	122930710	
	22	银付	7	支付广告费		1000000	借	121930710	
	22	银收	3	销售机床	39312000		借	161242710	
	24	银收	4	预收货款	15000000		借	176242710	
	27	银收	5	出售丁材料	2047500		借	178290210	
	31	银付	9	捐赠希望小学		3000000	借	175290210	
	31			本月合计	186359500	56789290	借	175290210	√

经核对，银行存款总分类账余额为 1 752 902.10 元，等于银行存款日记账的余额。

步骤 3：总分类账和明细分类账进行核对（以库存商品总分类账和明细分类账核对为例，见表 6-29 至表 6-31）。

表 6-29 库存商品总分类账

总 账

会计科目 库存商品

2014年 月	日	凭证 种类	凭证 号数	摘要	借方	贷方	借或贷	余额	核对
12	1			期初余额			借	12390000	
	31	转	17	结转完工产品成本	81200000		借	93590000	
	31	转	19	结转销售商品成本		46130000	借	47460000	

表 6-30　库存商品明细分类账

库存商品　　明细账

编号	
名称	A型设备
材质	
规格	

储备天数 ______　最高存量 ______　最低存量 ______　计划价格 ______　计量单位 台　总页 ______　分页 ______

2014年 月	日	凭证号数	摘要	借方 数量	借方 单价	借方 金额	贷方 数量	贷方 单价	贷方 金额	核对号	余额 数量	余额 单价	余额 金额
12	1		期初余额								10	2 590.00	25900.00
	31	转17	完工入库	200	2 590.00	518000.00					210	2 590.00	543900.00
	31	转19	销售				110	2 590.00	284900.00		100	2 590.00	259000.00

表 6-31　库存商品明细分类账

库存商品　　明细账

编号	
名称	B型设备
材质	
规格	

储备天数 ______　最高存量 ______　最低存量 ______　计划价格 ______　计量单位 台　总页 ______　分页 ______

2014年 月	日	凭证号数	摘要	借方 数量	借方 单价	借方 金额	贷方 数量	贷方 单价	贷方 金额	核对号	余额 数量	余额 单价	余额 金额
12	1		期初余额								50	1 960.00	98000.00
	31	转17	完工入库	150	1 960.00	294000.00					200	1 960.00	392000.00
	31	转19	销售				90	1 960.00	176400.00		110	1 960.00	215600.00

经核对，库存商品总账账户余额 474 600 元 = 库存商品 A 型设备账户余额 259 000 元 + 库存商品 B 型设备账户余额 215 600 元

小提示： 实际工作中，结账工作是在企业与银行核对账实相符的基础上再办理的。

步骤 4： 财会部门的实物明细账与实物保管部门的实物保管账核对相符（略）。

步骤 5： 办理结账，核对无误后，在账户记录的最末一笔经济业务的下一行，摘要栏写“本月合计”，加计本期借方发生额、贷方发生额及余额，在合计金额记录上下方划通栏单红线（以银行存款日记账、库存商品总分类账为例，见表 6-32 和表 6-33）。

表 6-32 银行存款日记账

银行存款日记账

账号：36030300583638033089

户名：天齐电子设备有限责任公司

2014年 月	日	凭证 种类	号数	摘要	对方科目	支票号码	借方	贷方	借或贷	余额	核对
12	1			期初余额					借	45720000	
	1	银收	1	收到投资款	实收资本		80000000		借	125720000	
	4	银收	2	借款	短期借款		50000000		借	175720000	
	5	银付	1	购入材料	在途物资等			5704800	借	170015200	
	9	银付	2	购入材料	在途物资等			666000	借	169349200	
	10	银付	3	付欠款	应付账款			31989600	借	137359600	
	10	银付	4	预付货款	预付账款			12000000	借	125359600	
	21	银付	5	支付电费	制造费用等			2340000	借	123019600	
	21	银付	6	购办公用品	管理费用等			88890	借	122930710	
	22	银付	7	支付广告费	销售费用			1000000	借	121930710	
	22	银收	3	销售机床	主营业务收入等		39312000		借	161242710	
	24	银收	4	预收货款	预收账款		15000000		借	176242710	
	27	银收	5	出售丁材料	其他业务收入等		2047500		借	178290210	
	31	银付	9	捐赠希望小学	营业外支出			3000000	借	175290210	
	31			本月合计			186359500	56789290	借	175290210	

表 6-33 库存商品总分类账

总 账

会计科目 库存商品

2014年 月	日	凭证 种类	号数	摘要	借方	贷方	借或贷	余额	核对
12	1			期初余额			借	12390000	
	31	转	17	结转完工产品成本	81200000		借	93590000	
	31	转	19	结转销售商品成本		46130000	借	47460000	
	31			本月合计	81200000	46130000	借	47460000	

任务拓展

请根据天齐电子设备有限责任公司2014年12月份经济业务（见项目五【业务5-1】至【业务5-43】），登记各种账簿，完成对账和结账工作。

项目总结

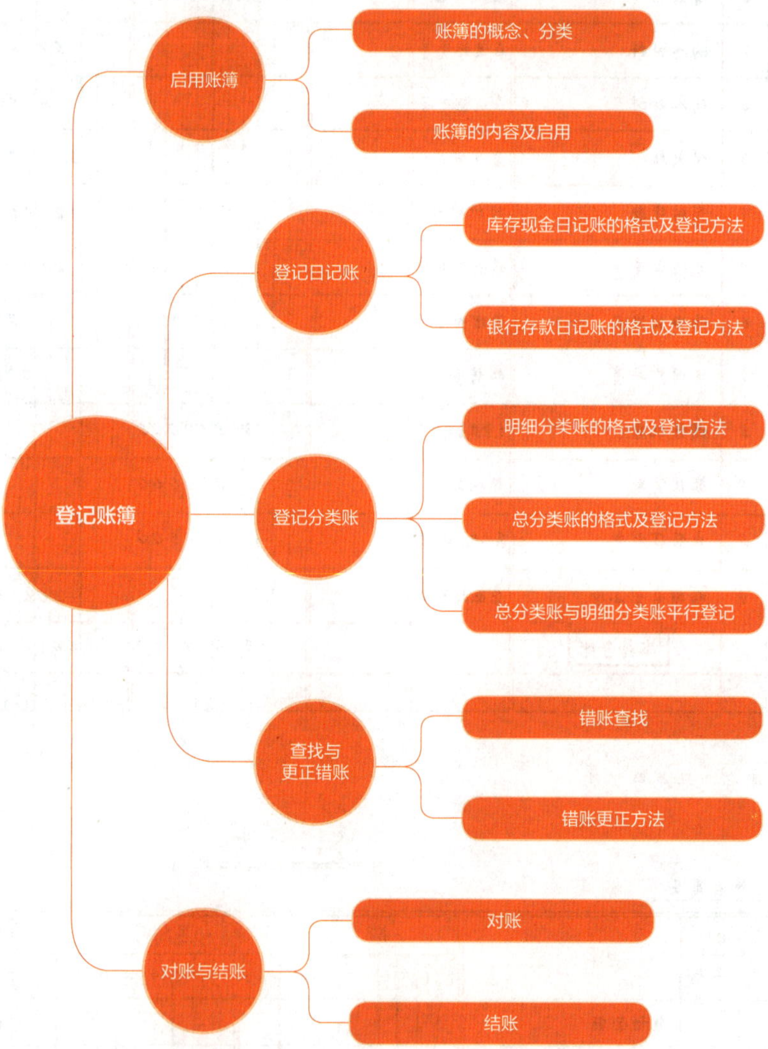

学习评价

▲专业能力测评表

业务能力	评价指标	自测结果	要求
启用账簿	1. 账簿的概念及分类 2. 账簿的基本内容及启用规则	□A □B □C □A □B □C	熟悉账簿的格式与内容，能按照规范启用会计账簿
登记日记账	1. 库存现金日记账的格式及登记方法 2. 银行存款日记账的格式及登记方法	□A □B □C □A □B □C	能掌握库存现金日记账和银行存款日记账的登记依据，并能规范正确地登记
登记分类账	1. 总分类账的格式及登记方法 2. 明细分类账的格式及登记方法	□A □B □C □A □B □C	能掌握总分类账和明细分类账的登记依据，并能规范正确地登记
查找与更正错账	1. 查找错账的方法 2. 划线更正法的适用范围及更正方法 3. 红字更正法的适用范围及更正方法 4. 补充登记法的适用范围及更正方法	□A □B □C □A □B □C □A □B □C □A □B □C	熟悉错账的类型，能快速查找错账，能正确运用三种方法进行错账的更正
对账与结账	1. 对账的方法 2. 结账的方法	□A □B □C □A □B □C	掌握对账的方法，能完成期末总账和明细账、总账和总账、总账和日记账的核对，能正确规范地进行期末结账
说明	（在□中打√，A 掌握，B 基本掌握，C 未掌握）		
教师评语：			
成绩		教师签字	

07 项目七 财产清查

【职业能力目标】

- 掌握财产清查的分类及一般程序；
- 能运用正确的方法进行货币资金、实物资产和往来款项的清查；
- 能正确编制银行存款余额调节表；
- 能正确进行财产清查结果的账务处理。

【项目背景】

天齐电子设备有限责任公司2014年12月末有关资产类账户余额如项目六相关会计账簿所示。其库存现金由出纳员徐玲玲负责保管，原材料由1号仓库保管员孙林负责，库存存货由2号仓库保管员丁大永负责，固定资产由各使用部门负责，供应商有新海公司、大洋公司等，客户有光明公司、江河公司等。

▶ 导问

以上这些财产物资的账簿记录与实存数是否相符？如库存现金日记账余额与实存的库存现金、银行存款日记账余额与实际存在银行的款项、原材料和固定资产等账簿记录与实存的实物资产是否一致？如何来检验呢？

【项目分析】

“摸清家底”就是要清查企业所实际拥有的财产物资，也就是财产清查。通过财产清查可查明各项财产物资的实际结存数，并与账簿记录相核对，以发现记账中的错误，确定账实是否相符。若不相符，要查明原因，分清责任，并按规定的手续及时调整账面数字，直至账实相符。只有这样，才能保证根据账簿信息编制的财务报表真实可靠，从而提高会计信息质量。

【项目分解】

财产清查这一项目可分解为如下主要任务：

任务 1　财产清查前的准备工作

任务 2　清查库存现金

任务 3　清查银行存款

任务 4　清查实物资产

任务 5　清查往来款项

【项目实施】

任务 1　财产清查前的准备工作

任务布置

请根据项目背景，熟悉天齐电子设备有限责任公司的资产状况，并查看各资产账户余额，制作相应的表格，做好清查前的准备。

教学组织

动 画：财产清查前的准备工作

建议 5 人一组，模拟天齐电子设备有限责任公司的财务科，研讨年末进行财产清查前企业要做的准备工作。可以通过召开清查会议的形式，将财产清查的范围、内容、步骤搞清楚，为财产清查做准备。

知识学习

一、财产清查的概念及分类

（一）财产清查的概念

财产清查，是指通过对货币资金、实物资产和往来款项等财产物资进行实地盘点或核对，以确定其实存数，查明账存数与实存数是否相符的一种专门方法。

经济管理需要客观真实的会计核算资料，而账簿记录是会计核算资料的主要来源。财产物资的增减变化和结存情况通过账簿记录进行反映和监督，通过日常会计核算中的凭证审核、试算平衡和对账等方法对其正确性进行检查核对。但账簿记录的正确性并不能保证账簿记录的客观真实性。因为在实际工作中，除了记账的错误外，还有一些原因可能造成账实不符。

造成企业财产物资账实不符的原因有以下几种：

（1）财产物资在保管过程中发生自然损耗；

（2）不可抗力，如水灾、雹灾、风灾、地震等非正常原因造成的非常损失；

（3）在财产管理工作中，由于收发手续不严、计量检查不准确等，发生错收、错付或在账簿中漏记、重记、错记等情况；

（4）因企业规章制度不严、管理不善或管理人员失职而发生的财产损坏、变质或短缺或对会计资料的人为调整；

（5）由于不法分子营私舞弊、贪污盗窃及有关人员作弊所造成的财产损失。如财产失窃、被贪污等；

（6）隐形的账实不符。由于企业经营管理不善和企业外部环境的变化，尤其是市场供求变化，造成某些财产物资虽然账实数量相符，但实际价值已经发生了变化，如积压、变质、滞销产品等，其价值有的可能已经低于其账面成本价值。还有些债权、债务长期没有解决成为呆账甚至坏账。

企业应当建立财产物资清查制度，加强管理，以保证财产物资的真实性和完整性。因此财产清查具有重要意义，一是通过财产清查，保证账实相符，提高会计资料的准确性；二是通过财产清查，保障各项财产物资的安全完整；三是通过财产清查，加速企业资金周转、提高资金使用效益。

（二）财产清查的内容

（1）货币资金的清查，主要是对库存现金和银行存款的清查；

（2）存货的清查，主要是对库存原材料、燃料、包装物、低值易耗品、库存商品、在产品、自制半成品、外购商品等的清查；

（3）固定资产的清查，主要是对机器、厂房、办公室设备、汽车以及在建工程物资等的清查；

（4）对委托加工或受托加工的材料，以及租赁的固定资产、包装物的清查；

（5）往来账项的清查，主要是对应收账款、应付账款、预收账款、预付账款等的清查。

（三）财产清查的分类

1. 按清查的范围不同，可分为全面清查和局部清查

（1）全面清查。全面清查是指对本单位所有的财产物资进行全面的盘点和核对。以制造业为例，全面清查的内容一般包括：企业的库存现金、银行存款及其他货币资金；所有的固定资产、原材料、在产品、产成品和其他工程物资；各项债权、债务、对外投资等；委托其他单位加工、保管的材料、商品和物资等。

但由于全面清查内容多、涉及面广、时间长，不宜经常进行。一般在以下情况下进行：① 年终决算之前，要进行全面清查；② 开展资产评估、清产核资等活动，要进行全面清查；③ 单位撤销、合并、重组，进行股份制改造，或采取新的经营方式之前，要进行全面清查；④ 单位主要负责人调离工作，需要进行全面清查。

通过全面清查，可以对企业所拥有的各项财产物资进行全面清点、鉴定和估价，有利于加强经济核算，优化资金占用，挖掘物资潜力，提高经济效益。

（2）局部清查。局部清查是指根据需要只对部分财产物资进行的盘点和核对。其清查的对象主要是流动性较强的财产。在制造业里，一般主要有以下物资应进行局部清查：① 库存现金应由出纳员在每日营业终了时清查一次；② 银行存款、各种借款，每月至少与银行核对一次；③ 流动性较大的存货等，有计划的每月重点抽查；④ 各种贵重物资，每月至少清查盘点一次；⑤ 各种债权、债务，年度内至少要核对 1~2 次。

通过局部清查，可以做到对重要物资、货币资金进行重点管理，对流动性大的物资进行经常管理，以确保企业财产的安全完整。

2. 按清查的时间不同，可分为定期清查和不定期清查

（1）定期清查。定期清查是指根据管理制度的规定或预先计划安排的时间对财产物资所进行的清查盘点和核对。定期清查的对象不定，可以是全面清查也可以是局部清查。定期清查一般在年末、季末或月末结账时进行。

（2）不定期清查。不定期清查是指事前不规定清查的日期，而是根据特殊需要临时进行的盘点和核对。同定期清查一样，不定期清查可以是全面清查，也可以局部清查，其清查的对象和范围应根据实际需要确定。从实际工作来看，一般在下列几种情况下才需要进行临时清查：① 更换财产物资的经管人员，为了分清经济责任要进行临时性清查；② 根据上级要求进行临时性的财产清查；③ 因自然灾害和意外事故导致了财产物资的非常损失；④ 主管部门、财政审计和银行有关部门对单位会计工作进行检查；⑤ 会计主体发生变化和隶属关系发生变动时应进行临时清查。

3. 按清查的执行系统不同，可分为内部清查和外部清查

（1）内部清查。内部清查是指本单位内部工作小组所进行的财产清查工作。大多数财产清查都是内部清查。

（2）外部清查。外部清查是指上级主管部门、审计机关、司法机关、注册会计师根据国家有关规定和情况需要对本单位所进行的财产清查。一般情况下，进行外部清查时，应由本单位相关人员参与。如审计人员对货币资金进行清查时，出纳人员要参与。

二、财产清查的一般程序

财产清查是会计核算的一种专门方法，又是财产物资管理的一项重要制度。企业必须有组织、有计划地进行财产清查。财产清查一般包括以下程序：

（一）建立财产清查小组

财产清查小组负责财产清查的组织和管理。其主要职责是：实施清查以前，合理安排清查工作；在清查过程中，进行监督、检查和指导；清查结束后，提出处理意见和建议。清查小组既要有会计部门人员参加，又要有实物保管人员参加。清查人员应定期学习有关政策规定，掌握国家有关法律法规和相关业务知识，以提高财产清查工作的质量。

（二）做好财产清查前的业务准备

（1）确定清查对象、范围，明确清查任务。

（2）制定清查方案，确定清查的具体内容、时间、步骤、方法，以及清查前的准备。

（3）会计部门提供完整、正确的会计记录，财产管理部门将各种手续办理齐全，将实物整理整齐，并准备有关的衡量器具及清查所需的“盘存表”等。

（三）进行财产清查

（1）清查时本着先清查数量、核对有关账簿记录后，再认定质量的原则进行。

（2）清查时要填写“盘存表”。

（3）根据“盘存表”，填制各种实务、往来款项的“清查结果报告表”。

（四）财产清查结果的处理

1. 财产清查结果处理的要求

通过各种方法清查后，对于清查中发现的各种问题，如财产物资的盘盈、盘亏、毁损或其他各种损失，应核实情况，调查分析产生的原因，按照国家有关法律法规的规定，进行相应的账务处理。

财产清查结果处理的具体要求有：

（1）分析产生差异的原因和性质，提出处理意见，对于合理的损耗，调整账面数量和单价；对于责任事故造成的损失，应追究有关人员责任。

（2）积极处理积压多余财产，清理往来款项。

（3）总结经验教训，建立和健全各项规章制度。

（4）及时调整账簿记录，保证账实相符。

2. 财产清查结果会计处理

（1）设置账户。“待处理财产损溢”账户属于资产类账户，具有双重性质，用来核算企业在财产清查中查明的库存现金、存货、固定资产的盘盈、盘亏和毁损的处理情况。借方登记审批前财产物资的盘亏、毁损数和经批准转销的财产物资盘盈数。贷方登记审批前财产物资的盘盈数和经批准转销的财产物资盘亏数及毁损数。余额如在借方，为尚待转销的财产物资的盘亏数和毁损数；如余额在贷方，为尚待转销的财产物资的盘盈数。期末，本账户按规定转销后应无余额。该账户下设“待处理固定资产损溢”和“待处理流动资产损溢”两个明细账户。

（2）审批之前的会计处理。应根据“清查结果报告表”和“盘点报告表”等一经

> **小提示：** 按照现行会计准则规定，固定资产的盘盈和毁损分别通过“以前年度损益调整”和“固定资产清理”账户核算，不通过“待处理财产损溢”账户核算。

查实的盘盈、盘亏数据资料，填制记账凭证，并据以登记有关账簿，使账簿记录与实存数相一致，做到账实相符。同时根据权限，将处理建议上报股东大会或董事会，由经理（厂长）会议或者类似机构审批。

（3）审批之后的会计处理。企业清查的各种财产物资损溢，应于期末前查明原因，并根据企业的管理权限，经股东大会或董事会，由经理（厂长）会议或者类似机构批准后，在期末结账前处理完毕。企业应严格按照有关部门对财产清查结果提出的处理意见进行账务处理，填制有关记账凭证，登记有关账簿，并追回由于责任者造成的财产损失。

企业清查的各种财产物资，如果在期末结账前尚未经批准，在对外提供财务报表时，应先按照上述规定进行处理，并在附注中作出说明；其后经批准处理的金额与已经批准处理的金额不一致的，调整财务报表相关项目的年初数。

任务实施

步骤1：建立财产清查小组。

由企业组建财产清查小组，小组要有分管领导、财务负责人、实物保管人员及群众代表参加。如出纳员徐玲玲、1号仓库保管员孙林、2号仓库保管员丁大永、固定资产各使用部门等人员必须参加。

步骤2：做好清查前的业务准备工作。

首先，确定清查对象、范围，明确清查任务。其次制定清查方案，确定清查的具体内容、时间、步骤、方法。

步骤3：会计部门提供完整、正确的会计记录，财产管理部门将各种手续办理齐全、将实物整理整齐，清查部门准备有关的衡量器具及清查所需的“盘存表”等。

任务拓展

实地考察或咨询一家企业，调查企业财产清查前应做的准备工作有哪些。

任务2　清查库存现金

任务布置

财产清查小组对出纳员徐玲玲保管的库存现金进行实地盘点，盘点后填写“库存现金盘点报告表”，见表 7-1 所示。

表 7-1　库存现金盘点报告表

库存现金盘点报告表

单位名称：天齐电子设备有限责任公司　　　　2014 年 12 月 31 日　　　　单位：元

实存金额	账存金额	对比结果		备注
		盘盈	盘亏	
4 650	4 150	500		其中300元应支付给A公司，其余200元无法查明原因。

财产清查小组组长：赵宏伟　　财务负责人：章玉芬　　清查员：秦卫国　　出纳员：徐玲玲

教学组织

建议 5 人一组，合作完成库存现金的盘点与清查工作，并完成库存现金清查的账务处理。

知识学习

一、库存现金的清查方法

库存现金清查的主要方法是通过实地盘点法确定库存现金的实存数，然后与库存现金日记账的账面余额进行核对，以确定账存数与实存数是否相符。

库存现金清查包括以下两种情况。

（一）日常清查

日常清查是由出纳人员每日清点库存现金实存数，并与库存现金日记账结存数相核对，这种经常性的库存现金清查工作是出纳人员的职责。对于自查中账实不符，出现长短款的情况，出纳员应及时向会计机构负责人或会计主管人员报告，并查明原因及时处理。在实行严格的内部牵制制度的情况下，这种方法是比较省时、省力、确有成效的清查方法，但在管理岗位责任制不严格的情况下，只采用这种方法不够严密，容易出现漏洞。

（二）专门清查

专门清查是由财产清查小组对库存现金进行定期或不定期清查。库存现金盘点时，出纳人员必须在场，库存现金由出纳人员经手盘点，清查人员从旁监督。在清查过程中，除了查明账实是否相符外，还要检查库存现金管理制度的遵守情况，查明有无“坐支”库存现金情况，是否超过库存现金的限额，有无“白条抵库”（即使用收据、借条等冲抵库存现金）的现象。定期专门清查应视企业的具体情况而定，对于现金业务为主的企业，每月应安排两次以上的专门清查；对于一般单位，一般每月至少一次。

库存现金盘点后，应根据盘点的结果和库存现金日记账余额，编制“库存现金盘点报告表”。该表作为重要的原始凭证，是反映账实差异及调整账簿记录的依据。库存现金盘点报告表的格式如表 7-1 所示。

有价证券，如国库券、其他金融债券、公司债券、股票等的清查方法与库存现金清查相同。

二、库存现金清查结果的账务处理

库存现金清查如果出现盘盈或者盘亏，应通过“待处理财产损溢——待处理流动资产损溢”账户进行核算。

（一）库存现金盘盈的账务处理

库存现金盘盈时，应及时调整库存现金的账簿记录，即按盘盈的金额，借记“库存现金”账户，贷记“待处理财产损溢——待处理流动资产损溢”账户。

对于盘盈的库存现金应及时按照审批权限，报经批准后，及时入账。查明原因后，属于应支付给有关人员或单位的，借记“待处理财产损溢——待处理流动资产损溢”账户，贷记“其他应付款——××”；属于无法查明原因的长款，借记“待处理财产损溢——待处理流动资产损溢”账户，贷记“营业外收入”账户。

（二）库存现金盘亏的账务处理

库存现金盘亏时，应及时办理盘亏的确认手续，调账库存现金的账簿记录。按库存现金实际盘亏数，借记“待处理财产损溢——待处理流动资产损溢”账户，贷记“库存现金”账户。查明原因后，属于应收回的保险赔偿和过失人赔偿，借记“其他应收款”账户；属于管理不善等原因造成的净损失的金额，借记“管理费用”账户；属于自然灾害等原因造成的损失，借记“营业外支出”账户，贷记“待处理财产损溢——待处理流动资产损溢”账户。

任务实施

天齐电子设备有限责任公司在2014年12月库存现金清查中发现库存现金长款500元。编制会计分录如下：

借：库存现金　　500

　　贷：待处理财产损溢——待处理流动资产损溢　　500

经核查其中300元应支付给A公司，其余200元无法查明原因，报经批准后转作营业外收入。编制会计分录如下：

借：待处理财产损溢——待处理流动资产损溢　　500

　　贷：其他应付款——A公司　　300

　　　　营业外收入　　200

任务拓展

假定某企业在库存现金清查中发现库存现金短款300元。则应编制会计分录如下：

借：待处理财产损溢 ——待处理流动资产损溢　　300

　　贷：库存现金　　300

经核查属出纳员王某工作失误造成，经领导批准由其赔付200元，其余100元作为管理费用，编制会计分录如下：

借：其他应收款——王某　　200

　　管理费用　　100

　　贷：待处理财产损溢——待处理流动资产损溢　　300

任务3　清查银行存款

任务布置

请查看天齐电子设备有限责任公司银行存款日记账余额，并根据中国工商银行历城支行转来的“银行对账单”进行核对，银行存款日记账、银行对账单余额如表7–2和表7–3所示。

表 7-2 银行存款日记账

银行存款日记账

账号：36030300583638033089

户名：天齐电子设备有限责任公司

2014年 月	日	凭证 种类	凭证 号数	摘要	对方科目	支票号码	借方	贷方	借或贷	余额	核对
12	1			期初余额					借	45720000	
	1	银收	1	收到投资款	实收资本		80000000		借	125720000	
	4	银收	2	借款	短期借款		50000000		借	175720000	
	5	银付	1	购入材料	在途物资等			5704800	借	170015200	
	9	银付	2	购入材料	在途物资等			666000	借	169349200	
	10	银付	3	付欠款	应付账款			31989600	借	137359600	
	10	银付	4	预付货款	预付账款			12000000	借	125359600	
	21	银付	5	支付电费	制造费用等			2340000	借	123019600	
	21	银付	6	购办公用品	管理费用等			88890	借	122930710	
	22	银付	7	支付广告费	销售费用			1000000	借	121930710	
	22	银收	3	销售A、B设备	主营业务收入等		39312000		借	161242710	
	24	银收	4	预收货款	预收账款		15000000		借	176242710	
	27	银收	5	出售丁材料	其他业务收入等		2047500		借	178290210	
	31	银付	9	捐赠希望小学	营业外支出			3000000	借	175290210	

表 7-3 银行对账单

中国工商银行客户存款对账单

网点号：0011　　　币种：人民币　　　2014 年

账号：36030300583638033089　户名：天齐电子设备有限责任公司　上页余额：457 200.00

2014年 月	日	业务种类	凭证种类	凭证号数	对方户名	摘要	借方发生额	贷方发生额	余额	记账信息
12	1	同城汇款	（略）	（略）	北辰有限责任公司	投资款	0.00	800 000.00	1 257 200.00	000214
	4	转账			中国工商银行	借款	0.00	500 000.00	1 757 200.00	000321
	5	异地汇款			新海股份有限公司	购料款	57 048.00	0.00	1 700 152.00	000216
	9	同城转账			联运公司	购料款	6 660.00	0.00	1 693 492.00	000214
	10	异地汇款			大洋公司	付欠款	319 896.00	0.00	1 373 596.00	000218
	10	异地汇款			金昌公司	预付货款	120 000.00	0.00	1 253 596.00	000321
	21	同城汇款			济南汇通电业有限责任公司	付电费	23 400.00	0.00	1 230 196.00	000321
	21	同城转账			银座商城	购办公用品	888.90	0.00	1 229 307.10	000221
	22	同城转账			新传媒广告公司	付广告费	10 000.00	0.00	1 219 307.10	000214
	22	异地收款			光明机械制造有限责任公司	销售收款	0.00	393 120.00	1 612 427.10	000321
	24	异地收款			江河公司	预收货款	0.00	150 000.00	1 762 427.10	000224
	31	异地收款			大江股份有限公司	收货款	0.00	270 270.00	2 032 697.10	000214
	31	代理业务			顺畅房产公司	付房租	2 008.90	0.00	2 030 688.20	000214

截至 2014 年 12 月 31 日，账户余额 2 030 688.20　保留余额 0.00　冻结余额 0.00　透支余额：0.00　打印日期：2014 年 12 月 31 日

教学组织

建议 5 人一组模拟天齐电子设备有限责任公司的财务科，分别扮演制单员秦卫国、记账员赵蔚然、出纳员徐玲玲、复核员王惠玲、会计主管章玉芬。银行对账单及银行存款余额调节表的编制由会计主管章玉芬完成。其他人员合作完成。可通过轮换岗位完成。每人或每组发放银行存款余额调节表 1 张。

知识学习

一、银行存款的清查方法

银行存款的清查是采取与开户银行核对账目的方法进行的，即将本单位银行存款日记账账簿记录与开户银行转来的银行对账单逐笔进行核对，以查明银行存款的实有数额，检查其账实是否相符。银行存款的清查一般在月末进行。

银行存款由财产清查人员进行清查，清查前，应取得银行对账单；企业应将截止到清查日所有的银行存款收付业务都登记入账后，对发生的错账、漏账及时查清更正，再与银行对账单逐笔进行核对。

银行存款日记账和银行对账单核对的具体方法是：

（一）核对银行存款日记账与银行对账单具体业务

以银行结算凭证的种类、号码和金额为依据，逐日逐笔核对。凡是双方都有记录的，用铅笔在金额旁打上“√”。

（二）核对银行存款日记账与银行对账单余额

如果核对后双方余额相符，通常说明账实相符，没有错误。如果余额不相符，则说明企业或者银行一方或者双方记账错误或者存在未达账项。

（三）查找未达账项

银行存款日记账和银行对账单上没有打“√”的款项即为未达账项。银行存款日记账上未打“√”的款项，表示银行的未达账项；银行对账单上未打“√”的款项，则表示企业的未达账项。

所谓未达账项，是指企业和银行之间，在凭证传递接收时间上的差异造成记账时间不一致而发生的一方已经入账，另一方尚未入账的事项。未达账项一般分为以下四种情况：

第一，企业已收款记账，银行尚未记账的款项。如企业因销售产品而收到支票登记银行存款增加，而银行则要等到款项收妥后才能记账。

第二，企业已付款记账，银行尚未记账的款项。如企业购买原料，开出支票，根据支票存根登记银行存款减少，而银行由于尚未收到支付款项的凭证而未记账。

第三，银行已收款记账，企业尚未记账的款项。如企业委托银行收取的货款已收回，银行已登记企业银行存款增加，但企业尚未收到收款通知而未入账。

第四，银行已付款记账，企业尚未记账的款项。如企业的借款利息或银行代扣代缴的水电费，银行已从企业银行存款中扣付，但企业尚未收到付款通知而未记账。

二、银行存款清查结果的处理

企业将银行存款日记账和银行对账单核对后，如发现双方记账错误，应及时查明原因，予以更正；对于未达账项则要进行调节，编制“银行存款余额调节表”。

银行存款余额调节表的编制原理，是以双方账面余额为基础，分别加减双方的未达账项，即加上对方已经收款记账而己方尚未收款记账的数额，减去对方已经付款记账而己方尚未付款记账的数额。其计算公式为：

企业银行存款账面余额 + 银行已收企业未收款项 − 银行已付企业未付款项

= 银行对账单账面余额 + 企业已收银行未收款项 − 企业已付银行未付款项

“银行存款余额调节表”格式如表 7−4 所示。

表 7−4　银行存款余额调节表

账号：　　　　　　　　　年　月　日　　　　　　　　　单位：元

项目	金额	项目	金额
企业银行存款账面余额		银行对账单账面余额	
加：银行已收企业未收款项 减：银行已付企业未付款项		加：企业已收银行未收款项 减：企业已付银行未付款项	
调节后企业银行存款余额		调节后银行对账单存款余额	

将调整后的银行存款余额调节表经会计主管签章后，呈报给开户银行。

（1）银行存款余额调节表是一种对账记录或对账工具，不能作为调整账面记录的依据，即不能根据银行存款余额调节表中的未达账项来调整银行存款日记账的账面记录，未达账项只有在收到有关的原始凭证后才能据以进行有关的账务处理，再登记银行存款日记账。

视 频：
银行存款余额调节表的编制

（2）调节后的余额相等，说明企业和银行双方账面记录基本正确，该余额通常为企业可以实际动用的银行存款实有数。

（3）调节后的余额不相符，说明一方或双方记账有误，需要进一步检查，查明原因后予以更正和处理。

凡有几个银行账户以及有外币存款账户的，应分别按银行户头开设银行存款日记账，应将各户头的银行存款日记账与各户头的银行对账单进行核对，并分别编制银行存款余额调节表。

任务实施

步骤 1： 逐笔核对银行存款日记账与银行对账单各项记录。以银行结算凭证的种类、号码和金额为依据，逐笔核对。凡是双方都有记录的，用铅笔在金额旁打上“√”。

步骤 2： 查找未达账项（即双方未打“√”的项目）。核对后的银行存款日记账和银行对账单如表 7-5 和表 7-6 所示。

表 7-5　银行存款日记账

银行存款日记账

账号：36030300583638033089

户名：天齐电子设备有限责任公司

2014年 月	日	凭证 种类	凭证 号数	摘要	对方科目	支票号码	借方	贷方	借或贷	余额	核对
12	1			期初余额					借	457200.00	
	1	银收	1	收到投资款	实收资本		800000.00		借	1257200.00	√
	4	银收	2	借款	短期借款		500000.00		借	1757200.00	√
	5	银付	1	购入材料	在途物资等			57048.00	借	1700152.00	√
	9	银付	2	购入材料	在途物资等			6660.00	借	1693492.00	√
	10	银付	3	付欠款	应付账款			319896.00	借	1373596.00	√
	10	银付	4	预付货款	预付账款			120000.00	借	1253596.00	√
	21	银付	5	支付电费	制造费用等			23400.00	借	1230196.00	√
	21	银付	6	购办公用品	管理费用等			888.90	借	1229307.10	√
	22	银付	7	支付广告费	销售费用			10000.00	借	1219307.10	√
	22	银收	3	销售A、B设备	主营业务收入等		393120.00		借	1612427.10	√
	24	银收	4	预收货款	预收账款		150000.00		借	1762427.10	√
	27	银收	5	出售丁材料	其他业务收入等		20475.00		借	1782902.10	
	31	银付	9	捐赠希望小学	营业外支出			30000.00	借	1752902.10	

表 7-6 银行对账单

中国工商银行客户存款对账单

网点号：0011　　　　币种：人民币　　　　2014 年

2014 年		业务种类	凭证种类	凭证号数	对方户名	摘要	借方发生额	贷方发生额	余额	记账信息
账号：36030300583638033089					户名：天齐电子设备有限责任公司				上页余额：457 200.00	
月	日									
12	1	同城汇款	（略）	（略）	北辰有限责任公司	投资款	0.00	800 000.00	1 257 200.00	000214
	4	转账			中国工商银行	借款	0.00	500 000.00	1 757 200.00	000321
	5	异地汇款			新海股份有限公司	购料款	57 048.00	0.00	1 700 152.00	000216
	9	同城转账			联运公司	购料款	6 660.00	0.00	1 693 492.00	000214
	10	异地汇款			大洋公司	付欠款	319 896.00	0.00	1 373 596.00	000218
	10	异地汇款			金昌公司	预付货款	120 000.00	0.00	1 253 596.00	000321
	21	同城汇款			济南汇通电业有限责任公司	付电费	23 400.00	0.00	1 230 196.00	000321
	21	同城转账			银座商城	购办公用品	888.90	0.00	1 229 307.10	000221
	22	同城转账			新传媒广告公司	付广告费	10 000.00	0.00	1 219 307.10	000214
	22	异地收款			光明机械制造有限责任公司	销售收款	0.00	393 120.00	1 612 427.10	000321
	24	异地收款			江河公司	预收货款	0.00	150 000.00	1 762 427.10	000224
	31	异地收款			大江股份有限公司	收货款	0.00	270 270.00	2 032 697.10	000214
	31	代理业务			顺畅房产公司	付房租	2 008.90	0.00	2 030 688.20	000214

截至 2014 年 12 月 31 日，账户余额 2 030 688.20　保留余额 0.00　冻结余额 0.00　透支余额：0.00　打印日期：2014 年 12 月 31 日

步骤 3：编制银行存款余额调节表，见表 7-7。

表 7-7 银行存款余额调节表

账号：36030300583638033089　　　　2014 年 12 月 31 日　　　　单位：元

项目	金额	项目	金额
企业银行存款日记账余额	1 752 902.10	银行对账单余额	2 030 688.20
加：银行已收、企业未收款	270 270.00	加：企业已收、银行未收款	20 475.00
1. 银行代收货款	270 270.00	1. 收取货款，存入转账支票	20 475.00
2.		2.	
减：银行已付、企业未付款	2 008.90	减：企业已付、银行未付款	30 000.00
1. 银行代扣房租	2 008.90	1. 支付捐赠款，开出转账支票	30 000.00
2.		2.	
调节后的存款余额	2 021 163.20	调节后的存款余额	2 021 163.20

小提示：
项目 6 中银行存款结账的工作，必须是在企业与银行核对相符的基础上才能办理。

任务拓展

某企业 2015 年 6 月 30 日银行存款账面余额是 370 000 元，银行对账单上账面余额是 390 000 元，经逐笔核对，发现以下几笔未达账项：

（1）企业于月末存入从其他单位收到的转账支票 36 000 元，企业已经入账，而银行因内部手续尚未办妥，尚未入账；

（2）企业于月末开出的现金支票 6 000 元，企业已经入账，因持票人尚未到银行办理取款手续，银行尚未入账；

（3）企业委托银行向外单位收回的销货款 90 000 元，银行已入账，而企业尚未收到有关通知，尚未入账；

（4）银行代企业支付的水电费 40 000 元，银行已入账，而企业尚未收到有关通知，尚未入账。

请根据上述经济业务情况编制银行存款余额调节表。

任务 4　清查实物资产

任务布置

天齐电子设备有限责任公司部分原材料和固定资产实地盘点结果见“物资盘点表”，如表 7-8 和表 7-9 所示。

表 7-8　物资盘点表

物资盘点表

库号1　　　　2014 年 12 月 31 日

名称	规格型号	单位	单价	账面数	实有数	盘盈数		盘亏数		盘亏原因	备注
						数量	金额	数量	金额		
甲材料		千克	6.10			100	610			原因待查	
乙材料		千克	9.12					200	1 824	原因待查	
……											

部门主管：刘辉春　　保管员：孙　林　　复查人：李　勇

表 7-9　物资盘点表

物资盘点表

使用部门：行政部门　　　　2014 年 12 月 31 日

名称	规格型号	单位	原价	已提折旧	账面净值	盘盈数		盘亏数		盈亏原因	备注
						数量	金额	数量	金额		
立式空调		台	3 000	2 400	600			1		原因待查	
……											

部门主管：张香宇　　　　保管员：丁　松　　　　复查人：李　勇

经查明，盘盈的甲材料 610 元，是由于收发计量上的误差造成的，经过有关部门批准后，冲减“管理费用”，短缺乙材料 1 824 元，其中保管员孙林承担 1 000 元。盘亏立式空调，经批准作“营业外支出”处理。

教学组织

根据天齐电子设备有限责任公司物资盘点表，建议 5 人一组，完成财产清查结果的账务处理。

知识学习

一、财产物资的盘存制度

财产清查的重点环节是盘点财产物资的实存数量。为使盘点工作顺利进行，应建立一定的盘点制度。一般来说，财产物资的盘存制度有两种，即永续盘存制和实地盘存制。

（一）永续盘存制

永续盘存制，又称账面盘存制，是指以账簿记录为依据来确认财产物资结存数量的一种方法。平时要根据会计凭证登记财产物资的增加和减少，并随时结出账面期末余额。其计算公式为：

$$账面期末余额 = 账面期初余额 + 本期增加额 - 本期减少额$$

永续盘存制要求财产物资的收发有严密的手续，以利于加强会计监督。该种制度要求设置比较详细的财产物资明细账，对财产物资的增减变动连续登记，并随时结出账面余额，因而可以随时掌握财产物资的收、发、存情况，有利于加强财产物资的管理。通过盘点，将实存数与账存数进行对比，可以发现溢缺，并查明原因，及时纠正，因而永续盘存制在保护财产安全及经营管理方面有着明显的优越性。所以，企业应根据自身条件决定是否采用永续盘存制。

由于这种方法要在账簿中逐笔记录财产物资收发情况，因而核算工作量较大。尽管永续盘存制下的收、发业务是根据凭证逐笔登记的，但由于前述各种原因的存在，也经常会发生账实不符的情况，因此仍要对财产物资进行定期盘点，以查明账实是否相符，以及账实不符的原因。

（二）实地盘存制

实地盘存制，是指以期末盘点实物的结果为依据来确认财产物资结存数量的一种方法。平时在有关账簿中只根据会计凭证登记财产物资的增加数，不登记减少数；月末，通过实地盘点，确定实存数，并采用倒挤的方法，计算财产物资的发出数，并据以登记有关账簿。其计算公式为：

本期减少数 = 期初结存数 + 本期增加数 − 期末实际结存数

采用实地盘存制，由于平时对财产物资只记增加，不记减少，因而减少了核算工作量。但是这种方法平时对减少数不作记录，没有严密的手续，不便于进行会计监督；不能随时反映财产物资的收、发、结存动态情况；倒挤出的财产物资减少数不够准确，不利于对财产物资加强管理。因此，它只适用于那些价值低、品种杂、收发频繁的财产物资。

想一想：
实地盘存制和永续盘存制下，实地盘点的目的有什么不同?

二、实物资产的清查方法

实物资产主要包括固定资产、存货等以实物形态存在的资产。固定资产如机器设备、运输工具等，存货如原材料、在产品、库存商品、委托加工物资等，实物资产的清查既要在实物数量上进行清查，又要对实物质量进行查验。由于实物种类、品种规格、储备状态、体积、数量不同，应选择的清查方法也有所不同。实物的清查方法主要有以下几种：

（一）实地盘点法

实地盘点，是指在实物存放现场用计量器具或逐一点数来确定财产物资实有数的方法。这种方法适用范围广、数量准确、清查质量高，但清查的工作量大。如对于机器设备、包装好的原材料、产成品和库存商品等可采用实地盘点法。

（二）技术推算法

技术推算法，是指利用一定的技术方法，如测量体积、尺度等对实物资产的实存数进行推算的一种方法。这种方法适用于价值低、成堆堆放、难以逐一清点的财产物资。如散装的化肥、饲料、煤炭等大堆存放实物。

（三）抽样盘点法

抽样盘点法，是指对不便于逐一清点的财产物资，从总体中选取个体，通过测量个体的体积或重量，来推算总体数量的一种方法。这种方法适用于那些价值小、数量多、质量比较均匀的财产物资。

（四）外调核对法

外调核对法是指对于委托加工、销售、保管的材料可以采取去函、去对方单位调查，然后与本单位账存数核对的方法。

为明确责任，盘点实物时，物资保管人员必须在场，并参加盘点工作。清查时，除了明确实存数额外，还要检查其保管使用情况，根据实物不同的物理、化学性质采取不同的技术方法，清查有无霉烂变质的情况。并依据其质量情况对清查物资的价格作出如实的记录。具体清查步骤如下：

（1）由有关人员实施盘点（实物保管人员在场参与盘点）；

（2）编制“盘存单”（盘点、保管、使用人员签字盖章）；

（3）编制“实存账存对比表”。

三、实物资产清查结果的账务处理

（一）存货清查结果的账务处理

存货清查出现盘盈、盘亏应通过“待处理财产损溢——待处理流动资产损溢”账户核算。

1. 存货盘盈的账务处理

存货盘盈时，应及时办理存货入账手续，调整存货账簿的实存数，根据“盘点单”及“实存账存对比表”等原始凭证进行账务处理。盘盈存货应按重置成本作为入账价值，借记“原材料”“库存商品”等账户，贷记“待处理财产损溢——待处理流动资产损溢”账户。

对于盘盈的存货，应及时查明原因，盘盈多是由于收发计量及核算上的误差等原因造成的，因此，按管理权限报经批准后，冲减管理费用，即按其入账价值借记“待处理财产损溢——待处理流动资产损溢”账户，贷记“管理费用”账户。

2. 存货盘亏和毁损的账务处理

存货发生盘亏和毁损时，在报经批准处理前，按盘亏和毁损的金额，借记“待处理财产损溢——待处理流动资产损溢”账户，贷记“原材料”“库存商品”等账户。

对于盘亏的存货，应及时查明原因，按照管理权限报经批准后，对于入库的残料价值，借记“原材料”账户；属于应收回的保险赔偿和过失人赔偿的，借记“其他应收款”账户；属于管理不善造成的净损失的数额，借记“管理费用”账户；属于自然灾害等非常原因造成的净损失的部分，借记“营业外支出——非常损失”账户，按照原记金额贷记“待处理财产损溢——待处理流动资产损溢”账户。

（二）固定资产清查结果的账务处理

固定资产清查出现盘盈应通过“以前年度损益调整”账户进行核算，固定资产盘亏应通过“待处理财产损溢——待处理固定资产损溢”账户进行核算。

1. 固定资产盘盈的账务处理

企业在财产清查中盘盈的固定资产，经查明确属企业所有，按管理权限报经批准后，应根据盘存凭证填制“固定资产交接凭证”，经有关人员签字后送会计部门，填写“固定资产卡片账”，作为前期差错处理，通过“以前年度损益调整”账户核算。按其重置成本作为入账价值，借记“固定资产”账户，贷记“以前年度损益调整”账户。涉及增值税、所得税和盈余公积的，还应按相关规定处理。

2. 固定资产盘亏的账务处理

固定资产盘亏时，应及时办理固定资产注销手续，按照盘亏固定资产的账面价值，借记“待处理财产损溢——待处理固定资产损溢”账户，按已提折旧额借记“累计折旧”账户，按账面原价贷记“固定资产”账户。

对于盘亏的固定资产，应及时查明原因，按审批权限报经批准后及时处理。属于过失人和保险公司赔偿的部分，应借记“其他应收款“账户，按盘亏固定资产原价扣除累计折旧和保险公司与过失人赔偿部分，借记“营业外支出——固定资产盘亏”账户，贷记“待处理财产损溢——待处理固定资产损溢”账户。

任务实施

一、存货清查结果的账务处理

（一）盘盈的账务处理

步骤 1：根据“物资盘点表”，盘盈的甲材料 100 千克，金额 610 元。批准处理前，编制会计分录如下：

借：原材料——甲材料　　610

　　贷：待处理财产损溢——待处理流动资产损溢　　610

步骤 2：登记原材料总账和明细账，调增“原材料”账面记录，使得账实相符。

步骤3：经查明是由于收发计量上的误差造成的，经过有关部门批准后，冲减“管理费用”，编制会计分录如下：

借：待处理财产损溢——待处理流动资产损溢　　610

　　贷：管理费用　　610

（二）盘亏的账务处理

步骤1：根据“物资盘点表”，短缺乙材料1 824元。批准处理前，编制会计分录如下：

借：待处理财产损溢——待处理流动资产损溢　　1 824

　　贷：原材料——乙材料　　1 824

步骤2：登记原材料总账和明细账，调减“原材料”账面记录，使得账实相符。

步骤3：查明原因为保管员责任，由保管员孙林赔偿1 000元。报经批准后，编制会计分录如下：

借：其他应收款　　1 000

　　管理费用　　824

　　贷：待处理财产损溢——待处理流动资产损溢　　1 824

二、固定资产清查结果的账务处理

步骤1：根据“物资盘点表”，盘亏立式空调机1台。批准处理前，编制会计分录如下：

借：待处理财产损溢——待处理固定资产损溢　　600

　　累计折旧　　2 400

　　贷：固定资产　　3 000

步骤2：登记固定资产总账和明细账，注销“固定资产”和“累计折旧”账户账面记录，使得账实相符。

步骤3：报经批准后，编制会计分录如下：

借：营业外支出——固定资产盘亏　　600

　　贷：待处理财产损溢——待处理固定资产损溢　　600

任务拓展

根据某企业下列财产清查的结果编制会计分录。

（1）甲材料账存5 000千克，单价6元，库存A商品3 000件，单价20元，办公用计算机一台，账面价值6 000元，已提折旧2 200元；经实地盘点发现，甲材料实存 4 980 千克，库存 A 商品实存 3 100 件，未发现有办公用计算机，上述盘盈盘亏原因待查。

（2）经查，甲材料的盘亏是由于收发计量上的误差造成的，经过有关部门批准后，增加“管理费用”，库存 A 商品多出系发货时少发，补发给供货方。

（3）盘亏办公用计算机，经批准作“营业外支出”处理。

任务 5　清查往来款项

任务布置

请查看天齐电子设备有限责任公司的往来款项有哪些？都是哪些企业？企业应如何进行往来款项的清查工作？

教学组织

查看项目五中企业所涉及的供应商有哪些？客户有哪些？建议 5 人一组，分别扮演天齐电子设备有限责任公司及其供应商和客户，完成往来款项的清查工作。

知识学习

一、往来款项的清查方法

往来款项主要包括应收、应付款项和预收、预付款项等。各种往来结算款项的清查，一般采用发函询证的方法与对方核对。

往来款项清查后，应将清查结果填制“往来款项清查报告表”，填列各项债权、债务的余额。对于有争执的款项以及无法收回的款项，应在报告表中详细列明，以便及时采取措施进行处理，避免或减少坏账损失。

其基本程序是清查单位在检查本单位各项结算款项账目正确、完整的基础上编制“往来款项对账单”送交双方单位进行核对。“往来款项对账单”通常一式两联，其中一联作为回执联。对方单位如核对相符，应在对账单上签章退回本单位，如不符，应在回单中注明情况或另抄对账单退回本单位，进一步查明原因后，再行核对。在查核过程中，如果发现未达账项，双方应编制“往来结算款项账面余额调节表”予以调整。然后根据账簿记录和各往来单位退回的回单，填制“往来款项清查报告表”。“往来款项对账单”和“往来款项清查报告表”的格式如表 7-10 和表 7-11 所示：

表 7-10 往来款项对账单

往来款项对账单

业务序号	金额	发生日期	核对情况		备注
			相符金额	不符金额	
合 计					

表 7-11 往来款项清查报告表

往来款项清查报告表

明细分类账户		清点结果		核对不符原因			备注
名称	账面金额	核对相符金额	核对不符金额	未达账项金额	有争议账面金额	其他	

二、往来款项清查结果的账务处理

在财产清查中发现的长期未结算的往来款项，应及时清查，对于经查明确实无法支付的应付款项，可按规定程序及权限报经批准，转入“营业外收入”账户。

对于无法收回的应收款项则应转作坏账，冲减坏账准备，坏账是指企业无法收回或者收回可能性极小的应收款项。由于发生坏账而产生的损失称为坏账损失。

企业通常情况下应将符合下列条件之一的应收款项确认为坏账：

（1）债务人死亡，以其遗产清偿后仍无法收回的；

（2）债务人破产，以其破产财产清偿后仍无法收回的；

（3）债务人较长时间内未履行偿债义务，并有足够证据辨明无法收回或者收回的可能性极小。

企业有确凿证据证明确实无法收回的应收款项，经批准后作为坏账损失。对于已经确认为坏账的应收款项，并不意味着放弃了追索权，一旦重新收回，应及时入账。

任务实施

步骤 1：查明企业的供应商、客户，并查看账户发生额及余额。

步骤 2： 向这些企业分别发出询证函。

步骤 3： 根据不同的函证结果，说一说应如何进行处理。

任务拓展

假定往来款项清查中，发现应收某公司的货款将无法收回，企业应如何处理？

项目总结

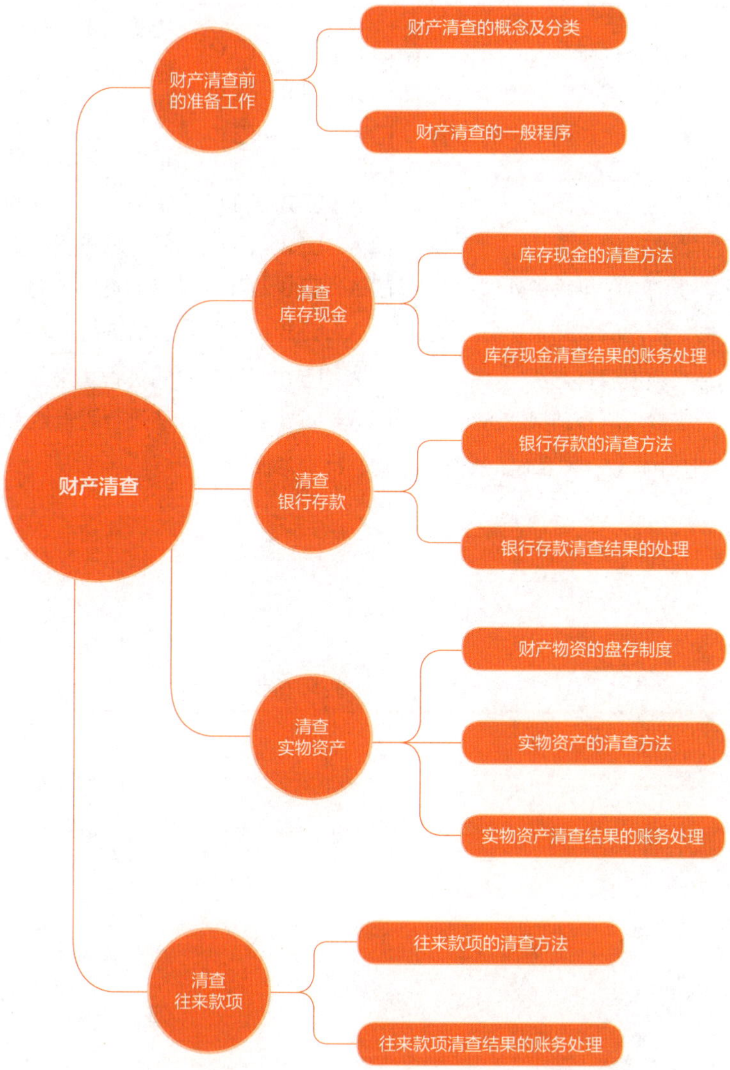

学习评价

▲专业能力测评表

业务能力	评价指标	自测结果	要求
财产清查前的准备工作	1. 财产清查的概念及分类 2. 财产清查的一般程序	□A □B □C □A □B □C	熟悉财产清查的概念、种类，熟悉一般的清查程序
清查库存现金	1. 库存现金清查方法 2. 库存现金清查结果的账务处理	□A □B □C □A □B □C	能进行库存现金的清查，并能进行清查结果的会计处理
清查银行存款	1. 企业和银行对账的方法 2. 未达账项查找 3. 银行存款余额调节表的编制	□A □B □C □A □B □C □A □B □C	能熟练地进行银行存款日记账和银行对账单的核对，并能查找未达账项，正确编制银行存款余额调节表
清查实物资产	1. 财产物资盘存制度 2. 实物资产清查方法 3. 存货清查结果账务处理 4. 固定资产清查结果账务处理	□A □B □C □A □B □C □A □B □C □A □B □C	掌握永续盘存制、实地盘存制，能进行存货、固定资产等实物资产的清查，并能进行清查结果的会计处理
清查往来款项	1. 往来款项清查方法 2. 往来款项清查结果账务处理	□A □B □C □A □B □C	能进行往来款项的清查，并能进行清查结果的会计处理
说明	（在□中打√，A 掌握，B 基本掌握，C 未掌握）		
教师评语：			
成绩		教师签字	

08 项目八 编制财务报表

【职业能力目标】

- 熟悉财务报表的概念、种类；
- 熟悉财务报表编制的基本要求和作用；
- 掌握资产负债表的结构，能正确地编制资产负债表；
- 掌握利润表的结构，能正确地编制利润表。

【项目背景】

1. 天齐电子设备有限责任公司 2014 年 12 月初有关账户的期初余额见表 8–1 所示。

表 8–1 账户余额表　　单位：元

账户名称	期初余额	账户名称	期初余额
库存现金	6 500.00	累计折旧	600 000.00
银行存款	457 200.00	短期借款	1 500 000.00
其他货币资金	740 000.00	应付票据	58 000.00
应收票据	376 000.00	应付账款	35 000.00
应收账款	138 450.00	预收账款	
预付账款	60 000.00	应付职工薪酬	
其他应收款	5 710.00	应交税费	
在途物资	365 000.00	应付利息	2 260.00
原材料	88 560.00	应付股利	
周转材料	210 000.00	长期借款	1 380 000.00

续表

账户名称	期初余额	账户名称	期初余额
库存商品	123 900.00	实收资本	6 000 000.00
生产成本	40 940.00	盈余公积	17 000.00
长期股权投资	900 000.00	利润分配	120 000.00
固定资产	6 200 000.00	本年利润	
无形资产			
合计	9 712 260.00	合计	9 712 260.00

有关明细账户如表 8-2 所示。

表 8-2　明细账户余额表　　单位：元

账户名称	明细账户	期初余额
应收账款	宏图公司	138 450.00
预付账款	金昌公司	60 000.00
应付账款	大洋公司	35 000.00

2. 公司 2014 年 12 月份发生的经济业务见项目五【业务 5-1】至【业务 5-43】(暂不考虑库存现金盘盈，存货、固定资产盘盈业务)。

导问

2014 年 12 月份的期初余额也就是 11 月份的期末余额，天齐电子设备有限责任公司的账户余额表有什么特点？回顾项目五企业主要经济业务核算中学过的业务，制造业的主要经济业务有哪几个方面？发生经济业务后应做哪些会计处理工作？

【项目分析】

任何企业经济业务的发生，都是从取得或填制原始凭证开始的，根据原始凭证填制记账凭证，再根据记账凭证登记账簿，会计账簿虽然能系统、全面、连续地记录某一类经济业务的情况，但对于企业总体的财务状况及经营成果情况，还必须通过编制财务报表这一会计核算的专门方法来完成。

【项目分解】

编制财务报表这一项目可分解为如下主要任务：

任务 1　编制财务报表前的准备工作

任务 2　编制资产负债表

任务 3　编制利润表

【项目实施】

任务 1　编制财务报表前的准备工作

任务布置

请以天齐电子设备有限责任公司会计人员的身份，按工作岗位分工完成财务报表编制前的准备工作。在编制资产负债表、利润表前，需要做好哪些准备工作呢？

教学组织

建议 5 人一组，分别扮演天齐电子设备有限责任公司制单员秦卫国、记账员赵蔚然、出纳员徐玲玲、复核员王惠玲、会计主管章玉芬。协作完成财务报表编制前的准备工作。

动　画：编制财务报表前的准备工作

知识学习

一、财务报表的概念、作用与分类

（一）财务报表的概念

财务报表，是对企业财务状况、经营成果和现金流量的结构性表述。企业的财务报表是根据会计核算资料进行加工、整理、汇总，以货币为主要计量单位，利用一定的表格形式，定期、综合地反映企业某一特定日期财务状况和某一会计期间经营成果、现金流量的一种书面报告。

财务报表至少应当包括以下五项内容：资产负债表、利润表、现金流量表和所有者权益变动表，以及报表附注。其五个组成部分具有同等的重要程度。

1. 资产负债表

资产负债表是反映企业某一特定日期（月末、季末、年末）财务状况的报表。即反映企业的特定日期全部资产、负债及所有者权益的财务报表。

2. 利润表

利润表是反映企业在一定会计期间经营成果的财务报表。

3. 现金流量表

现金流量表是反映企业在一定会计期间现金和现金等价物流入和流出的财务报表。现金流量表是以现金作为编制基础的。

4. 所有者权益变动表

所有者权益变动表反映企业在一定会计期间所有者权益的构成及增减变化情况。

5. 附注

（二）财务报表的作用

（1）财务报表是企业内部加强经营管理的重要依据；

（2）财务报表为企业外部会计信息资料的使用者进行决策，以及进行企业控制和监督提供了重要依据；

（3）财务报表所提供的财务会计信息资料是国家进行宏观经济管理的重要信息来源。

（三）财务报表的种类

1. 按编报期间不同，分为年度财务报表和中期财务报表

（1）年度财务报表。年度财务报表，简称年报，是指企业每年年末编报的财务报表，包括资产负债表、利润表、现金流量表、所有者权益变动表，以及报表附注。年度财务报表应当于年度终了后 4 个月内对外提供。

（2）中期财务报表。中期财务报表，是指企业于年度中期期末、季末和月末编制的财务报表，包括资产负债表、利润表和现金流量表和附注。半年度中期财务报表应于年度中期结束后 60 天内对外提供；季度中期财务报表应于季度终了后 15 天内对外提供；月度财务报表应于月度终了后 6 天内对外提供。

2. 按编报主体不同，分为个别财务报表和合并财务报表

个别财务报表，是指企业在自身会计核算的基础上，根据账户余额及对经济业务的分析等经过会计加工而编制的财务报表，它是反映本企业会计主体的财务状况、经营成果、现金流量等情况的财务报表。

合并财务报表，是由母公司编制的，在母公司和各子公司个别财务报表的基础上，对企业集团的内部交易进行相互抵消后编制的财务报表，用以反映企业集团综合的财务状况、经营成果等。

想一想：静态财务报表和动态财务报表有什么不同?

3. 按反映的资金运动状况，分为静态财务报表和动态财务报表

静态财务报表，是指综合反映企业在某一特定时点资产、负债和所有者权益的财务报表，如资产负债表。

动态财务报表，是指综合反映企业在一定时期内经营成果或现金流量、所有者权益变动的财务报表。利润表、现金流量表、所有者权益变动表均是动态财务报表。

二、财务报表编制的基本要求

（一）以持续经营为基础编制

企业应当以持续经营为基础，根据实际发生的交易和事项，按照《企业会计准则——基本准则》和其他各项会计准则的规定进行确认和计量，在此基础上编制财务报表。当企业以持续经营为基础编制财务报表不再合理，企业应当采用其他编制基础编制财务报表，并在附注中声明财务报表未以持续经营为基础编制的事实、披露未以持续经营为基础编制的原因和财务报表的编制基础。

（二）按正确的会计基础编制

除现金流量表按照收付实现制原则编制外，企业应当按照权责发生制原则编制财务报表。

（三）项目列报遵循重要性原则

重要性，是指在合理预期下，财务报表某项目的省略或错报会影响使用者据此作出经济决策的，该项目具有重要性。

重要性应当根据企业所处的具体环境，从项目的性质和金额两方面予以判断，且对各项目重要性的判断标准一经确定，不得随意变更。判断项目性质的重要性，应当考虑该项目在性质上是否属于企业日常活动，是否显著影响企业的财务状况、经营成果和现金流量等因素；判断项目金额大小的重要性，应当考虑该项目金额占资产总额、负债总额、所有者权益总额、营业收入总额、营业成本总额、净利润、综合收益总额等直接相关项目金额的比重或所属报表单列项目金额的比重。

性质或功能不同的项目，应当在财务报表中单独列报，但不具有重要性的项目除外。

性质或功能类似的项目，其所属类别具有重要性的，应当按其类别在财务报表中单独列报。

某些项目的重要性程度不足以在资产负债表、利润表、现金流量表或所有者权益变动表中单独列示，但对附注却具有重要性，则应当在附注中单独披露。

在财务报表中单独列报的项目，应当单独列报。会计准则规定单独列报的项目，应当增加单独列报项目。

（四）保持各个会计期间财务报表列报的一致性

财务报表项目的列报应当在各个会计期间保持一致，不得随意变更，但下列情况除外：一是会计准则要求改变财务报表项目的列报。二是企业经营业务的性质发生重大变化或对企业经营影响较大的交易或事项发生后，变更财务报表项目的列报能够提供更可靠、更相关的会计信息。

（五）各项目直接的金额不得相互抵消

财务报表中的资产项目和负债项目的金额、收入项目和费用项目的金额、直接计入当期利润的利得项目和损失项目的金额不得相互抵消，但会计准则另有规定的除外。

一组类似交易形成的利得和损失应当以净额列示，但具有重要性的除外。

资产或负债项目按扣除备抵项目后的净额列示，不属于抵消。非日常活动产生的利得和损失，以同一交易形成的收益扣减相关费用后的净额列示更能反映交易实质的，不属于抵消。

（六）至少应当提供所列报项目上一个可比会计期间的比较数据

当期财务报表的列报，至少应当提供所有列报项目上一个可比会计期间的比较数据，以及与理解当期财务报表相关的说明，但会计准则另有规定的除外。

财务报表的列报项目发生变更的，应当至少对可比期间的数据按照当期的列报要求进行调整，并在附注中披露调整的原因和性质，以及调整的各项目金额。对可比数据进行调整不切实可行的，应当在附注中披露不能调整的原因。

不切实可行，是指企业在作出所有合理努力后仍然无法采用某项会计准则规定。

（七）企业应当在财务报表的显著位置至少披露相关信息

企业应当在财务报表的显著位置至少披露下列各项：

（1）编报企业的名称。

（2）资产负债表日或财务报表涵盖的会计期间。

（3）人民币金额单位。

（4）财务报表是合并财务报表的，应当予以标明。

（八）至少按年编制财务报表

企业至少应当按年编制财务报表。年度财务报表涵盖的期间短于一年的，应当披露年度财务报表的涵盖期间、短于一年的原因以及报表数据不具可比性的事实。

三、财务报表编制前的准备工作

在编制财务报表前，需要完成以下工作：

（1）严格审查会计账簿的记录和资料；

（2）进行全面的财产清查、核实债务，并按规定程序报批，进行相应的账务处理；

（3）按规定的结账日办理结账，结出有关账户的发生额和余额，并核对各有关会计账户直接的余额；

想一想：为什么要按时报送财务报表？

（4）检查相关的会计核算是否按照国家统一会计制度的规定进行；

（5）检查是否存在因会计差错、会计政策变更等原因需要调整前期或本期相关项目的情况等。

【注意】

我国对财务报表的有关规定主要有：财务报表应按期报送所有者、债权人、有关各方及当地财税机关、开户银行、主管部门。有限责任公司的财务报表应分送给各投资单位。股份有限公司的财务报表还应在股东会议召开 20 日之前备置于公司办公处所，供股东查阅。公开发行股票的公司，应按财政部有关规定公告有关报表文件。月份报表应于月份终了后六天内报出；年度报表应在年度终了后四个月内报出。财务报表应当根据登记完整、核对无误的账簿记录和其他有关资料编制，做到数字真实、计算准确、内容完整、报送及时。财务报表通常经注册会计师审定。

任务实施

步骤 1： 根据 12 月 1 日的期初余额开设相关账户。

步骤 2： 根据 12 月份发生的经济业务，会计主管、复核员、记账员、出纳员、制单员各自负责编制记账凭证，并据以登记明细账和总账。

步骤 3： 会计、会计主管月末对账、结账。

步骤 4： 根据账簿记录，编制 2014 年 12 月“账户余额表”和“损益类账户发生额表”，见表 8-3 和表 8-4 所示。

表 8-3 账户余额表 单位：元

账户名称	期初余额	期末余额	账户名称	期初余额	期末余额
库存现金	6 500.00	4 150.00	累计折旧	600 000.00	643 000.00
银行存款	457 200.00	1 752 902.10	短期借款	1 500 000.00	2 000 000.00
其他货币资金	740 000.00	740 000.00	应付票据	58 000.00	192 550.00
应收票据	376 000.00	453 220.00	应付账款	35 000.00	35 000.00
应收账款	138 450.00	408 720.00	预收账款		2 580.00
预付账款	60 000.00	37 260.00	应付职工薪酬		637 000.00
其他应收款	5 710.00	5 710.00	应交税费		75 572.10
在途物资	365 000.00	365 000.00	应付利息	2 260.00	8 260.00
原材料	88 560.00	462 150.00	应付股利		35 235.00

续表

账户名称	期初余额	期末余额	账户名称	期初余额	期末余额
周转材料	210 000.00	210 000.00	长期借款	1 380 000.00	1 380 000.00
库存商品	123 900.00	474 600.00	实收资本	6 000 000.00	7 050 000.00
生产成本	40 940.00	14 700.00	盈余公积	17 000.00	28 745.00
长期股权投资	900 000.00	900 000.00	利润分配	120 000.00	190 470.00
固定资产	6 200 000.00	6 400 000.00	本年利润		0.00
无形资产		50 000.00			
合计	9 712 260.00	12 278 412.10	合计	9 712 260.00	12 278 412.10

表 8-4　损益类账户发生额表　　　　单位：元

账户名称	借方发生额	贷方发生额
主营业务收入		759 000.00
其他业务收入		17 500.00
营业外收入		500.00
主营业务成本	461 300.00	
其他业务成本	13 100.00	
营业税金及附加	3 311.10	
销售费用	55 824.00	
管理费用	50 864.90	
财务费用	6 000.00	
营业外支出	30 000.00	
所得税费用	39 150.00	

任务 2　编制资产负债表

任务布置

请以天齐电子设备有限责任公司会计人员的身份，按工作岗位分工编制天齐电子设备有限责任公司 2014 年 12 月份的资产负债表。

▶ 教学组织

建议 5 人一组，分别扮演天齐电子设备有限责任公司制单员秦卫国、记账员赵蔚然、出纳员徐玲玲、复核员王惠玲、会计主管章玉芬，协作完成资产负债表的编制。每人或每组发放资产负债表 1 张。

知识学习

一、资产负债表的概念与作用

（一）资产负债表的概念

资产负债表，是指反映企业某一特定日期（月末、季末、年末）财务状况的财务报表。即反映企业的特定日期全部资产、负债及所有者权益的财务报表。该表通过资产、负债和所有者权益等项目的结构及前后期的变化反映企业在某一特定时日的财务状况，属于静态财务报表。

资产负债表是依据“资产 = 负债 + 所有者权益”这一会计平衡式来设计的。

（二）资产负债表的作用

（1）可以提供企业某一特定日期的资产总额及其结构，表明企业拥有的经济资源及其分布状况。

（2）可以提供企业某一特定日期的负债总额及其结构，表明企业未来用多少资产或者劳务清偿以及清偿的时间。

（3）可以提供企业所有者权益的构成情况。可据以判断资本保值、增值情况和对负债的保障程度。

（4）可以了解企业资产、负债及所有者权益的变动情况，分析企业的未来财务状况的发展变化趋势。

二、资产负债表的结构

资产负债表包括表头和表体两部分。表头包括报表名称、编制单位名称、资产负债表日和货币计量单位等内容。表体部分是资产负债表的主体和核心，包括资产、负债、所有者权益的构成项目及金额。它以“资产 = 负债 + 所有者权益”这一会计平衡式为编制基础，分账户式和报告式两种格式。

我国企业的资产负债表采用账户式结构。账户式资产负债表分左右两边，左方为资产项目，按资产的流动性排列，流动性强的资产如“货币资金”等排在前面，流动性弱的资产如“长期股权投资”“固定资产”等排在后面。右方为负债和所有者权益项目，负债按流动性排列，如“短期借款”“应付票据”“应付账款”等需要在一年以内或者长于一年的一个营业周期内偿还的流动负债排在前面，“长期借款”等在一年以内才需偿还的非流动负债排在中间。所有者权益项目按稳定性排列，依次为“实收资本”“资本公积”“盈余公积”和“未分配利润”项目。按照会计平衡公式，资产负债表的左右方总计相等。

三、资产负债表的编制方法

（一）“年初余额”的填列方法

“年初余额”栏内各项目金额，应根据上年末资产负债表“期末余额”栏内所列数字填列。如果本年度资产负债表规定的各个项目的名称和内容同上年度不一致，应对上年年末资产负债表各项目的名称和数字按本年度的规定进行调整，按调整后的数字填入本表“年初余额”栏内。

（二）“期末余额”的填列方法

“期末余额”栏各项目金额，应根据资产、负债和所有者权益各账户的期末余额分析计算填列，具体方法有下列四种：

1. 根据有关总分类账户的期末余额直接填列

（1）资产类的“在建工程”“工程物资”“固定资产清理”“递延所得税资产”等项目；

（2）负债类的“短期借款”“应付职工薪酬”“应交税费”“应付利息”“应付股利”“预计负债”“递延所得税负债”等项目（其中“应付职工薪酬”“应交税费”账户为期末借方余额时应以“−”号填列）；

（3）所有者权益类的“实收资本”“资本公积”“盈余公积”等项目。

2. 根据若干个总分类账户的余额计算填列

（1）“货币资金”项目，反映企业库存现金、银行结算户存款、外埠存款、银行汇票存款、银行本票存款、信用卡存款、信用证保证金存款等的合计数。本项目应根据“库存现金”“银行存款”“其他货币资金”账户期末余额的合计数填列。

（2）“存货”项目，反映企业期末所拥有的各种存货，不论其存放地点如何，包括在库、在途和在加工中的各种存货。本项目应根据“材料采购”（或“在途物资”）“原材料”“库存商品”“周转材料”“委托加工物资”“生产成本”等账户的期末余额合计，减去“存货跌价准备”账户期末余额后的金额填列。

（3）“固定资产”项目，反映企业各种固定资产原价减去累计折旧和累计减值准备后的净额。本项目应根据“固定资产”账户的期末余额减去“累计折旧”和“固定资产减值准备”账户期末余额后的金额填列。

（4）“无形资产”项目，反映企业持有的无形资产包括专利权、非专利技术、商标权、著作权、土地使用权等。本项目应根据“无形资产”账户的期末余额，减去“累计摊销”和“无形资产减值准备”账户期末余额后的金额填列。

（5）“未分配利润”项目，反映企业尚未分配的利润。本项目应根据“本年利润”账户和“利润分配”账户的余额计算填列。未弥补的亏损在本项目内以“−”号填列。

年中月份，“未分配利润”项目应根据“本年利润”账户的期末余额减去“利润分配”账户的期末余额填列。

年度终了，未分配利润应根据“利润分配”账户的期末贷方余额填列；“利润分配”账户如为借方余额时，应以“−”号填列。

3. 根据有关明细分类账户的余额计算填列

（1）“应收账款”项目，反映企业因销售商品提供劳务等经营活动应收取的款项。应根据“应收账款”和“预收账款”账户所属的各明细账户的期末借方余额合计数，减去“坏账准备”账户中有关应收账款计提的坏账准备余额后的金额填列。

（2）“预付款项”项目，反映企业按照购货合同规定预付给供应单位的款项等。应根据“应付账款”和“预付账款”账户所属的明细账户的期末借方余额合计数，减去“坏账准备”账户中有关预付款项计提的坏账准备余额后的金额填列。

（3）“应付账款”项目，反映企业因购买材料、商品和接受劳务供应等经营活动应支付的款项。应根据“应付账款”和“预付账款”账户所属的明细账户的期末贷方余额合计数填列。

（4）“预收款项”项目，反映企业按照购货合同规定预付给供应单位的款项。应根据“应收账款”和“预收账款”账户所属的明细账户的期末贷方余额合计数填列。

4. 根据总分类账户和明细分类账户的余额分析计算填列

资产负债表的有些项目需要依据总账和明细账两者的余额计算填列。这些项目有：

（1）“应收票据”项目，反映企业因销售商品提供劳务等而收到的商业汇票，包括银行承兑汇票和商业承兑汇票。应根据“应收票据”账户的期末余额，减去“坏账准备”账户中有关应收票据计提的坏账准备期末余额后的金额填列。

（2）“应收利息”项目，反映企业应收取的债券投资等的利息。应根据“应收利息”账户的期末余额，减去“坏账准备”账户中有关应收利息计提的坏账准备期末余额后的金额填列。

（3）“应收股利”项目，反映企业应收取的现金股利和应收取其他单位分配的利润。应根据“应收股利”账户的期末余额，减去“坏账准备”账户中有关应收股利计提的坏账准备期末余额后的金额填列。

（4）“其他应收款”项目，反映企业除应收票据、应收账款、预付账款、应收股利、应收利息等经营活动以外的其他各种应收暂付的款项。应根据“其他应收款”账户的期末余额，减去“坏账准备”账户中有关其他应收款计提的坏账准备期末余额后的金额填列。

（5）“一年内到期的非流动资产”项目，反映企业将于一年内到期的非流动资产项目金额。应根据有关非流动资产账户的期末余额分析填列。

（6）“长期待摊费用”项目，反映企业已经发生但应由本期和以后各期负担的分摊期限在一年以上的各项费用。长期待摊费用中在一年内（含一年）摊销的部分，在资产负债表一年内到期的非流动资产项目填列。本项目应根据“长期待摊费用”账户的期末余额减去将于一年内（含一年）摊销的数额后的金额填列。

（7）“一年内到期的非流动负债”项目，反映企业非流动负债中将于资产负债表日后一年内到期部分的金额，如将于一年内偿还的长期借款。本项目应根据“长期借款”“应付债券”“长期应付款”“专项应付款”等非流动负债期末余额分析填列。

（8）“长期借款”项目，反映企业向银行或其他金融机构借入的期限在一年以上（不含一年）的各项借款。本项目应根据“长期借款”账户的期末余额扣除一年内到期的长期借款部分填列。

此外，财务报表附注中的某些资料，需要根据备查登记簿中的记录编制。

任务实施

步骤 1：填列期初余额。根据天齐电子设备有限责任公司 2014 年 12 月初“账户余额表”（见表 8-3）填列资产负债表“期初余额”栏（实际工作中可以根据上月报表的期末余额栏数据填写）。

步骤 2：根据天齐电子设备有限责任公司 2014 年 12 月末“账户余额表”填列资产负债表“期末余额”栏。见表 8-5 所示。

步骤 3：审核，加盖公章，报送有关部门。

根据规定，企业对外提供的财务会计报告应当由单位负责人、主管会计工作的负责人、会计机构负责人（会计主管人员），以及总会计师签名并盖章。

表 8-5　资产负债表

资产负债表

编制单位：天齐电子设备有限责任公司　　2014 年 12 月 31 日　　单位：元（列至角分）

资 产	行次	期初余额	期末余额	负债和所有者权益（或股东权益）	行次	期初余额	期末余额
流动资产：	1			流动负债：	34		
货币资金	2	1 203 700.00	2 497 052.10	短期借款	35	1 500 000.00	2 000 000.00
以公允价值计量且其变动计入当期损益的金融资产	3			以公允价值计量且其变动计入当期损益的金融负债	36		
应收票据	4	376 000.00	453 220.00	应付票据	37	58 000.00	192 550.00
应收账款	5	138 450.00	408 720.00	应付账款	38	35 000.00	35 000.00
预付款项	6	60 000.00	37 260.00	预收款项	39		2 580.00
应收利息	7			应付职工薪酬	40		637 000.00
应收股利	8			应交税费	41		75 572.10
其他应收款	9	5 710.00	5 710.00	应付利息	42	2 260.00	8 260.00
存货	10	828 400.00	1 526 450.00	应付股利	43		35 235.00
一年内到期的非流动资产	11			其他应付款	44		
其他流动资产	12			一年内到期的非流动负债	45		
流动资产合计	13	2 612 260.00	4 928 412.10	其他流动负债	46		
非流动资产：	14			流动负债合计	47	1 595 260.00	2 986 197.10
可供出售金融资产	15			非流动负债：	48		
持有至到期投资	16			长期借款	49	1 380 000.00	1 380 000.00
长期应收款	17			应付债券	50		
长期股权投资	18	900 000.00	900 000.00	长期应付款	51		

续表

资 产	行次	期初余额	期末余额	负债和所有者权益（或股东权益）	行次	期初余额	期末余额
投资性房地产	19			专项应付款	52		
固定资产	20	5 600 000.00	5 757 000.00	预计负债	53		
在建工程	21			递延所得税负债	54		
工程物资	22			其他非流动负债	55		
固定资产清理	23			非流动负债合计	56	1 380 000.00	1 380 000.00
生产性生物资产	24			负债合计	57	2 975 260.00	4 366 197.10
油气资产	25			所有者权益（或股东权益）：	58		
无形资产	26		50 000.00	实收资本(或股本)	59	6 000 000.00	7 050 000.00
开发支出	27			资本公积	60		
商誉	28			减：库存股	61		
长期待摊费用	29			盈余公积	62	17 000.00	28 745.00
递延所得税资产	30			未分配利润	63	120 000.00	190 470.00
其他非流动资产	31			所有者权益（或股东权益）合计	64	6 137 000.00	7 269 215.00
非流动资产合计	32	6 500 000.00	6 707 000.00				
资产总计	33	9 112 260.00	11 635 412.10	负债和所有者权益（或股东权益）总计	65	9 112 260.00	11 635 412.10

单位负责人：赵宏伟　　财务负责人：章玉芬　　复核：王惠玲　　制表：秦卫国

表 8-5 中期末余额栏：

（1）“货币资金”项目 = 库存现金（4 150 元）+ 银行存款（1 752 902.10 元）+ 其他货币资金（740 000 元）= 2 497 052.10 元

（2）“存货”项目 = 在途物资（365 000 元）+ 原材料（462 150 元）+ 周转材料（210 000 元）+ 库存商品（474 600 元）+ 生产成本（14 700 元）= 1 526 450 元

任务拓展

根据编制的天齐电子设备有限公司 2014 年 12 月份的资产负债表，分析企业的资产、负债和所有者权益情况，说说公司流动资产占总资产的比重、非流动资产占总资产的比重、负债占总资产的比重，以及所有者权益占总资产的比重分别是多少，并说说这几个比重有什么意义。

任务 3　编制利润表

任务布置

请以天齐电子设备有限责任公司会计人员的身份，按工作岗位分工编制天齐电子设备有限责任公司 2014 年 12 月份的利润表。

教学组织

建议 5 人一组，分别扮演天齐电子设备有限责任公司制单员秦卫国、记账员赵蔚然、出纳员徐玲玲、复核员王惠玲、会计主管章玉芬，协作完成利润表的编制。每人或每组发放利润表 1 张。

视 频：利润表的编制

知识学习

一、利润表的概念和作用

（一）利润表的概念

利润表，是指反映企业在一定会计期间经营成果的财务报表。利润表根据权责发生制原则把一个会计期间的收益与同一会计期间的成本费用损失进行配比，从而求出报告期的净利润（或净亏损），属于动态财务报表。

利润表是以“收入 - 费用 = 利润”这一会计恒等式为基础设计的。

（二）利润表的作用

（1）反映一定会计期间（年度、季度、月份）收入实现情况；

（2）反映一定期间的费用耗费情况；

（3）反映企业经济活动成果的实现情况；

（4）计算国民收入的主要信息来源。

二、利润表的结构

利润表是以“收入 - 费用 = 利润”这一会计平衡公式为依据设计的，其基本格式主要有单步式和多步式两种。我国采用的是多步式利润表，将不同性质的收入和费用分别进行对比，以便得出一些中间型的利润数据，帮助使用者了解企业经营成果的不同来源。

利润表包括表首和表体两部分，表首包括报表名称、编制单位、编制时间和计量单位四个要素；表体部分反映形成经营成果的各个项目和计算过程，包括以下七个项目：

（1）营业收入。营业收入由主营业务收入和其他业务收入组成。

（2）营业利润。营业收入减去营业成本（主营业务成本、其他业务成本）、营业税金及附加、销售费用、管理费用、财务费用、资产减值损失，加上公允价值变动损益（减去损失）、投资收益（减去投资损失），即为营业利润。

（3）利润总额。营业利润加上营业外收入，减去营业外支出，即为利润总额。

（4）净利润。利润总额减去所得税费用，即为净利润。

（5）其他综合收益的税后净额。

（6）综合收益总额。

（7）每股收益。

多步式利润表的格式如表 8-6 所示：

表 8-6　利润表

利　润　表

编制单位：　　　　　　　　　　____年____月　　　　　　　　　　单位：元

项目	本期金额	上期金额
一、营业收入		
减：营业成本		
营业税金及附加		
销售费用		
管理费用		
财务费用		
资产减值损失		
加：公允价值变动收益（损失以“-”号填列）		
投资收益（损失以“-”号填列）		

续表

项目	本期金额	上期金额
其中：对联营企业和合营企业的投资收益		
二、营业利润（损失以“-”号填列）		
加：营业外收入		
其中：非流动资产处置利得		
减：营业外支出		
其中：非流动资产处置损失		
三、利润总额（亏损总额以“-”号填列）		
减：所得税费用		
四、净利润（净亏损以“-”号填列）		
五、其他综合收益的税后净额		
六、综合收益总额		
七、每股收益		
（一）基本每股收益		
（二）稀释每股收益		

单位负责人：　　　　财务负责人：　　　　复核：　　　　制表：

三、利润表的编制方法

（一）“上期金额”栏填列

利润表中各项目“上期金额”栏内的各项数据，应根据上年该期利润表的“本期金额”栏所列数据填列。如果上年该期利润表规定的各个项目的名称和金额与本期不一致，应对上年该期利润表各个项目的名称和金额按本期的规定进行调整，调整后填入利润表的“上期金额”栏内。

（二）“本期金额”栏填列

利润表中各项目“本期金额”栏反映本期的实际发生数，其填列方法有以下两种：

1. 根据有关损益类账户的本期发生额直接或加计填列

（1）“营业收入”项目，反映企业经营主要业务和其他业务所确认的收入总额。应根据“主营业务收入”和“其他业务收入”账户的发生额分析填列。

（2）“营业成本”项目，反映企业主要经营业务和其他经营业务所发生的成本总额。应根据“主营业务成本”和“其他业务成本”账户的发生额分析填列。

（3）“营业税金及附加”项目，反映企业经营业务应负担的消费税、营业税、城市建设维护税、资源税、土地增值税和教育费附加等。应根据“营业税金及附加”账户的发生额分析填列。

（4）“销售费用”项目，反映企业在销售商品过程中发生的包装费、广告费等费用和为销售本企业商品而专设的销售机构的职工薪酬、业务费等费用。应根据“销售费用”账户的发生额分析填列。

（5）“管理费用”项目，反映企业为组织和管理生产经营发生的管理费用。应根据“管理费用”的发生额分析填列。

（6）“财务费用”项目，反映企业筹集生产经营所需资金等而发生的筹资费用。应根据“财务费用”账户的发生额分析填列。

（7）“资产减值损失”项目，反映企业各项资产发生的减值损失。应根据“资产减值损失”账户的发生额分析填列。

（8）“公允价值变动收益”项目，反映企业当期交易性金融资产、交易性金融负债，以及采用公允价值模式计量的投资性房地产、衍生金融工具、套期保值业务等公允价值变动形成的应计入当期损益的利得或损失。应根据“公允价值变动损益”账户的发生额分析填列。如为净损失，以“–”号填列。

（9）“投资收益”项目，反映企业以各种方式对外投资所取得的收益。应根据“投资收益”账户的发生额分析填列。如为投资损失，以“–”号填列。

（10）“营业外收入”项目，反映企业发生的与经营业务无直接关系的各项利得。应根据“营业外收入”账户的发生额分析填列。

（11）“营业外支出”项目，反映企业发生的与经营业务无直接关系的各项支出。应根据“营业外支出”账户的发生额分析填列。

（12）“所得税费用”项目，反映企业应从当期利润总额中扣除的所得税费用。应根据“所得税费用”账户的发生额分析填列。

2. 根据利润表内数字计算填列

（1）“营业利润”项目，反映企业实现的营业利润。如为亏损，以“–”号填列。应根据本利润表中的营业收入减去营业成本、营业税金及附加、销售费用、管理费用、财务费用、资产减值损失，加上公允价值变动收益、投资收益得出。

（2）“利润总额”项目，反映企业实现的利润。如为亏损，则以“–”号填列。应根据上一步骤计算出的营业利润，加上表中营业外收入、减去营业外支出计算得来。

（3）“净利润”项目，反映企业实现的净利润。如为亏损，以“–”号填列。应根据上一步骤计算出的利润总额减去表中的所得税费用项目计算。

任务实施

步骤 1：根据天齐电子设备有限责任公司 2014 年 12 月有关“损益类账户发生额”编制利润表。

步骤 2：审核，加盖公章，对外报送。

根据规定，企业对外提供的财务会计报告，应当由单位负责人，主管会计工作的负责人，会计机构负责人（会计主管人员），以及总会计师签名并盖章。利润表见表 8-7 所示。

表 8-7　利润表

利　润　表

编制单位：天齐电子设备有限责任公司　　2014 年 12 月　　单位：元

项目	行次	本期金额	上期金额
一、营业收入	1	776 500.00	
减：营业成本	2	474 400.00	
营业税金及附加	3	3 311.10	
销售费用	4	55 824.00	
管理费用	5	50 864.90	
财务费用	6	6 000.00	
资产减值损失	7		
加：公允价值变动收益（损失以“-”号填列）	8		
投资收益（损失以“-”号填列）	9		
其中：对联营和合资企业投资收益	10		
二、营业利润（亏损以“-”号填列）	11	186 100.00	
加：营业外收入	12	500.00	
其中：非流动资产处置利得	13		
减：营业外支出	14	30 000.00	

续表

项目	行次	本期金额	上期金额
其中：非流动资产处置损失	15		
三、利润总额（亏损以“–”号填列）	16	156 600.00	
减：所得税费用	17	39 150.00	
四、净利润（亏损以“–”号填列）	18	117 450.00	
五、其他综合收益的税后净额	19		
六、综合收益总额	20		
七、每股收益	21		
（一）基本每股收益	22		
（二）稀释每股收益	23		

单位负责人：赵宏伟　　财务负责人：章玉芬　　复核：王惠玲　　制表：秦卫国

表 8–7 中：

（1）“营业收入”项目 = 主营业务收入（759 000 元）+ 其他业务收入（17 500 元）=776 500 元

（2）“营业成本”项目 = 主营业务成本（461 300 元）+ 其他业务成本（13 100 元）=474 400 元

（3）“营业利润”项目 = 营业收入（776 500 元）– 营业成本（474 400 元）– 营业税金及附加（3 311.10 元）– 销售费用（55 824 元）– 管理费用（50 864.90 元）– 财务费用（6 000 元）=186 100 元

（4）“利润总额”项目 = 营业利润（186 100 元）+ 营业外收入（500 元）– 营业外支出（30 000 元）=156 600 元

（5）“净利润”项目 = 利润总额（156 600 元）– 所得税费用（39 150 元）= 117 450 元

任务拓展

根据编制的利润表，计算企业的营业利润、利润总额、净利润占企业营业收入的比重。并说说这几个比重有什么意义。

项目总结

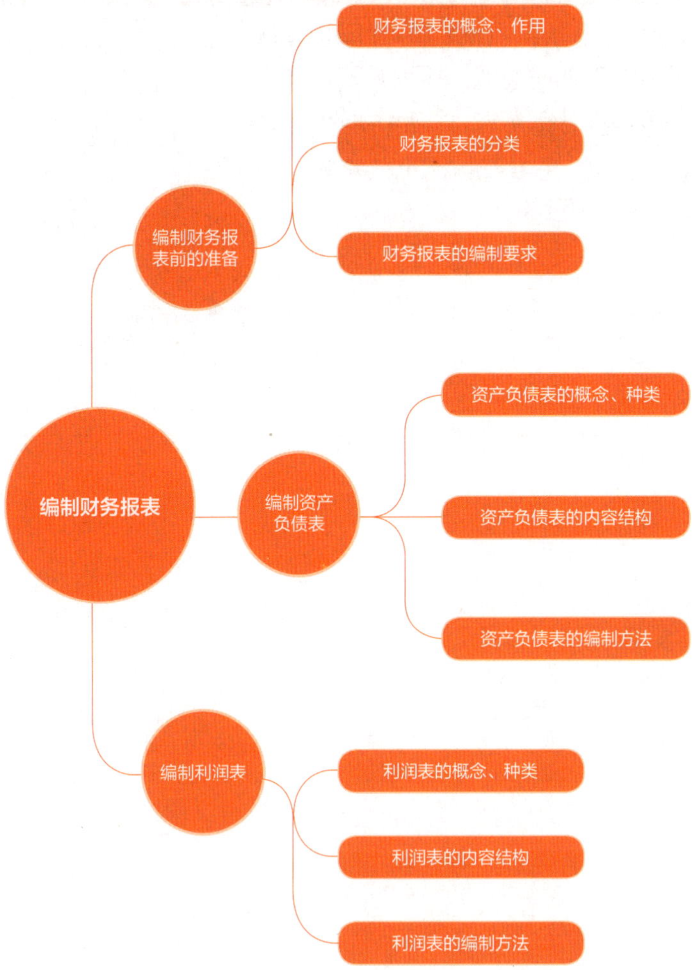

学习评价

▲专业能力测评表

业务能力	评价指标	自测结果	要求
财务报表编制的准备工作	1. 财务报表的概念与作用 2. 财务报表的分类 3. 财务报表的编制要求	□A □B □C □A □B □C □A □B □C	掌握财务报表的概念、作用及分类，掌握财务报表的编制要求，财务报表编制前的准备工作
编制资产负债表	1. 资产负债表的概念 2. 资产负债表的结构 3. 资产负债表的编制方法	□A □B □C □A □B □C □A □B □C	掌握资产负债表的概念，掌握资产负债表的结构与内容，会编制资产负债表

续表

业务能力	评价指标	自测结果	要求
编制利润表	1. 利润表的概念 2. 利润表的结构和内容 3. 利润表的编制方法	□A □B □C □A □B □C □A □B □C	掌握利润表的概念，掌握利润表的结构与内容，会编制利润表
说明	（在□中打√，A 掌握，B 基本掌握，C 未掌握）		
教师评语：			
成绩		教师签字	

09 项目九 应用账务处理程序综合业务实例

【职业能力目标】

- 能熟练运用记账凭证账务处理程序全面处理企业的经济业务；
- 能熟练运用科目汇总表账务处理程序全面处理企业的经济业务；
- 能熟练运用汇总记账凭证账务处理程序全面处理企业的经济业务。

【项目背景】

一、公司概况

东方机械制造有限公司属于生产型企业，有一个基本生产车间，生产A、B两种产品。公司属于增值税一般纳税人，增值税税率为17%、城市维护建设税税率为7%、教育费附加率为3%、企业所得税税率为25%，发出商品成本按先进先出法核算。

公司设有基本生产车间、销售科、供应科、仓库保管，另有财务科等行政管理部门。其他相关信息如表9-1所示：

表9-1　公司基本情况

公司名称	东方机械制造有限公司
法人代表	张勇利
企业财务科（5人）	会计主管：孙浩浩；复核员：张成成；出纳员：李伟伟；记账员：江红红；制单员：苏艳艳

二、账户余额

东方机械制造有限公司2015年12月1日有关总分类账户的期初余额如表9-2所示：

表 9-2　账户期初余额　　单位：元

资产	借方余额	负债和所有者权益	贷方余额
库存现金	3 800	短期借款	4 000 000
银行存款	2 615 000	应付票据	350 000
交易性金融资产	927 000	应付账款	817 830
应收账款	654 000	预收账款	500 000
预付账款	100 000	应付职工薪酬	536 000
在途物资	37 000	应交税费	445 700
原材料	681 000	应付利息	42 500
周转材料	217 600	其他应付款	150 000
库存商品	1 104 000	长期借款	2 230 000
生产成本	1 528 000	实收资本	7 000 000
长期股权投资	2 158 800	资本公积	1 080 570
固定资产	11 251 400	盈余公积	1 083 000
累计折旧	1 392 000（贷）	本年利润	2 130 000
无形资产	600 000		
累计摊销	120 000（贷）		
资产总计	20 365 600	负债和所有者权益总计	20 365 600

注：本年利润为 1—11 月份实现的利润。

三、明细账户余额

（1）应收账款——天泽有限公司　480 000 元

——惠民有限公司　174 000 元

（2）预付账款——新华有限公司　100 000 元

（3）“原材料”明细账户余额如表 9-3 所示。

表 9-3　“原材料”明细账户余额　　金额单位：元

材料名称	计量单位	数量	单价	金额
甲材料	吨	200	1 200	240 000
乙材料	吨	50	3 700	185 000
丙材料	件	800	320	256 000
合计				681 000

（4）“库存商品”明细账户余额如表 9-4 所示。

表 9-4 “库存商品”明细账户余额　　金额单位：元

产品名称	计量单位	数量	单价	金额
A 产品	台	120	7 000	840 000
B 产品	台	110	2 400	264 000
合计				1 104 000

（5）“生产成本”明细账户余额如表 9-5 所示。

表 9-5 “生产成本”明细账户余额　　金额单位：元

在产品	单位	数量	直接材料	直接人工	制造费用	合计
A 产品	台	200	712 000			712 000
B 产品	台	300	816 000			816 000
合计			1 528 000			1 528 000

（6）应付账款——长江公司　168 480 元

　　　　　　——实达公司　649 350 元

四、经济业务

2015 年 12 月公司发生下列经济业务：

（1）1 日，采购员张洋出差预借差旅费 3 000 元，以现金支付。

（2）1 日，从银行提取现金 4 000 元备用。

（3）2 日，收到上月购入的已经付款的乙材料 5 吨，单价 3 700 元，已经验收入库。

（4）3 日，收到惠民公司货款 174 000 元，款项存入银行。

（5）4 日，以银行存款支付上月应付实达公司购买乙材料货款 555 000 元，增值税税额 94 350 元，共计 649 350 元。

（6）5 日，生产 A 产品领用甲材料 120 吨，乙材料 10 吨，丙材料 300 件；生产 B 产品领用甲材料 60 吨，乙材料 30 吨；车间一般耗用丙材料 50 件，行政管理部门领用丙材料 50 件。

（7）6 日，以银行存款支付上月应付职工薪酬 486 000 元。

（8）7 日，以银行存款支付上月应交税费 445 700 元。

（9）8 日，由长江公司购进甲材料 100 吨，单价 1 200 元，价款 120 000 元，增值税税额 20 400 元，款项以银行存款支付，材料当日已经验收入库。

（10）10 日，以银行存款支付广告费 20 000 元。

（11）11 日，张洋出差归来报销差旅费 2 860 元，余款 140 元交回现金。

（12）12 日，销售给天泽公司 A 产品 20 台，单价 9 600 元；B 产品 40 台，单价 5 800 元，价款 424 000 元，增值税税额 72 080 元，货款尚未收到。

（13）14 日，2 个月前开出的商业承兑汇票 200 000 元到期，以银行存款承付货款。

（14）15 日，销售给惠民公司 A 产品 30 台，单价 9 600 元，B 产品 30 台，单价 5 800 元。价款 462 000 元，增值税税额 78 540 元，货款暂欠。

（15）15 日，出售丙材料 100 件，价款 40 000 元，增值税税额 6 800 元，款项收到，存入银行。

（16）15 日，结转已售丙材料成本 32 000 元。

（17）17 日，以库存现金支付行政部门零星办公用品购置费 800 元。

（18）21 日，销售给正阳公司 A 产品 50 台，单价 9 600 元，价款 480 000 元，增值税税额 81 600 元，款项收到存入银行。

（19）22 日，收到职工交来违纪罚款 1 200 元，存入银行。

（20）25 日，收到新华公司发来丙材料 360 件，单价 320 元，价款 115 200 元，增值税税额 19 584 元，价税合计 134 784 元，上月已预付款 100 000 元，余款尚未支付。

（21）31 日，计提本月应付职工薪酬 521 000 元，其中生产 A 产品生产工人工资 250 000 元，B 产品生产工人工资 170 000 元，车间管理人员工资 38 000 元，行政管理人员工资 36 000 元，专设销售机构人员工资 27 000 元。

（22）31 日，按工资总额的 30% 提取各种社会保险及住房公积金。

（23）31 日，按工资总额的 2% 和 1.5% 分别提取工会经费、职工教育经费。

（24）31 日，以银行存款支付本月水电费 78 600 元，增值税税额 13 362 元，其中基本生产车间耗用 65 900 元，行政管理部门耗用 12 700 元。

（25）31 日，计提本月固定资产折旧费 18 520 元，其中基本生产车间 14 370 元，行政管理部门 2 400 元，销售机构 1 750 元。

（26）31 日，摊销本月无形资产费用 6 000 元。

（27）31 日，以银行存款支付本月短期借款利息 65 681.60 元，已经预提 42 500 元。

（28）31 日，经盘点，短少办公用便携式计算机一台，原价 6 000 元，已提折旧 2 400 元，经批准作营业外支出处理。

（29）31 日，结转本月制造费用（按生产工人工资比例分配）。

（30）31日，本月生产A产品200台，生产B产品500台，全部完工验收入库。

（31）31日，结转本月销售A产品和B产品的成本（A产品单位成本7 000元，B产品单位成本2 400元）。

（32）31日，按照本月应交增值税的7%和3%计算应交城市维护建设税和教育费附加。

（33）31日，结转本月损益类账户。

（34）31日，假定公司无纳税调整事项，按25%的税率计算结转本月应交所得税。

（35）31日，将全年实现的净利润结转到“利润分配——未分配利润”明细账户（1—11月份已经实现利润2 130 000元）。

（36）31日，按净利润的10%计提法定盈余公积。

（37）31日，按净利润的20%计算应付投资者现金股利。

（38）31日，将“利润分配”账户其他明细账户转入“利润分配——未分配利润”明细账户。

导问

企业发生的经济业务怎样形成有用的会计信息？东方机械制造有限公司发生的经济业务包含借入资金、购买材料、生产产品、销售产品、结转利润、利润分配等若干项经济业务，企业要对外提供会计信息，就必须按照会计核算方法形成一个有机的组织体系。

【项目分析】

任何一项工作都有先后顺序，会计工作也有先后顺序。为了合理地组织会计核算工作，使记账工作有条不紊地进行，确保账簿记录准确无误，为企业经营管理提供有用的会计信息，就有必要将填制与审核会计凭证、设置与登记会计账簿、编制财务报表等会计工作按照合理的要求和一定的形式有机地组织起来，构成一个完整的体系，这就形成了账务处理程序。企业的类型不同、规模不同、经济业务量多少不同，采用的账务处理程序也有所不同，主要有记账凭证账务处理程序、科目汇总表账务处理程序、汇总记账凭证账务处理程序三种。

【项目分解】

为完成这一项目，企业可以选择的账务处理程序有三种，分解为如下主要任务：

任务 1 应用记账凭证账务处理程序

任务 2 应用科目汇总表账务处理程序

任务 3 应用汇总记账凭证账务处理程序

【项目实施】

任务 1 应用记账凭证账务处理程序

任务布置

请采用记账凭证账务处理程序，完成东方机械制造有限公司 12 月份的经济业务处理，完成“编制记账凭证—登记日记账—登记明细账—登记总账—编制财务报表”的全部处理过程。

教学组织

建议 5 人一组，分别扮演东方机械制造有限公司会计主管孙浩浩、复核员张成成、出纳员李伟伟、记账员江红红、制单员苏艳艳。根据所学知识要点，采用记账凭证账务处理程序，完成东方机械制造有限公司“编制记账凭证—登记日记账—登记明细账—登记总账—编制财务报表”的全过程。

知识学习

账务处理程序，又称会计核算组织程序或会计核算形式，是指会计凭证、会计账簿、财务报表等有机结合的方式。它是生成会计数据和会计信息的步骤和方法，包括凭证账簿组织和记账程序。凭证账簿组织是指会计凭证和会计账簿的种类、格式，会计凭证与账簿之间的联系方法；记账程序是指由填制、取得和审核原始凭证到填制、审核记账凭证，登记日记账、明细分类账和总分类账，编制财务报表的工作步骤和方法等。具体来说，账务处理程序是指从整理、审核原始凭证及填制记账凭证开始，到登记日记账、明细分类账及总分类账，再到编制财务报表的全过程的组织程序和方法。

凭证和账簿组织、记账程序等结合的方式不同，就形成了不同的账务处理程序，不同的账务处理程序又有不同的核算步骤、特点和适用范围。科学、合理地选用会计核算组织程序，有利于会计工作程序的规范化，提高会计核算的质量，保证会计信息加工过程的严密性，提高会计信息质量；有利于保证会计记录的完整性和正确性，增强会计信息的可靠性；有利于减少不必要的会计核算环节，提高会计工作效率，保证会计信息的及时性。

实际工作中，各单位规模大小和业务繁简程度不尽相同，经济活动也各具特点。因此，各单位必须从各自的实际情况出发，科学、合理地选用会计核算组织程序，以确保会计核算工作规范、及时、高效地进行。选用会计核算组织程序，一般应符合以下要求：

（1）要与本单位经济活动的性质、规模大小、业务繁简程序及经济管理的特点相适应。

（2）要能够准确、及时、完整、系统地提供会计资料，全面系统地反映企业经济活动情况，以满足企业内部及外部各有关会计信息使用者的需要。

（3）既要保证会计资料的质量，又要简化会计核算的手续，节约人力物力，提高工作效率。

（4）要有利于建立会计工作的岗位责任制，要有利于会计人员的分工和协作。

常用的账务处理程序主要有：记账凭证账务处理程序、科目汇总表账务处理程序、汇总记账凭证账务处理程序等。它们之间的主要区别为登记总账的依据和方法不同。

一、记账凭证账务处理程序的概念

记账凭证账务处理程序，是指对发生的每项经济业务，都要根据原始凭证或原始凭证汇总表填制记账凭证，然后根据记账凭证直接登记总分类账的一种账务处理程序，是最基本的一种账务处理程序。

二、记账凭证账务处理程序的特点

与其他会计账务处理程序相比较，记账凭证核算程序有以下特点：

（1）直接根据每张记账凭证逐笔登记总分类账。

（2）记账凭证一般采用收款凭证、付款凭证和转账凭证专用凭证格式，也可采用通用记账凭证格式。

（3）会计账簿的设置一般包括日记账、总分类账和明细分类账，日记账包括库存现金日记账和银行存款日记账。日记账、总分类账一般采用三栏式账页格式，明细分类账根据管理的需要，采用三栏式、多栏式或数量金额式等账页格式。

三、记账凭证账务处理程序的工作步骤

（1）根据审核无误的原始凭证或原始凭证汇总表填制收款凭证、付款凭证和转账凭证，也可以采用通用记账凭证；

（2）根据收款凭证、付款凭证逐笔登记库存现金日记账、银行存款日记账；

（3）根据原始凭证或原始凭证汇总表和记账凭证登记各种明细分类账；

（4）根据记账凭证逐笔登记总分类账；

（5）期末，将库存现金日记账、银行存款日记账余额，以及各种明细分类账余额的合计数，分别与总分类账中有关账户的余额核对相符；

（6）期末，根据总分类账户和明细分类账的记录编制财务报表。

记账凭证账务处理程序的具体工作步骤如图 9-1 所示。

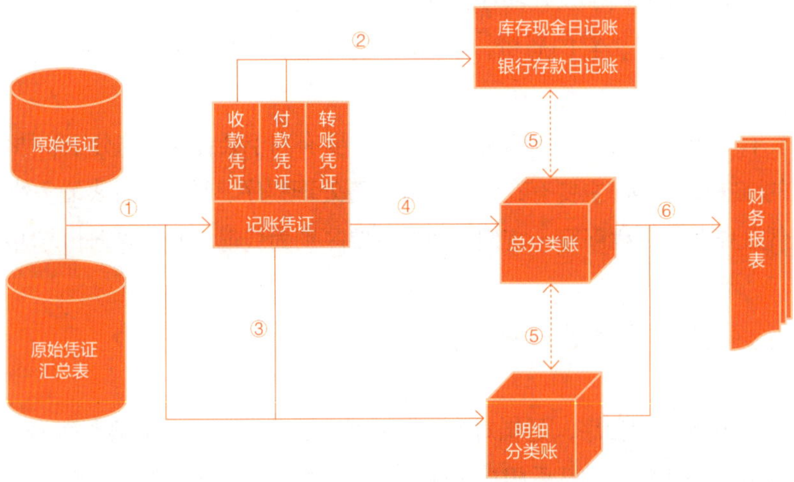

图 9-1　记账凭证账务处理程序的具体工作步骤

四、记账凭证账务处理程序的优缺点及适用范围

（一）记账凭证账务处理程序的优缺点

记账凭证账务处理程序的优点是简单明了，易于理解，技术方法易于掌握，记账层次清楚，其总分类账可以比较详细地反映经济业务的发生和完成情况，便于查账。其缺点是：登记总账的工作量较大；对于经济业务较多的企业，既不利于记账，又不利于对账。

想一想：记账凭证账务处理程序有什么特点?

（二）记账凭证账务处理程序的适用范围

记账凭证账务处理程序适用于规模较小、业务量较少、记账凭证不多的企业和单位。

任务实施

步骤 1： 根据本项目背景中 1—38 笔业务的原始凭证或原始凭证汇总表编制收款凭证、付款凭证和转账凭证。（以下用会计分录纸代替记账凭证，如表 9-6 所示。）

表 9-6　会计分录纸　　　　单位：元

业务序号	年 月	日	凭证字号 字	号	摘要	总账科目	明细科目	借方金额	贷方金额
1	12	1	现付	1	预借差旅费	其他应收款	张洋	3 000.00	
						库存现金			3 000.00
2	12	1	银付	1	提现备用	库存现金		4 000.00	
						银行存款			4 000.00
3	12	2	转	1	上月购买材料入库	原材料	乙材料	18 500.00	
						在途物资			18 500.00
4	12	3	银收	1	收到惠民公司货款	银行存款		174 000.00	
						应收账款	惠民公司		174 000.00
5	12	4	银付	2	支付前欠货款	应付账款	实达公司	649 350.00	
						银行存款			649 350.00
6	12	5	转	2	领用材料	生产成本	A 产品	277 000.00	
						生产成本	B 产品	183 000.00	
						制造费用		16 000.00	
						管理费用		16 000.00	
						原材料	甲材料		216 000.00
						原材料	乙材料		148 000.00
						原材料	丙材料		128 000.00
7	12	6	银付	3	支付上月职工工资	应付职工薪酬		486 000.00	
						银行存款			486 000.00
8	12	7	银付	4	缴纳上月税费	应交税费		445 700.00	
						银行存款			445 700.00
9	12	8	银付	5	购买甲材料	原材料	甲材料	120 000.00	
						应交税费	应交增值税（进项税额）	20 400.00	
						银行存款			140 400.00
10	12	10	银付	6	支付广告费	销售费用		20 000.00	

续表

业务序号	年 月	日	凭证字号 字	号	摘要	总账科目	明细科目	借方金额	贷方金额
						银行存款			20 000.00
11	12	11	转	3	报销差旅费	管理费用		2 860.00	
						其他应收款	张洋		2 860.00
	12	11	现收	1	余款交回现金	库存现金		140.00	
						其他应收款	张洋		140.00
12	12	12	转	4	销售产品	应收账款	天泽公司	496 080.00	
						主营业务收入			424 000.00
						应交税费	应交增值税（销项税额）		72 080.00
13	12	14	银付	7	票据到期付款	应付票据		200 000.00	
						银行存款			200 000.00
14	12	15	转	5	销售产品	应收账款	惠民公司	540 540.00	
						主营业务收入			462 000.00
						应交税费	应交增值税（销项税额）		78 540.00
15	12	15	银收	2	销售材料	银行存款		46 800.00	
						其他业务收入			40 000.00
						应交税费	应交增值税（销项税额）		6 800.00
16	12	15	转	6	结转销售成本	其他业务成本		32 000.00	
						原材料	丙材料		32 000.00
17	12	17	现付	2	报销办公用品费	管理费用		800.00	
						库存现金			800.00
18	12	21	银收	3	销售商品	银行存款		561 600.00	
						主营业务收入			480 000.00
						应交税费	应交增值税（销项税额）		81 600.00
19	12	22	现收	2	收职工违纪罚款	库存现金		1 200.00	
						营业外收入			1 200.00
	12	22	现付	3	款存银行	银行存款		1 200.00	

续表

业务序号	年 月	日	凭证字号 字	号	摘要	总账科目	明细科目	借方金额	贷方金额
						库存现金			1 200.00
20	12	25	转	7	收到预付款材料	原材料	丙材料	115 200.00	
						应交税费	应交增值税（进项税额）	19 584.00	
						预付账款	新华公司		134 784.00
21	12	31	转	8	计提应付职工薪酬	生产成本	A 产品	250 000.00	
						生产成本	B 产品	170 000.00	
						制造费用		38 000.00	
						管理费用		36 000.00	
						销售费用		27 000.00	
						应付职工薪酬			521 000.00
22	12	31	转	9	计提社保及住房公积金	生产成本	A 产品	75 000.00	
						生产成本	B 产品	51 000.00	
						制造费用		11 400.00	
						管理费用		10 800.00	
						销售费用		8 100.00	
						应付职工薪酬			156 300.00
23	12	31	转	10	计提工会经费、职工教育经费	生产成本	A 产品	8 750.00	
						生产成本	B 产品	5 950.00	
						制造费用		1 330.00	
						管理费用		1 260.00	
						销售费用		945.00	
						应付职工薪酬			18 235.00
24	12	31	银付	8	支付水电费	制造费用		65 900.00	
						管理费用		12 700.00	
						应交税费	应交增值税（进项税额）	13 362.00	
						银行存款			91 962.00
25	12	31	转	11	计提折旧	制造费用		14 370.00	

续表

业务序号	年 月	日	凭证字号 字	号	摘要	总账科目	明细科目	借方金额	贷方金额
						管理费用		2 400.00	
						销售费用		1 750.00	
						累计折旧			18 520.00
26	12	31	转	12	无形资产摊销	管理费用		6 000.00	
						累计摊销			6 000.00
27	12	31	银付	9	支付利息	应付利息		42 500.00	
						财务费用		23 181.60	
						银行存款			65 681.60
28	12	31	转	13	固定资产盘亏	待处理财产损溢		3 600.00	
						累计折旧		2 400.00	
						固定资产			6 000.00
	12	31	转	14	转销固定资产盘亏	营业外支出		3 600.00	
						待处理财产损溢			3 600.00
29	12	31	转	15	结转制造费用	生产成本	A 产品	87 500.00	
						生产成本	B 产品	59 500.00	
						制造费用			147 000.00
30	12	31	转	16	结转完工产品成本	库存商品	A 产品	1 410 250.00	
						库存商品	B 产品	1 285 450.00	
						生产成本	A 产品		1 410 250.00
						生产成本	B 产品		1 285 450.00
31	12	31	转	17	结转销售商品成本	主营业务成本		868 000.00	
						库存商品	A 产品		700 000.00
						库存商品	B 产品		168 000.00
32	12	31	转	18	结转城建税及教育费附加	营业税金及附加		18 567.40	
						应交税费	应交城建税		12 997.18
						应交税费	应交教育费附加		5 570.22
33	12	31	转	19	结转收入	主营业务收入		1 366 000.00	
						其他业务收入		40 000.00	

续表

业务序号	年		凭证字号		摘要	总账科目	明细科目	借方金额	贷方金额
	月	日	字	号					
						营业外收入		1 200.00	
						本年利润			1 407 200.00
	12	31	转	20	结转费用支出	本年利润		1 091 964.00	
						主营业务成本			868 000.00
						其他业务成本			32 000.00
						营业税金及附加			18 567.40
						营业外支出			3 600.00
						销售费用			57 795.00
						管理费用			88 820.00
						财务费用			23 181.60
34	12	31	转	21	计算应交所得税	所得税费用		78 809.00	
						应交税费	应交所得税		78 809.00
	12	31	转	22	结转所得税	本年利润		78 809.00	
						所得税费用			78 809.00
35	12	31	转	23	结转净利润	本年利润		2 366 427.00	
						利润分配	未分配利润		2 366 427.00
36	12	31	转	24	提取法定盈余公积	利润分配	提取法定盈余公积	236 642.70	
						盈余公积	法定盈余公积		236 642.70
37	12	31	转	25	分配投资者股利	利润分配	应付股利	473 285.40	
						应付股利			473 285.40
38	12	31	转	26	结转利润分配有关明细账户	利润分配	未分配利润	709 928.10	
						利润分配	提取法定盈余公积		236 642.70
						利润分配	应付股利		473 285.40

步骤 2：根据收款凭证、付款凭证逐笔登记库存现金日记账、银行存款日记账。如表 9-7 和表 9-8 所示。

表 9-7 库存现金日记账

库存现金日记账

2015年 月	日	凭证 种类	凭证 号数	摘要	对方科目	借方	贷方	借或贷	余额	核对
12	1			期初余额				借	380000	
	1	现付	1	预借差旅费	其他应收款		300000	借	80000	
	1	银付	1	提现备用	银行存款	400000		借	480000	
	11	现收	1	余款交回现金	其他应收款	14000		借	494000	
	17	现付	2	购买办公用品费	管理费用		80000	借	414000	
	22	现收	2	收职工违纪罚款	营业外收入	120000		借	534000	
	22	现付	3	款存银行	银行存款		120000	借	414000	
	31			本月合计		534000	500000	借	414000	

表 9-8 银行存款日记账

银行存款日记账

账号：37650302726669

户名：东方机械制造公司

2015年 月	日	凭证 种类	凭证 号数	摘要	对方科目	支票号码	借方	贷方	借或贷	余额	核对
12	1			期初余额					借	261500000	
	1	银付	1	提现备用	库存现金			400000	借	261100000	
	3	银收	1	收到惠民公司货款	应收账款		17400000		借	278500000	
	4	银付	2	支付前欠货款	应付账款			64935000	借	213565000	
	6	银付	3	支付上月职工工资	应付职工薪酬			48600000	借	164965000	
	7	银付	4	缴纳上月税费	应交税费			44570000	借	120395000	
	8	银付	5	购买甲材料	原材料等			14040000	借	106355000	
	10	银付	6	支付广告费	销售费用			2000000	借	104355000	
	14	银付	7	票据到期付款	应付票据			20000000	借	84355000	
	15	银收	2	销售材料	其他业务收入等		4680000		借	89035000	
	21	银收	3	销售商品	主营业务收入等		56160000		借	145195000	
	22	现付	3	款存银行	库存现金		120000		借	145315000	
	31	银付	8	支付水电费	制造费用等			9196200	借	136118800	
	31	银付	9	支付利息	财务费用等			6568160	借	129550640	
	31			本月合计			78360000	210309360	借	129550640	

步骤 3：根据原始凭证或原始凭证汇总表或各种记账凭证登记有关明细分类账。限于篇幅，仅列示以下明细分类账的登记方法：应收账款明细账如表 9-9 和表 9-10 所示，预付账款明细账如表 9-11 所示，原材料明细账如表 9-12 至表 9-14 所示，库存商品明细账如表 9-15 和表 9-16 所示，生产成本明细账如表 9-17 和表 9-18 所示，制造费用明细账如表 9-19 所示。

表 9-9　应收账款明细账

应收账款　明细账

明细科目 天津公司

2015年 月	日	凭证 种类	凭证 号数	摘要	借方（亿千百十万千百十元角分）	贷方（亿千百十万千百十元角分）	借或贷	余额（亿千百十万千百十元角分）	核对
12	1			期初余额			借	48000000	
	12	转	4	销售产品	49608000		借	97608000	
	31			本月合计	49608000		借	97608000	

表 9-10　应收账款明细账

应收账款　明细账

明细科目 惠民公司

2015年 月	日	凭证 种类	凭证 号数	摘要	借方（亿千百十万千百十元角分）	贷方（亿千百十万千百十元角分）	借或贷	余额（亿千百十万千百十元角分）	核对
12	1			期初余额			借	17400000	
	3	银收	1	收回货款		17400000	平	0	
	15	转	5	销售产品	54054000		借	54054000	
	31			本月合计	54054000	17400000	借	54054000	

表 9-11　预付账款明细账

预付账款　明细账

明细科目 新华公司

2015年 月	日	凭证 种类	凭证 号数	摘要	借方（亿千百十万千百十元角分）	贷方（亿千百十万千百十元角分）	借或贷	余额（亿千百十万千百十元角分）	核对
12	1			期初余额			借	10000000	
	25	转	7	收到预付款材料		13478400	贷	3478400	
	31			本月合计		13478400	贷	3478400	

表 9-12 原材料明细账

原材料 明细账

编号	
名称	甲材料
材质	
规格	

储备天数 ______ 最高存量 ______ 最低存量 ______ 计划价格 ______ 计量单位 吨 总页 ______ 分页 ______

2015年 月	日	凭证号数	摘要	借方 数量	借方 单价	借方 金额	贷方 数量	贷方 单价	贷方 金额	核对号	余额 数量	余额 单价	余额 金额
12	1		期初余额								200	1 200.00	24000000
	5	转2	领用				180	1 200.00	21600000		20	1 200.00	2400000
	8	银付5	购入	100	1 200.00	12000000					120	1 200.00	14400000
	31		本月合计	100	1 200.00	12000000	180	1 200.00	21600000		120	1 200.00	14400000

表 9-13 原材料明细账

原材料 明细账

编号	
名称	乙材料
材质	
规格	

储备天数 ______ 最高存量 ______ 最低存量 ______ 计划价格 ______ 计量单位 吨 总页 ______ 分页 ______

2015年 月	日	凭证号数	摘要	借方 数量	借方 单价	借方 金额	贷方 数量	贷方 单价	贷方 金额	核对号	余额 数量	余额 单价	余额 金额
12	1		期初余额								50	3 700.00	18500000
	2	转1	上月购进入库	5	3 700.00	1850000					55	3 700.00	20350000
	5	转2	领用				40	3 700.00	14800000		15	3 700.00	5550000
	31		本月合计	5	3 700.00	1850000	40	3 700.00	14800000		15	3 700.00	5550000

表 9-14　原材料明细账

原材料　明细账

编号	
名称	丙材料
材质	
规格	

储备天数 ______　最高存量 ______　最低存量 ______　计划价格 ______　计量单位 件　总页 ______　分页 ______

2015年 月	日	凭证号数	摘要	借方 数量	借方 单价	借方 金额	贷方 数量	贷方 单价	贷方 金额	核对号	余额 数量	余额 单价	余额 金额
12	1		期初余额								800	320.00	256 000.00
	5	转2	领用				400	320.00	128 000.00		400	320.00	128 000.00
	15	转6	销售				100	320.00	32 000.00		300	320.00	96 000.00
	25	转7	购入	360	320.00	115 200.00					660	320.00	211 200.00
	31		本月合计	360	320.00	115 200.00	500	320.00	160 000.00		660	320.00	211 200.00

表 9-15　库存商品明细账

库存商品　明细账

编号	
名称	A产品
材质	
规格	

储备天数 ______　最高存量 ______　最低存量 ______　计划价格 ______　计量单位 台　总页 ______　分页 ______

2015年 月	日	凭证号数	摘要	借方 数量	借方 单价	借方 金额	贷方 数量	贷方 单价	贷方 金额	核对号	余额 数量	余额 单价	余额 金额
12	1		期初余额								120	7 000.00	840 000.00
	31	转16	完工入库	200	7 051.25	1 410 250.00					320	7 032.03	2 250 250.00
	31	转17	结转销售商品成本				100	7 000.00	700 000.00		220	7 046.59	1 550 250.00
	31		本月合计	200		1 410 250.00	100		700 000.00		220	7 046.59	1 550 250.00

表 9-16　库存商品明细账

库存商品　明细账

编号	
名称	B产品
材质	
规格	

储备天数 ______　最高存量 ______　最低存量 ______　计划价格 ______　计量单位　台　总页 ______　分页 ______

2015年 月	日	凭证号数	摘要	借方 数量	借方 单价	借方 金额	贷方 数量	贷方 单价	贷方 金额	核对号	余额 数量	余额 单价	余额 金额
12	1		期初余额								110		264000.00
	31	转16	完工入库	500	2570.90	1285450.00					610	2540.08	1549450.00
	31	转17	结转销售商品成本				70	2400.00	168000.00		540	2558.24	1381450.00
	31		本月合计	500		1285450.00	70		168000.00		540	2558.24	1381450.00

表 9-17　生产成本明细账

生产成本　明细账

产品名称：A产品　　　　完工数量：200台

2015年 月	日	凭证号数	摘要	直接材料	直接人工	制造费用		合计
12	1		期初余额	712000.00				712000.00
	5	转2	领用材料	277000.00				277000.00
	31	转8	计提应付职工薪酬		250000.00			250000.00
	31	转9	计提社保及住房公积金		75000.00			75000.00
	31	转10	计提工会经费、职工教育经费		8750.00			8750.00
	31	转15	结转制造费用			87500.00		87500.00
	31	转16	结转完工产品成本	989000.00	333750.00	87500.00		1410250.00

表 9-18　生产成本明细账

生产成本　明细账

产品名称：B产品　　　　完工数量：500台

2015年 月	日	凭证号数	摘要	直接材料	直接人工	制造费用		合计
12	1		期初余额	81600000				81600000
	5	转2	领用材料	18300000				18300000
	31	转8	计提应付职工薪酬		17000000			17000000
	31	转9	计提社保及住房公积金		5100000			5100000
	31	转10	计提工会经费、职工教育经费		595000			595000
	31	转15	结转制造费用			5950000		5950000
	31	转16	结转完工产品成本	99900000	22695000	5950000		128545000

表 9-19　制造费用明细账

制造费用　明细账

2015年 月	日	凭证号数	摘要	借方（实际发生额） 材料费	工资	社会保险费	水电费	折旧费	职工教育经费	工会经费	其他	合计	贷方（结转）	余额
12	5	转2	领用材料	1600000								1600000		
	31	转8	计提应付职工薪酬		3800000							3800000		
	31	转9	计提社保及住房公积金			1140000						1140000		
	31	转10	计提工会经费、职工教育经费						57000	76000		133000		
	31	银付8	支付水电费				6590000					6590000		
	31	转11	计提折旧					1437000				1437000		
	31	转15	结转制造费用										14700000	
	31		本月合计	1600000	3800000	1140000	6590000	1437000	57000	76000		14700000	14700000	

注意：生产成本明细账使用的是只有借方没有贷方的多栏式账页；制造费用明细账使用的是有借方、贷方、余额的多栏式账页。

步骤 4： 根据记账凭证直接登记总分类账。如表 9-20 至表 9-63（此处共 44 个总账账页）所示。

表 9-20 库存现金总账

总 账

会计科目 库存现金

2015年 月	日	凭证 种类	凭证 号数	摘要	借方	贷方	借或贷	余额	核对
12	1			期初余额			借	380000	
	1	现付	1	预借差旅费		300000	借	80000	
	1	银付	1	提现备用	400000		借	480000	
	11	现收	1	余款交回现金	14000		借	494000	
	17	现付	2	购买办公用品费		80000	借	414000	
	22	现收	2	收职工违纪罚款	120000		借	534000	
	22	现付	3	款存银行		120000	借	414000	
	31			本月合计	534000	500000	借	414000	

表 9-21 银行存款总账

总 账

会计科目 银行存款

2015年 月	日	凭证 种类	凭证 号数	摘要	借方	贷方	借或贷	余额	核对
12	1			期初余额			借	261500000	
	1	银付	1	提现备用		400000	借	261100000	
	3	银收	1	收到惠民公司货款	17400000		借	278500000	
	4	银付	2	支付前欠货款		64935000	借	213565000	
	6	银付	3	支付上月职工工资		48600000	借	164965000	
	7	银付	4	缴纳上月税费		44570000	借	120395000	
	8	银付	5	购买甲材料		14040000	借	106355000	
	10	银付	6	支付广告费		2000000	借	104355000	
	14	银付	7	票据到期付款		20000000	借	84355000	
	15	银收	2	销售材料	4680000		借	89035000	
	21	银收	3	销售商品	56160000		借	145195000	
	22	现付	3	款存银行	120000		借	145315000	
	31	银付	8	支付水电费		9196200	借	136118800	
	31	银付	9	支付利息		6568160	借	129550640	
	31			本月合计	78360000	210309360	借	129550640	

表 9-22　交易性金融资产总账

总　　账

会计科目　交易性金融资产

2015年 月	日	凭证 种类	凭证 号数	摘要	借方	贷方	借或贷	余额	核对
12	1			期初余额			借	92700000	

表 9-23　应收账款总账

总　　账

会计科目　应收账款

2015年 月	日	凭证 种类	凭证 号数	摘要	借方	贷方	借或贷	余额	核对
12				期初余额			借	65400000	
	3	银收	1	收到惠民公司货款		17400000	借	48000000	
	12	转	4	销售产品	49608000		借	97608000	
	15	转	5	销售产品	54054000		借	151662000	
	31			本月合计	103662000	17400000	借	151662000	

表 9-24　预付账款总账

总　　账

会计科目　预付账款

2015年 月	日	凭证 种类	凭证 号数	摘要	借方	贷方	借或贷	余额	核对
12	1			期初余额			借	10000000	
	25	转	7	收到预付款材料		13478400	贷	3478400	

表 9-25　其他应收款总账

总　　账

会计科目 其他应收款

2015年 月	日	凭证 种类	凭证 号数	摘要	借方	贷方	借或贷	余额	核对
12	1	现付	1	预借差旅费	300000		借	300000	
	11	转	3	报销差旅费		286000	借	14000	
	11	现收	1	余款交回现金		14000	平	0	
	31			本月合计	300000	300000	平	0	

表 9-26　在途物资总账

总　　账

会计科目 在途物资

2015年 月	日	凭证 种类	凭证 号数	摘要	借方	贷方	借或贷	余额	核对
12	1			期初余额			借	3700000	
	2	转	1	上月购买材料入库		1850000	借	1850000	

表 9-27　原材料总账

总　　账

会计科目 原材料

2015年 月	日	凭证 种类	凭证 号数	摘要	借方	贷方	借或贷	余额	核对
12	1			期初余额			借	68100000	
	2	转	1	上月购乙材料入库	1850000		借	69950000	
	5	转	2	领用材料		49200000	借	20750000	
	8	银付	5	购买甲材料	12000000		借	32750000	
	15	转	6	结转销售成本		3200000	借	29550000	
	25	转	7	收到预付款材料	11520000		借	41070000	
	31			本月合计	25370000	52400000	借	41070000	

表 9-28　周转材料总账

总　　账

会计科目 周转材料

2015年		凭证		摘要	借方	贷方	借或贷	余额	核对
月	日	种类	号数		亿千百十万千百十元角分	亿千百十万千百十元角分		亿千百十万千百十元角分	
12	1			期初余额			借	2176000	

表 9-29　库存商品总账

总　　账

会计科目 库存商品

2015年		凭证		摘要	借方	贷方	借或贷	余额	核对
月	日	种类	号数		亿千百十万千百十元角分	亿千百十万千百十元角分		亿千百十万千百十元角分	
12	1			期初余额			借	110400000	
	31	转	16	结转完工产品成本	269570000		借	379970000	
	31	转	17	结转销售商品成本		86800000	借	293170000	
	31			本月合计	269570000	86800000		293170000	

表 9-30　生产成本总账

总　　账

会计科目 生产成本

2015年		凭证		摘要	借方	贷方	借或贷	余额	核对
月	日	种类	号数		亿千百十万千百十元角分	亿千百十万千百十元角分		亿千百十万千百十元角分	
12	1			期初余额			借	152800000	
	5	转	2	领用材料	46000000		借	198800000	
	31	转	8	计提应付职工薪酬	42000000		借	240800000	
	31	转	9	计提社保及住房公积金	12600000		借	253400000	
	31	转	10	计提工会经费、职工教育经费	1470000		借	254870000	
	31	转	15	结转制造费用	14700000		借	269570000	
	31	转	16	结转完工产品成本		269570000	平	0	
	31			本月合计	116770000	269570000	平	0	

表 9-31 长期股权投资总账

总 账

会计科目 长期股权投资

2015年 月	日	凭证 种类	凭证 号数	摘要	借方	贷方	借或贷	余额	核对
12	1			期初余额			借	2158800.00	

表 9-32 固定资产总账

总 账

会计科目 固定资产

2015年 月	日	凭证 种类	凭证 号数	摘要	借方	贷方	借或贷	余额	核对
12	1			期初余额			借	11251400.00	
	31	转	13	固定资产盘亏		6000.00	借	11245400.00	

表 9-33 累计折旧总账

总 账

会计科目 累计折旧

2015年 月	日	凭证 种类	凭证 号数	摘要	借方	贷方	借或贷	余额	核对
12	1			期初余额			贷	1392000.00	
	31	转	11	计提折旧		18520.00	贷	1410520.00	
	31	转	13	固定资产盘亏	2400.00		贷	1408120.00	
	31			本月合计	2400.00	18520.00	贷	1408120.00	

表 9-34　无形资产总账

总　　账

会计科目 无形资产

2015年 月	日	凭证 种类	凭证 号数	摘要	借方	贷方	借或贷	余额	核对
12	1			期初余额			借	600000.00	

表 9-35　累计摊销总账

总　　账

会计科目 累计摊销

2015年 月	日	凭证 种类	凭证 号数	摘要	借方	贷方	借或贷	余额	核对
12	1			期初余额			贷	120000.00	
	31	转	12	无形资产摊销		6000.00	贷	126000.00	

表 9-36　待处理财产损溢总账

总　　账

会计科目 待处理财产损溢

2015年 月	日	凭证 种类	凭证 号数	摘要	借方	贷方	借或贷	余额	核对
12	31	转	13	固定资产盘亏	3600.00		贷	3600.00	
	31	转	14	转销固定资产盘亏		3600.00	平	0	
	31			本月合计	3600.00	3600.00	平	0	

表 9-37　制造费用总账

总　　账

会计科目 制造费用

2015年 月	日	凭证 种类	号数	摘要	借方（亿千百十万千百十元角分）	贷方（亿千百十万千百十元角分）	借或贷	余额（亿千百十万千百十元角分）	核对
12	5	转	2	领用材料	1600000		借	1600000	
	31	转	8	计提应付职工薪酬	3800000		借	5400000	
	31	转	9	计提社保及住房公积金	1140000		借	6540000	
	31	转	10	计提工会经费、职工教育经费	133000		借	6673000	
	31	银付	8	支付水电费	6590000		借	13263000	
	31	转	11	计提折旧	1437000		借	14700000	
	31	转	15	结转制造费用		14700000	平	0	
	31			本月合计	14700000	14700000	平	0	

表 9-38　短期借款总账

总　　账

会计科目 短期借款

2015年 月	日	凭证 种类	号数	摘要	借方（亿千百十万千百十元角分）	贷方（亿千百十万千百十元角分）	借或贷	余额（亿千百十万千百十元角分）	核对
12	1			期初余额			贷	400000000	

表 9-39　应付票据总账

总　　账

会计科目 应付票据

2015年 月	日	凭证 种类	号数	摘要	借方（亿千百十万千百十元角分）	贷方（亿千百十万千百十元角分）	借或贷	余额（亿千百十万千百十元角分）	核对
12	1			期初余额			贷	3500000	
	14	银付	7	票据到期付款	2000000		贷	1500000	

表 9-40　应付账款总账

总　　账

会计科目 应付账款

2015年 月	日	凭证种类	号数	摘　要	借方（亿千百十万千百十元角分）	贷方（亿千百十万千百十元角分）	借或贷	余额（亿千百十万千百十元角分）	核对
12	1			期初余额			贷	81783000	
	4	银付	2	支付前欠货款	64935000		贷	16848000	

表 9-41　预收账款总账

总　　账

会计科目 预收账款

2015年 月	日	凭证种类	号数	摘　要	借方（亿千百十万千百十元角分）	贷方（亿千百十万千百十元角分）	借或贷	余额（亿千百十万千百十元角分）	核对
12	1			期初余额			贷	50000000	

表 9-42　应付职工薪酬总账

总　　账

会计科目 应付职工薪酬

2015年 月	日	凭证种类	号数	摘　要	借方（亿千百十万千百十元角分）	贷方（亿千百十万千百十元角分）	借或贷	余额（亿千百十万千百十元角分）	核对
12	1			期初余额			贷	53600000	
	6	银付	3	支付上月职工工资	48600000		贷	5000000	
	31	转	8	计提应付职工薪酬		52100000	贷	57100000	
	31	转	9	计提社保及住房公积金		15630000	贷	72730000	
	31	转	10	计提工会经费、职工教育经费		1823500	贷	74553500	
	31			本月合计	48600000	69553500	贷	74553500	

表 9-43 应交税费总账

总 账

会计科目 应交税费

2015年 月	日	凭证 种类	凭证 号数	摘要	借方	贷方	借或贷	余额	核对
12	1			期初余额			贷	44570000	
	7	银付	4	缴纳上月税费	44570000		平	0	
	8	银付	5	购买甲材料	2040000		借	2040000	
	12	转	4	销售商品		7208000	贷	5168000	
	15	转	5	销售商品		7854000	贷	13022000	
	15	银收	2	销售材料		680000	贷	13702000	
	21	银收	3	销售商品		8160000	贷	21862000	
	25	转	7	收到预付款材料	1958400		贷	19903600	
	31	银付	8	支付水电费	1336200		贷	18567400	
	31	转	18	结转城建税及教育费附加		1856740	贷	20424140	
	31	转	21	计算应交所得税		7880900	贷	28305040	
	31			本月合计	49904600	33639640	贷	28305040	

表 9-44 应付利息总账

总 账

会计科目 应付利息

2015年 月	日	凭证 种类	凭证 号数	摘要	借方	贷方	借或贷	余额	核对
12	1			期初余额			贷	4250000	
	31	银付	9	支付利息	4250000		平	0	

表 9-45 应付股利总账

总 账

会计科目 应付股利

2015年 月	日	凭证 种类	凭证 号数	摘要	借方	贷方	借或贷	余额	核对
12	31	转	25	分配投资者股利		47328540	贷	47328540	

表 9-46 其他应付款总账

总 账

会计科目 其他应付款

2015年 月	日	凭证 种类	凭证 号数	摘要	借方	贷方	借或贷	余额	核对
12	1			期初余额			贷	150000.00	

表 9-47 长期借款总账

总 账

会计科目 长期借款

2015年 月	日	凭证 种类	凭证 号数	摘要	借方	贷方	借或贷	余额	核对
12	1			期初余额			贷	2230000.00	

表 9-48 实收资本总账

总 账

会计科目 实收资本

2015年 月	日	凭证 种类	凭证 号数	摘要	借方	贷方	借或贷	余额	核对
12	1			期初余额			贷	7000000.00	

表 9-49 资本公积总账

总 账

会计科目 资本公积

2015年 月	日	凭证 种类	凭证 号数	摘要	借方	贷方	借或贷	余额	核对
12	1			期初余额			贷	1080570.00	

表 9-50　盈余公积总账

总　　账

会计科目 盈余公积

2015年 月	日	凭证 种类	凭证 号数	摘　要	借方	贷方	借或贷	余额	核对
12	1			期初余额			贷	1083000000	
	31	转	24	提取法定盈余公积		23664270	贷	1319664270	

表 9-51　本年利润总账

总　　账

会计科目 本年利润

2015年 月	日	凭证 种类	凭证 号数	摘　要	借方	贷方	借或贷	余额	核对
12	1			期初余额			贷	2130000000	
	31	转	19	结转收入		1407200000	贷	3537200000	
	31	转	20	结转费用支出	1091964000		贷	2445236000	
	31	转	22	结转所得税	78809000		贷	2366427000	
	31	转	23	结转净利润	2366427000		平	0	
	31			本月合计	3537200000	1407200000	平	0	

表 9-52　利润分配总账

总　　账

会计科目 利润分配

2015年 月	日	凭证 种类	凭证 号数	摘　要	借方	贷方	借或贷	余额	核对
12	31	转	23	结转净利润		2366427000	贷	2366427000	
	31	转	24	提取法定盈余公积	23664270		贷	2129784300	
	31	转	25	分配投资者股利	47328540		贷	1656498900	
	31	转	26	结转已分配利润	70992810	70992810	贷	1656498900	
	31			本月合计	141985620	307635510	贷	1656498900	

表 9-53　主营业务收入总账

总　　账

会计科目 主营业务收入

2015年 月	日	凭证 种类	凭证 号数	摘要	借方（亿千百十万千百十元角分）	贷方（亿千百十万千百十元角分）	借或贷	余额（亿千百十万千百十元角分）	核对
12	12	转	4	销售产品		42400000	贷	42400000	
	15	转	5	销售产品		46200000	贷	88600000	
	21	银收	3	销售产品		48000000	贷	136600000	
	31	转	19	结转本年利润	136600000		平	0	
	31			本月合计	136600000	136600000		0	

表 9-54　其他业务收入总账

总　　账

会计科目 其他业务收入

2015年 月	日	凭证 种类	凭证 号数	摘要	借方（亿千百十万千百十元角分）	贷方（亿千百十万千百十元角分）	借或贷	余额（亿千百十万千百十元角分）	核对
12	15	银收	2	销售材料		4000000	贷	4000000	
	31	转	19	结转本年利润	4000000		平	0	
	31			本月合计	4000000	4000000	平	0	

表 9-55　营业外收入总账

总　　账

会计科目 营业外收入

2015年 月	日	凭证 种类	凭证 号数	摘要	借方（亿千百十万千百十元角分）	贷方（亿千百十万千百十元角分）	借或贷	余额（亿千百十万千百十元角分）	核对
12	22	现收	2	收职工违纪罚款		120000	贷	120000	
	31	转	19	结转本年利润	120000		平	0	
	31			本月合计	120000	120000	平	0	

表 9-56　主营业务成本总账

总　　账

会计科目 主营业务成本

2015年		凭证		摘要	借方											贷方											借或贷	余额											核对
月	日	种类	号数		亿	千	百	十	万	千	百	十	元	角	分	亿	千	百	十	万	千	百	十	元	角	分		亿	千	百	十	万	千	百	十	元	角	分	
12	31	转	17	结转销售商品成本				8	6	8	0	0	0	0	0												借				8	6	8	0	0	0	0	0	
	31	转	20	结转本年利润															8	6	8	0	0	0	0	0	平								0				
	31			本月合计				8	6	8	0	0	0	0	0				8	6	8	0	0	0	0	0	平								0				

表 9-57　其他业务成本总账

总　　账

会计科目 其他业务成本

2015年		凭证		摘要	借方											贷方											借或贷	余额											核对
月	日	种类	号数		亿	千	百	十	万	千	百	十	元	角	分	亿	千	百	十	万	千	百	十	元	角	分		亿	千	百	十	万	千	百	十	元	角	分	
12	15	转	6	结转销售成本					3	2	0	0	0	0	0												借					3	2	0	0	0	0	0	
	31	转	20	结转本年利润																3	2	0	0	0	0	0	平								0				
	31			本月合计					3	2	0	0	0	0	0					3	2	0	0	0	0	0	平								0				

表 9-58　营业税金及附加总账

总　　账

会计科目 营业税金及附加

2015年		凭证		摘要	借方											贷方											借或贷	余额											核对
月	日	种类	号数		亿	千	百	十	万	千	百	十	元	角	分	亿	千	百	十	万	千	百	十	元	角	分		亿	千	百	十	万	千	百	十	元	角	分	
12	31	转	18	计算应交城建税及教育费附加					1	8	5	6	7	4	0												借					1	8	5	6	7	4	0	
	31	转	20	结转本年利润																1	8	5	6	7	4	0	平								0				
	31			本月合计					1	8	5	6	7	4	0					1	8	5	6	7	4	0	平								0				

表 9-59　销售费用总账

总　　账

会计科目 销售费用

2015年 月	日	凭证 种类	凭证 号数	摘要	借方	贷方	借或贷	余额	核对
12	10	银付	6	支付广告费	2000000		借	2000000	
	31	转	8	计提应付职工薪酬	2700000		借	4700000	
	31	转	9	计提社保及住房公积金	810000		借	5510000	
	31	转	10	计提工会经费、职工教育经费	94500		借	5604500	
	31	转	11	计提折旧	175000		借	5779500	
	31	转	20	结转本年利润		5779500	平	0	
	31			本月合计	5779500	5779500	平	0	

表 9-60　管理费用总账

总　　账

会计科目 管理费用

2015年 月	日	凭证 种类	凭证 号数	摘要	借方	贷方	借或贷	余额	核对
12	5	转	2	领用材料	1600000		借	1600000	
	11	转	3	报销差旅费	286000		借	1886000	
	17	现付	2	报销办公用品费	80000		借	1966000	
	31	转	8	计提应付职工薪酬	3600000		借	5566000	
	31	转	9	计提社保及住房公积金	1080000		借	6646000	
	31	转	10	计提工会经费、职工教育经费	126000		借	6772000	
	31	银付	8	支付水电费	1270000		借	8042000	
	31	转	11	计提折旧	240000		借	8282000	
	31	转	12	无形资产摊销	600000		借	8882000	
	31	转	20	结转本年利润		8882000	平	0	
	31			本月合计	8882000	8882000	平	0	

表 9-61 财务费用总账

总 账

会计科目 财务费用

2015年 月	日	凭证 种类	凭证 号数	摘要	借方	贷方	借或贷	余额	核对
12	31	银付	9	支付利息	2318160		借	2318160	
	31	转	20	结转本年利润		2318160	平	0	
	31			本月合计	2318160	2318160	平	0	

表 9-62 营业外支出总账

总 账

会计科目 营业外支出

2015年 月	日	凭证 种类	凭证 号数	摘要	借方	贷方	借或贷	余额	核对
12	31	转	14	转销固定资产盘亏	360000		借	360000	
	31	转	20	结转本年利润		360000	平	0	
	31			本月合计	360000	360000	平	0	

表 9-63 所得税费用总账

总 账

会计科目 所得税费用

2015年 月	日	凭证 种类	凭证 号数	摘要	借方	贷方	借或贷	余额	核对
12	31	转	21	计算应交所得税	7880900		借	7880900	
	31	转	21	结转本年利润		7880900	平	0	
	31			本月合计	7880900	7880900	平	0	

步骤 5： 月（期）终，库存现金日记账、银行存款日记账余额和各种明细分类账余额的合计数，分别与总分类账中有关账户的余额相核对。

步骤 6： 月（期）终，根据总分类账户和明细分类账户资料编制财务报表。资产负债表如表 9-64 所示、利润表如表 9-65 所示。

表 9-64　资产负债表

资产负债表

编制单位：东方机械制造有限公司　　　　2015 年 12 月 31 日　　　　单位：元（列至角分）

资 产	行次	期初余额	期末余额	负债和所有者权益（或股东权益）	行次	期初余额	期末余额
流动资产：	1			流动负债：	34		
货币资金	2	2 618 800.00	1 299 646.40	短期借款	35	4 000 000.00	4 000 000.00
以公允价值计量且其变动计入当期损益的金融资产	3	927 000.00	927 000.00	以公允价值计量且其变动计入当期损益的金融负债	36		
应收票据	4			应付票据	37	350 000.00	150 000.00
应收账款	5	654 000.00	1 516 620.00	应付账款	38	817 830.00	203 264.00
预付款项	6	100 000.00		预收款项	39	500 000.00	500 000.00
应收利息	7			应付职工薪酬	40	536 000.00	745 535.00
应收股利	8			应交税费	41	445 700.00	283 050.40
其他应收款	9			应付利息	42	42 500.00	
存货	10	3 567 600.00	3 578 500.00	应付股利	43		473 285.40
一年内到期的非流动资产	11			其他应付款	44	150 000.00	150 000.00
其他流动资产	12			一年内到期的非流动负债	45		
流动资产合计	13	7 867 400.00	7 321 766.40	其他流动负债	46		
非流动资产：	14			流动负债合计	47	6 842 030.00	6 505 134.80
可供出售金融资产	15			非流动负债：	48		
持有至到期投资	16			长期借款	49	2 230 000.00	2 230 000.00
长期应收款	17			应付债券	50		
长期股权投资	18	2 158 800.00	2 158 800.00	长期应付款	51		
投资性房地产	19			专项应付款	52		
固定资产	20	9 859 400.00	9 837 280.00	预计负债	53		
在建工程	21			递延所得税负债	54		
工程物资	22			其他非流动负债	55		

续表

资 产	行次	期初余额	期末余额	负债和所有者权益（或股东权益）	行次	期初余额	期末余额
固定资产清理	23			非流动负债合计	56	2 230 000.00	2 230 000.00
生产性生物资产	24			负债合计	57	9 072 030.00	8 735 134.80
油气资产	25			所有者权益（或股东权益）：	58		
无形资产	26	480 000.00	474 000.00	实收资本（或股本）	59	7 000 000.00	7 000 000.00
开发支出	27			资本公积	60	1 080 570.00	1 080 570.00
商誉	28			减：库存股	61		
长期待摊费用	29			盈余公积	62	1 083 000.00	1 319 642.70
递延所得税资产	30			未分配利润	63	2 130 000.00	1 656 498.90
其他非流动资产	31			所有者权益合计	64	11 293 570.00	11 056 711.60
非流动资产合计	32	12 498 200.00	12 470 080.00				
资产总计	33	20 365 600.00	19 791 846.40	负债和所有者权益总计	65	20 365 600.00	19 791 846.40

单位负责人：张勇利　　财务负责人：孙浩浩　　复核：张成成　　制表：江红红

表 9-65　利润表

利 润 表

编制单位：东方机械制造有限公司　　2015 年 12 月　　单位：元

项　　目	行次	本月数	本年累计数
一、营业收入	1	1 406 000.00	
减：营业成本	2	900 000.00	
营业税金及附加	3	18 567.40	
销售费用	4	57 795.00	
管理费用	5	88 820.00	
财务费用	6	23 181.60	

续表

项　目	行次	本月数	本年累计数
资产减值损失	7		
加：公允价值变动收益（损失以“-”号填列）	8		
投资收益（损失以“-”号填列）	9		
其中：对联营和合资企业投资收益	10		
二、营业利润（亏损以“-”号填列）	11	317 636.00	
加：营业外收入	12	1 200.00	
其中：非流动资产处置利得	13		
减：营业外支出	14	3 600.00	
其中：非流动资产处置损失	15		
三、利润总额（亏损总额以“-”号填列）	16	315 236.00	
减：所得税费用	17	78 809.00	
四、净利润（亏损以“-”号填列）	18	236 427.00	
五、其他综合收益的税后净额	19		
六、综合收益总额	20		
七、每股收益	21		
（一）基本每股收益	22		
（二）稀释每股收益	23		

单位负责人：张勇利　　财务负责人：孙浩浩　　复核：张成成　　制表：江红红

任务 2　应用科目汇总表账务处理程序

任务布置

请采用科目汇总表账务处理程序，完成东方机械制造有限公司 12 月份的经济业务处理，完成“编制记账凭证—登记日记账—登记明细账—登记总账—编制财务报表”的全过程。

教学组织

建议5人一组，分别扮演东方机械制造有限公司会计主管孙浩浩、复核员张成成、出纳员李伟伟、记账员江红红、制单员苏艳艳。根据所学知识要点，采用科目汇总表账务处理程序，完成东方机械制造有限公司“编制记账凭证—登记日记账—登记明细账—登记总账—编制财务报表”的全过程。

知识学习

一、科目汇总表账务处理程序的概念

科目汇总表账务处理程序又称记账凭证汇总表账务处理程序，是根据记账凭证定期编制科目汇总表，再根据科目汇总表登记总分类账的一种账务处理程序。

二、科目汇总表账务处理程序的特点和编制方法

（一）科目汇总表账务处理程序的特点

（1）设置科目汇总表并定期根据记账凭证编制科目汇总表；

（2）根据科目汇总表登记总分类账。

（3）记账凭证一般采用收款凭证、付款凭证和转账凭证专用凭证格式，也可采用通用记账凭证格式。

会计账簿的设置一般包括日记账、总分类账和明细分类账，日记账包括库存现金日记账和银行存款日记账。日记账、总分类账一般采用三栏式账页格式，明细分类账根据管理上的需要，采用三栏式、多栏式或数量金额式等账页格式。

（二）科目汇总表的编制方法

科目汇总表又称记账凭证汇总表，是企业统称定期对全部记账凭证进行汇总后，按照不同的会计科目分别列示各账户借方金额和贷方金额的一种汇总凭证。其编制方法是：首先将汇总期内各项经济业务所涉及的会计科目按总分类账上会计科目的先后顺序，填写在“科目汇总表”的左方；其次根据汇总期内所有记账凭证，按会计科目分别汇总借方发生额和贷方发生额，并填入该科目的借方栏及贷方栏；最后进行发生额的试算平衡。科目汇总表只反映账户的本期借方发生额和贷方发生额，不反映各个账户直接的对应关系。

科目汇总表的格式如表9-66所示。

表 9-66　科目汇总表

科目汇总表

年　月　日至　日　　　　　　　　编号：

<table>
<tr><th rowspan="2">会计科目</th><th colspan="2">本期发生额</th><th rowspan="2">账　页</th><th rowspan="15">记账凭证自第　号至第　号</th></tr>
<tr><th>借　方</th><th>贷　方</th></tr>
<tr><td>库存现金</td><td></td><td></td><td></td></tr>
<tr><td>银行存款</td><td></td><td></td><td></td></tr>
<tr><td>应收账款</td><td></td><td></td><td></td></tr>
<tr><td>其他应收款</td><td></td><td></td><td></td></tr>
<tr><td>在途物资</td><td></td><td></td><td></td></tr>
<tr><td>原 材 料</td><td></td><td></td><td></td></tr>
<tr><td>库存商品</td><td></td><td></td><td></td></tr>
<tr><td>生产成本</td><td></td><td></td><td></td></tr>
<tr><td>制造费用</td><td></td><td></td><td></td></tr>
<tr><td>应付账款</td><td></td><td></td><td></td></tr>
<tr><td>应交税费</td><td></td><td></td><td></td></tr>
<tr><td>应付股利</td><td></td><td></td><td></td></tr>
<tr><td>……
……</td><td></td><td></td><td></td></tr>
<tr><td>合　计</td><td></td><td></td><td></td><td></td></tr>
</table>

编制科目汇总表应该注意以下要点：

（1）科目汇总表的主要作用是作为记账凭证与总分类账的中间环节，以减少登记总分类账的工作量。

（2）科目汇总表的编制时间可以根据企业经济业务量的多少来确定，既可以三五天汇总一次，编制一张科目汇总表，登记一次总账，又可以十天汇总一次，登记一次总账，还可以按月编制一张科目汇总表，一个月登记一次总账。

（3）为了便于登记总账，科目汇总表上的科目排列应按总分类账上科目排列的顺序来定。

三、科目汇总表账务处理程序的工作步骤

（1）根据原始凭证或原始凭证汇总表填制记账凭证。

（2）根据收款凭证、付款凭证逐笔登记库存现金日记账和银行存款日记账。

（3）根据原始凭证及原始凭证汇总表、记账凭证逐笔登记各种明细分类账。

（4）根据收款凭证、付款凭证、转账凭证定期编制科目汇总表。

（5）根据科目汇总表登记总分类账。

（6）期末，将库存现金日记账和银行存款日记账的余额，及各种明细分类账的余额合计数，分别与总分类账余额核对相符。

（7）期末，根据总分类账、明细分类账编制财务报表。

科目汇总表账务处理程序的具体工作步骤如图 9-2 所示。

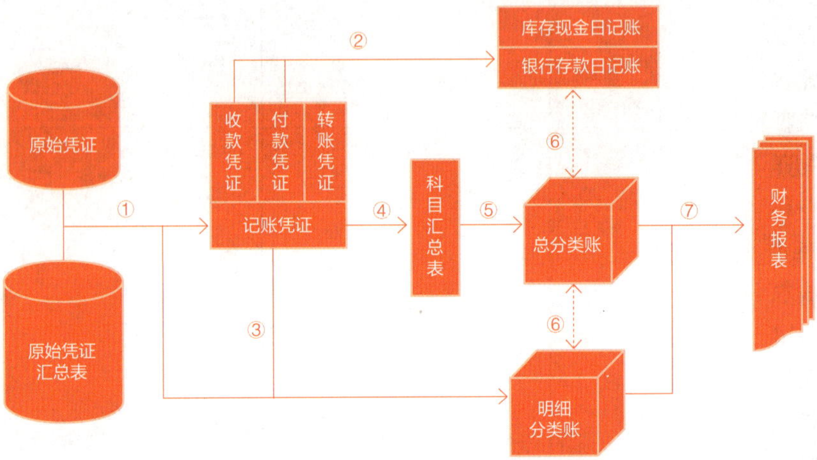

图 9-2　科目汇总表账务处理程序的具体工作步骤

四、科目汇总表账务处理程序的优缺点及适用范围

动　画：科目汇总表账务处理程序

（一）科目汇总表账务处理程序的优缺点

科目汇总表账务处理程序的优点是，由于科目汇总表账务处理程序是根据科目汇总表登记总分类账，因而可以大大减轻登记总分类账的工作量；而且因为进行了借方发生额与贷方发生额的试算平衡，可以保证会计核算资料的质量；同时科目汇总表的编制并不复杂，易于理解和掌握。其缺点是：科目汇总表无法表明账户之间的对应关系，因而不便于对企业的经济活动进行分析和检查。

想一想：科目汇总表账务处理程序与记账凭证账务处理程序各有什么特点？

（二）科目汇总表账务处理程序的适用范围

科目汇总表账务处理程序适用于规模较大、经济业务较多，记账凭证数量较多的企业和单位。

任务实施

步骤 1：根据本项目背景中 1—38 笔业务的原始凭证或原始凭证汇总表编制收款凭

证、付款凭证和转账凭证（同任务 1 记账凭证账务处理程序会计分录）。

步骤 2：根据收款凭证、付款凭证逐笔登记库存现金日记账、银行存款日记账（同任务 1）。

步骤 3：根据原始凭证或原始凭证汇总表或各种记账凭证登记有关明细分类账（同任务 1）。

（前三步骤和记账凭证账务处理程序相同。）

步骤 4：根据 1—15 日共 16 笔经济业务的收款凭证、付款凭证、转账凭证编制科目汇总表，如表 9-67 所示；根据 16—31 日共 22 笔经济业务的收款凭证、付款凭证、转账凭证编制科目汇总表，如表 9-68 所示。

表 9-67　科目汇总表

科目汇总表

2015 年 12 月 15 日　　　　编号：汇 24

序号	会计科目	本期借方发生额	本期贷方发生额	账页
1	库存现金	4 140.00	3 000.00	√
2	银行存款	220 800.00	1 945 450.00	
3	应收账款	1 036 620.00	174 000.00	
4	其他应收款	3 000.00	3 000.00	
5	在途物资		18 500.00	
6	原材料	138 500.00	524 000.00	
7	生产成本	460 000.00		
8	制造费用	16 000.00		
9	应付票据	200 000.00		
10	应付账款	649 350.00		
11	应付职工薪酬	486 000.00		
12	应交税费	466 100.00	157 420.00	
13	主营业务收入		886 000.00	
14	其他业务收入		40 000.00	
15	其他业务成本	32 000.00		
16	管理费用	18 860.00		
17	销售费用	20 000.00		
合　计		3 751 370.00	3 751 370.00	

记账凭证自第 1 号至第 16 号

财务负责人：孙浩浩　　复核：张成成　　制表：江红红

表 9-68　科目汇总表

科目汇总表

2015 年 12 月 31 日　　　　编号：汇 25

序号	会计科目	本期借方发生额	本期贷方发生额	账页
1	库存现金	1 200.00	2 000.00	√
2	银行存款	562 800.00	157 643.60	
3	预付账款		134 784.00	
4	原材料	115 200.00		
5	库存商品	2 695 700.00	868 000.00	
6	生产成本	707 700.00	2 695 700.00	
7	制造费用	131 000.00	147 000.00	
8	待处理财产损溢	3 600.00	3 600.00	
9	固定资产		6 000.00	
10	累计折旧	2 400.00	18 520.00	
11	累计摊销		6 000.00	
12	应付股利		473 285.40	
13	应付利息	42 500.00		
14	应付职工薪酬		695 535.00	
15	应交税费	32 946.00	178 976.40	
16	盈余公积		236 642.70	
17	利润分配	1 419 856.20	3 076 355.10	
18	本年利润	3 537 200.00	1 407 200.00	
19	主营业务收入	1 366 000.00	480 000.00	
20	主营业务成本	868 000.00	868 000.00	
21	其他业务收入	40 000.00		
22	其他业务成本		32 000.00	
23	销售费用	37 795.00	57 795.00	
24	管理费用	69 960.00	88 820.00	
25	财务费用	23 181.60	23 181.60	
26	营业税金及附加	18 567.40	18 567.40	
27	营业外收入	1 200.00	1 200.00	
28	营业外支出	3 600.00	3 600.00	
29	所得税费用	78 809.00	78 809.00	
合　计		11 759 215.20	11 759 215.20	

记账凭证自第 17 号至第 38 号

财务负责人：孙浩浩　　　复核：张成成　　　制表：江红红

步骤 5： 12 月 15 日、12 月 31 日根据科目汇总表登记总分类账。限于篇幅，仅列示库存现金总账的登记方法，如表 9-69 所示。

表 9-69　库存现金总账

总　　账

会计科目 库存现金

2015年 月	日	凭证 种类	凭证 号数	摘　要	借方	贷方	借或贷	余额	核对
12	1			期初余额			借	3800.00	
	15	汇	24	1—15日发生额	4140.00	3000.00	借	4940.00	
	31	汇	25	16—31日发生额	1200.00	2000.00	借	4140.00	
	31			本月合计	5340.00	5000.00	借	4140.00	

步骤 6： 期末，根据对账的具体要求将库存现金日记账和银行存款日记账的余额及各种明细分类账的余额合计数，分别与总分类账余额核对相符。

步骤 7： 期末，根据总分类账、明细分类账编制财务报表（同任务 1）。

任务 3　应用汇总记账凭证账务处理程序

任务布置

为了克服记账凭证账务处理程序和科目汇总表账务处理程序的缺点，请按工作岗位分工，采用汇总记账凭证账务处理程序，完成东方机械制造有限公司 12 月份的经济业务处理，完成“编制记账凭证—登记日记账—登记明细账—登记总账—编制财务报表”的全部处理过程。

教学组织

建议 5 人一组，分别担任东方机械制造有限公司会计主管孙浩浩、复核员张成成、出纳员李伟伟、记账员江红红、制单员苏艳艳。根据所学知识要点，采用汇总记账凭证账务处理程序，完成东方机械制造有限公司“编制记账凭证—登记日记账—登记明细账—登记总账—编制财务报表”的全部处理过程。

知识学习

一、汇总记账凭证账务处理程序的概念

汇总记账凭证账务处理程序，是指先根据原始凭证或原始凭证汇总表填制记账凭证，定期根据记账凭证分类汇总编制汇总收款凭证、汇总付款凭证、汇总转账凭证，然后再根据汇总记账凭证登记总分类账的一种账务处理程序。

二、汇总记账凭证账务处理程序的特点和编制方法

（一）汇总记账凭证账务处理程序的特点

（1）设置汇总记账凭证，包括汇总收款凭证、汇总付款凭证、汇总转账凭证。

（2）根据汇总记账凭证登记总分类账。

（3）记账凭证一般采用收款凭证、付款凭证和转账凭证专用凭证格式，不采用通用记账凭证格式。

会计账簿的设置一般包括日记账、总分类账和明细分类账，日记账包括库存现金日记账和银行存款日记账。日记账、总分类账一般采用三栏式账页格式，明细分类账根据管理上的需要，采用三栏式、多栏式或数量金额式等账页格式。

（二）汇总记账凭证的编制方法

汇总记账凭证账务处理程序的关键在于汇总记账凭证的编制。汇总记账凭证包括汇总收款凭证、汇总付款凭证、汇总转账凭证。汇总记账凭证一般定期（每 5 日或 10 日）根据收款凭证、付款凭证和转账凭证分别编制，其三种汇总记账凭证编制方法有所不同。

1. 汇总收款凭证

汇总收款凭证按“库存现金”“银行存款”科目的借方设置，定期根据收款凭证的贷方科目归类、汇总，月终结出合计数，据以登记总账。即总分类账根据汇总收款凭证的合计数进行登记，分别记入“库存现金”“银行存款”总分类账户的借方，并将汇总收款凭证上各账户贷方的合计数分别记入有关总分类账户的贷方。汇总收款凭证格式如表 9–70 所示。

表 9-70 汇总收款凭证

汇总收款凭证

借方科目：库存现金（或银行存款） 年 月 汇收字

<table>
<tr><td rowspan="3">贷方账户</td><td colspan="4">金 额</td><td colspan="2">总账页数</td></tr>
<tr><td>1—10日</td><td>11—20日</td><td>21—31日</td><td rowspan="2">合 计</td><td rowspan="2">借方</td><td rowspan="2">贷方</td></tr>
<tr><td>凭证第 号
至第 号</td><td>凭证第 号
至第 号</td><td>凭证第 号
至第 号</td></tr>
<tr><td></td><td></td><td></td><td></td><td></td><td></td><td></td></tr>
<tr><td></td><td></td><td></td><td></td><td></td><td></td><td></td></tr>
<tr><td></td><td></td><td></td><td></td><td></td><td></td><td></td></tr>
<tr><td></td><td></td><td></td><td></td><td></td><td></td><td></td></tr>
<tr><td></td><td></td><td></td><td></td><td></td><td></td><td></td></tr>
<tr><td>合 计</td><td></td><td></td><td></td><td></td><td></td><td></td></tr>
</table>

2. 汇总付款凭证

汇总付款凭证按“库存现金”“银行存款”科目的贷方设置，定期根据付款凭证的借方科目归类、汇总，月终结出合计数，据以登记总账。即总分类账根据汇总付款凭证的合计数进行登记，分别记入“库存现金”“银行存款”总分类账户的贷方，并将汇总付款凭证上各账户借方的合计数分别记入有关总分类账户的借方。汇总付款凭证格式如表 9-71 所示。库存现金和银行存款之间相互划转的业务，视同汇总转账凭证处理。

表 9-71 汇总付款凭证

汇总付款凭证

贷方科目：库存现金（或银行存款） 年 月 汇付字

<table>
<tr><td rowspan="3">借方账户</td><td colspan="4">金 额</td><td colspan="2">总账页数</td></tr>
<tr><td>1—10日</td><td>11—20日</td><td>21—31日</td><td rowspan="2">合 计</td><td rowspan="2">借方</td><td rowspan="2">贷方</td></tr>
<tr><td>凭证第 号
至第 号</td><td>凭证第 号
至第 号</td><td>凭证第 号
至第 号</td></tr>
<tr><td></td><td></td><td></td><td></td><td></td><td></td><td></td></tr>
<tr><td></td><td></td><td></td><td></td><td></td><td></td><td></td></tr>
<tr><td></td><td></td><td></td><td></td><td></td><td></td><td></td></tr>
<tr><td></td><td></td><td></td><td></td><td></td><td></td><td></td></tr>
<tr><td></td><td></td><td></td><td></td><td></td><td></td><td></td></tr>
<tr><td>合 计</td><td></td><td></td><td></td><td></td><td></td><td></td></tr>
</table>

3. 汇总转账凭证

汇总转账凭证按每一科目的贷方分别设置，并根据转账凭证的借方科目定期归类、汇总，月终结出合计数据以登记总账。总分类账根据各汇总转账凭证的合计数进行登记，分别记入对应账户的总分类账户的贷方，并将汇总转账凭证上各账户借方的合计数分别记入有关总分类账户的借方。值得注意的是，汇总转账凭证只能是一贷一借或一贷多借，而不能相反。为简化会计核算，如果在一个会计期间内，某一贷方科目的转账凭证不多，可直接根据转账凭证登记总分类账。汇总转账凭证格式如表 9-72 所示。

想一想：
汇总记账凭证与科目汇总表有什么不同？

表 9-72　汇总转账凭证

汇总转账凭证

贷方科目：　　　　年　月　　　　汇转字

<table>
<tr><td rowspan="3">借方账户</td><td colspan="4">金　额</td><td colspan="2">总账页数</td></tr>
<tr><td>1—10日</td><td>11—20日</td><td>21—31日</td><td rowspan="2">合　计</td><td rowspan="2">借方</td><td rowspan="2">贷方</td></tr>
<tr><td>凭证第　号
至第　号</td><td>凭证第　号
至第　号</td><td>凭证第　号
至第　号</td></tr>
<tr><td></td><td></td><td></td><td></td><td></td><td></td><td></td></tr>
<tr><td></td><td></td><td></td><td></td><td></td><td></td><td></td></tr>
<tr><td></td><td></td><td></td><td></td><td></td><td></td><td></td></tr>
<tr><td></td><td></td><td></td><td></td><td></td><td></td><td></td></tr>
<tr><td></td><td></td><td></td><td></td><td></td><td></td><td></td></tr>
<tr><td>合　计</td><td></td><td></td><td></td><td></td><td></td><td></td></tr>
</table>

三、汇总记账凭证账务处理程序的工作步骤

（1）根据原始凭证或原始凭证汇总表编制记账凭证。

（2）根据收款凭证、付款凭证逐笔登记库存现金日记账和银行存款日记账。

（3）根据原始凭证及原始凭证汇总表、各种记账凭证逐笔登记各种明细分类账。

（4）根据收款凭证、付款凭证、转账凭证定期编制汇总收款凭证、汇总付款凭证和汇总转账凭证。

（5）期末，根据汇总收款凭证、汇总付款凭证和汇总转账凭证登记总分类账。

（6）期末，根据对账的具体要求将库存现金日记账和银行存款日记账的余额及各种明细分类账的余额合计数，分别与总分类账余额核对相符。

（7）期末，根据总分类账、明细分类账编制财务报表。

汇总记账凭证账务处理程序的具体工作步骤如图 9-3 所示。

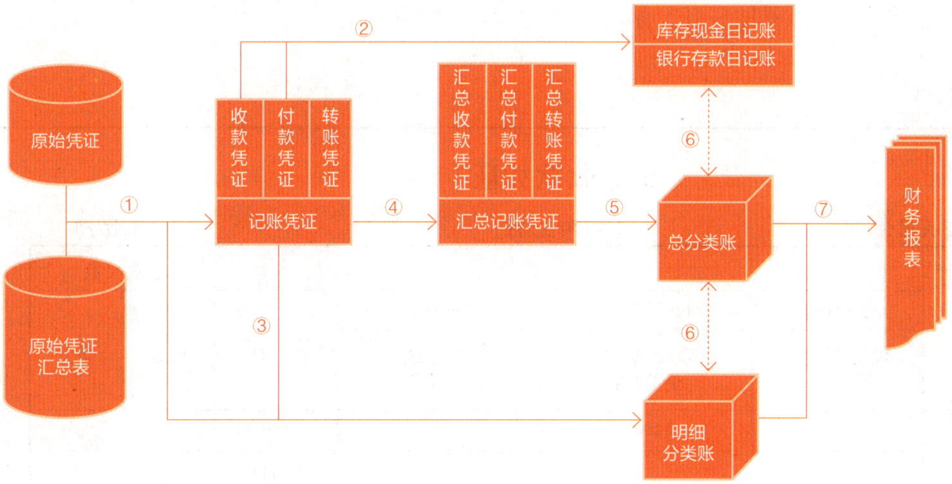

图 9-3　汇总记账凭证账务处理程序的具体工作步骤

四、汇总记账凭证账务处理程序的优缺点及适用范围

（一）汇总记账凭证账务处理程序的优缺点

汇总记账凭证账务处理程序的优点是：减轻了登记总分类账的工作量；便于核对账目。其缺点是：当记账凭证较多时，汇总记账凭证的编制工作量很大；按每一贷方账户编制汇总转账凭证，不利于会计核算工作的日常分工；总分类账中的记录比较简略，难以具体反映企业的经营活动。

（二）汇总记账凭证账务处理程序的适用范围

汇总记账凭证账务处理程序适用于规模较大、经济业务较多的企业和单位。

任务实施

步骤 1：根据原始凭证或原始凭证汇总表编制记账凭证。

步骤 2：根据收款凭证、付款凭证逐笔登记库存现金日记账和银行存款日记账。

步骤 3：根据原始凭证及原始凭证汇总表、各种记账凭证逐笔登记各种明细分类账。

（前三步骤和记账凭证账务处理程序相同，可直接采用任务 1 中的记账凭证、登记的日记账和明细账。）

> **小提示：**登记总账之后应在汇总记账凭证"总账页数"栏打"√"。

步骤 4：根据经济业务的收款凭证、付款凭证、转账凭证，每 10 天汇总编制汇总收款凭证、汇总付款凭证、汇总转账凭证。限于篇幅，仅列示编制的汇总库存现金收款凭证、汇总银行存款收款凭证、汇总库存现金付款凭证、汇总银行存款付款凭证、汇总其他应收款转账凭证，如表 9-73 至表 9-77 所示。

表 9-73 汇总收款凭证

汇总收款凭证

借方科目：库存现金　　2015 年 12 月　　汇收字1

贷方账户	金额				总账页数	
	1—10日	11—20日	21—31日	合计	借方	贷方
	现收第 号 至第 号	现收第1号 至第1号	现收第2号 至第2号			
其他应收款		140.00		140.00		√
营业外收入			1 200.00	1 200.00		
合　计		140.00	1 200.00	1 340.00	√	

表 9-74 汇总收款凭证

汇总收款凭证

借方科目：银行存款　　2015 年 12 月　　汇收字2

贷方账户	金额				总账页数	
	1—10日	11—20日	21—31日	合计	借方	贷方
	银收第1号 至第1号	银收第2号 至第2号	银收第3号 至第3号			
应收账款	174 000.00			174 000.00		
其他业务收入等		46 800.00		46 800.00		
主营业务收入等			561 600.00	561 600.00		
合　计	174 000.00	46 800.00	561 600.00	782 400.00	√	

表 9-75　汇总付款凭证

汇总付款凭证

贷方科目：库存现金　　　　2015 年 12 月　　　　汇付字1

<table>
<tr><th rowspan="3">借方账户</th><th colspan="4">金　　额</th><th colspan="2">总账页数</th></tr>
<tr><th>1—10日</th><th>11—20日</th><th>21—31日</th><th rowspan="2">合　计</th><th rowspan="2">借方</th><th rowspan="2">贷方</th></tr>
<tr><th>现付第1号
至第1号</th><th>现付第2号
至第2号</th><th>现付第3号
至第3号</th></tr>
<tr><td>其他应收款</td><td>3 000.00</td><td></td><td></td><td>3 000.00</td><td>√</td><td></td></tr>
<tr><td>管理费用</td><td></td><td>800.00</td><td></td><td>800.00</td><td></td><td></td></tr>
<tr><td>银行存款</td><td></td><td></td><td>1 200.00</td><td>1 200.00</td><td>√</td><td></td></tr>
<tr><td></td><td></td><td></td><td></td><td></td><td></td><td></td></tr>
<tr><td></td><td></td><td></td><td></td><td></td><td></td><td></td></tr>
<tr><td></td><td></td><td></td><td></td><td></td><td></td><td></td></tr>
<tr><td></td><td></td><td></td><td></td><td></td><td></td><td></td></tr>
<tr><td></td><td></td><td></td><td></td><td></td><td></td><td></td></tr>
<tr><td>合　计</td><td>3 000.00</td><td>800.00</td><td>1 200.00</td><td>5 000.00</td><td></td><td>√</td></tr>
</table>

表 9-76　汇总付款凭证

汇总付款凭证

贷方科目：银行存款　　　　2015 年 12 月　　　　汇付字2

<table>
<tr><th rowspan="3">借方账户</th><th colspan="4">金　　额</th><th colspan="2">总账页数</th></tr>
<tr><th>1—10日</th><th>11—20日</th><th>21—31日</th><th rowspan="2">合　计</th><th rowspan="2">借方</th><th rowspan="2">贷方</th></tr>
<tr><th>银付第1号
至第6号</th><th>银付第7号
至第7号</th><th>银付第8号
至第9号</th></tr>
<tr><td>库存现金</td><td>4 000.00</td><td></td><td></td><td>4 000.00</td><td>√</td><td></td></tr>
<tr><td>应付账款</td><td>649 350.00</td><td></td><td></td><td>649 350.00</td><td></td><td></td></tr>
<tr><td>应付职工薪酬</td><td>486 000.00</td><td></td><td></td><td>486 000.00</td><td></td><td></td></tr>
<tr><td>应交税费</td><td>445 700.00</td><td></td><td></td><td>445 700.00</td><td></td><td></td></tr>
<tr><td>原材料等</td><td>140 400.00</td><td></td><td></td><td>140 400.00</td><td></td><td></td></tr>
<tr><td>销售费用</td><td>20 000.00</td><td></td><td></td><td>20 000.00</td><td></td><td></td></tr>
<tr><td>应付票据</td><td></td><td>200 000.00</td><td></td><td>200 000.00</td><td></td><td></td></tr>
<tr><td>制造费用等</td><td></td><td></td><td>91 962.00</td><td>91 962.00</td><td></td><td></td></tr>
<tr><td>财务费用等</td><td></td><td></td><td>65 681.60</td><td>65 681.60</td><td></td><td></td></tr>
<tr><td>合　计</td><td>1 745 450.00</td><td>200 000.00</td><td>157 643.60</td><td>2 103 093.60</td><td></td><td>√</td></tr>
</table>

表 9-77　汇总转账凭证

汇总转账凭证

贷方科目：其他应收款　　　　2015 年 12 月　　　　汇转字34

借方账户	金额				总账页数	
	1—10日	11—20日	21—31日	合　计	借方	贷方
	转账凭证第　号至第　号	转账凭证第3号至第7号	转账凭证第　号至第　号			
管理费用		2 860.00		2 860.00		
合　计		2 860.00		2 860.00		√

步骤 5：12 月月末根据汇总收款凭证、汇总付款凭证、汇总转账凭证登记总分类账。限于篇幅，仅列示库存现金总账、银行存款总账、其他应收款总账，如表 9-78 至表 9-80 所示。

表 9-78　库存现金总账

总　　账

会计科目 库存现金

2015年 月	日	凭证 种类	凭证 号数	摘　要	借方（亿千百十万千百十元角分）	贷方（亿千百十万千百十元角分）	借或贷	余额（亿千百十万千百十元角分）	核对
12	1			期初余额			借	380000	
	31		汇收1	1—31日发生额	134000				
	31		汇付1	1—31日发生额		500000			
	31		汇付2	1—31日发生额	400000				
	31			本月合计	534000	500000	借	414000	

表 9-79　银行存款总账

总　　账

会计科目 银行存款

2015年 月	日	凭证 种类	凭证 号数	摘要	借方	贷方	借或贷	余额	核对
12	1			期初余额			借	261500000	
	31		汇收2	1—31日发生额	7824000				
	31		汇付1	1—31日发生额	120000				
	31		汇付2	1—31日发生额		210309360			
	31			本月合计	7836000	210309360	借	129550640	

表 9-80　其他应收款总账

总　　账

会计科目 其他应收款

2015年 月	日	凭证 种类	凭证 号数	摘要	借方	贷方	借或贷	余额	核对
12	1			期初余额			借	300000	
	31		汇收1	1—31日发生额		14000			
	31		汇付1	1—31日发生额	300000				
	31		汇转1	1—31日发生额		286000			
	31			本月合计	300000	300000	平	0	

项目总结

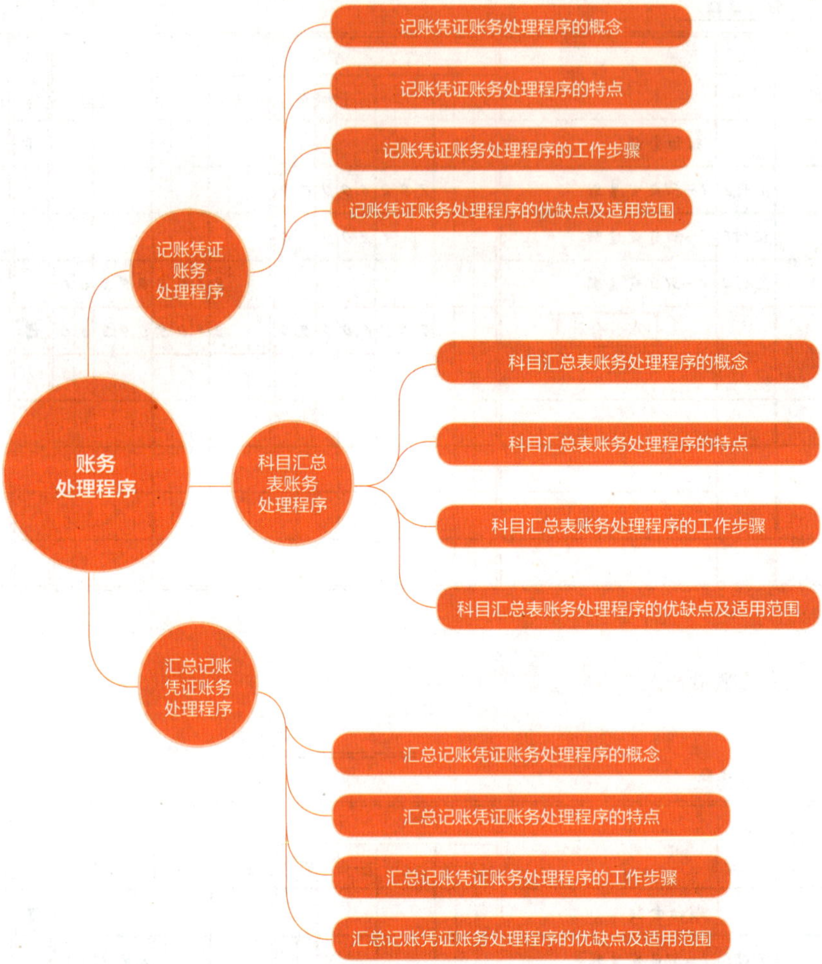

学习评价

▲专业能力测评表

业务能力	评价指标	自测结果	要求
应用记账凭证账务处理程序	1. 记账凭证账务处理程序的概念	□A □B □C	掌握记账凭证账务处理程序的概念、特点、工作步骤、优缺点及适用范围。能按记账凭证账务处理程序工作步骤完成账务的完整处理
	2. 记账凭证账务处理程序的特点	□A □B □C	
	3. 记账凭证账务处理程序的工作步骤	□A □B □C	
	4. 记账凭证账务处理程序的优缺点及适用范围	□A □B □C	

续表

业务能力	评价指标	自测结果	要求
应用科目汇总表账务处理程序	1. 科目汇总表账务处理程序的概念 2. 科目汇总表账务处理程序的特点 3. 科目汇总表账务处理程序的工作步骤 4. 科目汇总表账务处理程序的优缺点及适用范围	□A □B □C □A □B □C □A □B □C □A □B □C	掌握科目汇总表账务处理程序的概念、特点、工作步骤、优缺点及适用范围。能按科目汇总表账务处理程序工作步骤完成账务的完整处理
应用汇总记账凭证账务处理程序	1. 汇总记账凭证账务处理程序的概念 2. 汇总记账凭证账务处理程序的特点 3. 汇总记账凭证账务处理程序的工作步骤 4. 汇总记账凭证账务处理程序的优缺点及适用范围	□A □B □C □A □B □C □A □B □C □A □B □C	掌握汇总记账凭证账务处理程序的概念、特点、工作步骤、优缺点及适用范围。能按汇总记账凭证账务处理程序工作步骤完成账务的完整处理
说明	（在□中打√，A 掌握，B 基本掌握，C 未掌握）		
教师评语：			
成绩		教师签字	

参 考 书 目

[1] 中华人民共和国财政部. 2014年会计从业资格考试会计基础考试大纲（修订）. http://kuaijicongye.kuaiji.com/1590917_8.

[2] 中华人民共和国财政部. 会计基础工作规范. 北京：经济科学出版社，2001.

[3] 财政部会计司编写组. 企业会计准则讲解2010. 北京：人民出版社，2010.

[4] 中华人民共和国财政部. 企业会计准则2006. 北京：经济科学出版社，2006.

[5] 中华人民共和国财政部. 企业会计准则（应用指南2006）. 北京：经济科学出版社，2006.

[6] 赵丽生. 会计基础. 北京：高等教育出版社，2014.

[7] 程淮中. 会计职业基础. 2版. 北京：高等教育出版社，2014.

[8] 王家清，京依林. 会计初步与实训. 天津：天津大学出版社，2009.

[9] 任延东，禹阿平. 新编基础会计. 6版. 大连：大连理工出版社，2010.

主编简介

高丽萍 教授，注册会计师，淄博职业学院会计学院副院长。获国家级教学成果奖一等奖1项。首批国家精品资源共享课、国家精品课程“财务会计”负责人，国家职业教育会计专业教学资源库项目“企业会计制度设计”课程负责人，全国高职高专经济管理类专业教学资源库建设专家委员会委员，华东师范大学访问学者；山东省教学名师，山东省高等学校省级教学团队带头人，会计专业省级特色专业带头人，山东省五年制高职会计专业教学指导方案项目负责人；主编教材8部，主持多项省级以上科研课题。

梅 研 淄博职业学院会计学院会计教育教学部主任，会计专业带头人。全国商科教育财会专业十佳教师，省级精品课程“会计岗位实训”负责人，淄博职业学院教学能手、淄博职业学院首届十佳青年教工、淄博职业学院优秀教师。发表论文8篇，主编教材3部，参与省级课题4项。获省优秀调研成果一等奖1项、省级高等院校教学成果三等奖1项、省软科学三等奖1项。

资源服务提示

Abook

访问 http://abook.hep.com.cn/42799；输入数字课程用户名（见封底明码）、密码；点击"进入课程"，可学习数字课程的相关资源。账号自登录之日起一年内有效，过期作废。

资源服务电子邮箱：songchen@hep.com.cn　　　咨询电话：（010）58581854

高教社高职会计专业教师交流及资源服务 QQ 群号：229393181